Heinz Helle

Wellen

Roman

Suhrkamp

Erste Auflage 2022
Originalausgabe
© Suhrkamp Verlag AG, Berlin, 2022
Alle Rechte vorbehalten. Wir behalten uns auch
eine Nutzung des Werks für Text und Data Mining
im Sinne von § 44b UrhG vor.
Umschlaggestaltung: Anzinger und Rasp, München
Umschlagabbildung: Carsten Nicolai, chroma wellenform (scan 9) 2015,
Pigmentdruck (Scanograph), 540 x 420 mm,
Courtesy Galerie EIGEN + ART Leipzig / Berlin and Pace Gallery,
© VG Bild-Kunst, Bonn 2022
Satz: Dörlemann Satz, Lemförde
Druck: CPI books GmbH, Leck
Dieses Buch wurde klimaneutral produziert.
ClimatePartner.com / 14438-2110-1001
Printed in Germany
ISBN 978-3-518-43077-4

www.suhrkamp.de

Wellen

Am Abend fragst du mich, warum ich dich liebe, und ich sage: Weil du so riechst, wie du riechst.

Und dann fragst du: Wie rieche ich denn?, und ich sage: So wie nur du.

Und du lächelst, ich sehe es, obwohl es dunkel ist, und du gibst mir einen Kuss auf die Stirn, fällst ins Kissen, schläfst ein.

Und ich denke daran, wie wir uns kennenlernten und merkten, dass wir zusammen sein wollen, und wie wir dann merkten, dass wir das auch konnten, zusammen sein und gemeinsam die Welt anschauen und versuchen, ab und zu etwas festzuhalten, in Worte zu fassen, was uns gefällt oder nicht gefällt, was uns Angst macht, staunen lässt, zum Lachen bringt oder zum Weinen.

Und dass so was wirklich möglich sein könnte, das hatte ich mir nicht vorstellen können, bevor wir uns kennenlernten, und deswegen wurde das dann für mich alles eins, du, ich, die Welt, die Sprache, und seitdem habe ich nur einen Wunsch: dass das immer so bleibt.

Ich erwache, als alle noch schlafen.

Ich gehe in die Küche, lasse Wasser ins Spülbecken laufen, nehme den Schwamm in die Hand, höre lautes Geschrei.

Also lege ich den Schwamm wieder hin und greife nach der Thermoskanne, fülle abgekochtes Wasser in eine kleine Plastikflasche, gebe Milchpulver dazu, mache langsame kreisende Bewegungen mit der Flasche und nähere mich dann unserer zweiten Tochter, die erst seit ein paar Wochen auf der Welt ist.

Und als ich endlich bei ihr bin, ist sie bereits so zornig, dass sie nicht mehr trinken kann, sie hustet, verschluckt sich, ich nehme sie hoch, ihr Schreien wird lauter, ich versuche, sie etwas näher an mich zu drücken, um sie zu beruhigen, presse sie an meine Brust, das funktioniert manchmal, auch wenn es sich brutal anfühlt, und ich staune, wie schnell meine innere Ruhe verfliegt und mein Mitgefühl abnimmt, je länger ich sie so höre: hoch, monoton, schrill.

Und irgendwann merke ich, dass es nichts bringt, sie an mich zu drücken, dass sie sich immer weiter wegbeugt von mir mit der ganzen, erstaunlichen Kraft ihres kleinen Körpers, dass ihr

Schreien noch lauter wird, also springe ich vor Wut in die Höhe, sie verstummt, und ich lande auf dem Boden mit ihr in den Armen und gehe in die Knie und halte sie, höre sie nur noch leise schluchzen und spüre, wie sie am ganzen Körper zittert.

Und ich frage mich, wieso ich kein schlechtes Gewissen habe angesichts meiner Unfähigkeit, die Situation anders zu empfinden als nervenzehrend, es ist mir nicht möglich, in dem kleinen, wehrlosen Wesen in meinen Armen in diesem Moment etwas anderes zu sehen als eine möglicherweise defekte Maschine, die mit ein paar richtigen Handgriffen wieder unter Kontrolle zu bekommen wäre, ich spüre meine eigene Kälte auch beim Anblick des jetzt wieder aufgerissenen kleinen Mundes, der darin zuckenden Zunge, stelle mir vor, wie der Schall ihrer Schreie durch mein Gesicht hindurchgeht, durch meinen Schädel, mein Hirn.

Ich frage mich, ob vielleicht das Wasser in der Thermoskanne nicht mehr die richtige Temperatur hat, gehe mit dem brettharten, lärmenden Wesen in meiner Linken zurück in die Küche, schalte den Wasserkocher ein, schöpfe erneut mehrere Messlöffel Milchpulver in die kleine Plastikflasche und gieße dann etwas von dem bereits vor Stunden abgekochten Wasser aus der Thermoskanne und ein wenig frisches kochendes Wasser dazu, nehme einen kleinen Schluck, um sicher zu sein, dass es nicht zu heiß ist, und sitze kurz darauf auf der Couch, stecke den Sauger der Flasche in den weit aufgerissenen Mund, aus dem mittlerweile ein wellenartig an- und abschwellendes Kreischen kommt, das so heftig ist, dass sich der kleine Körper bei seinen Versuchen, Luft zu holen, wieder verschluckt und von Hustenanfällen erfasst wird, bis Z dann die Milch vom letzten

Mal, als sie es geschafft hat, etwas zu sich zu nehmen, über meine Brust erbricht, und ich beschließe, weder sie noch mich selbst abzuwischen, sondern bewege stattdessen die Flasche mechanisch vor und zurück, vor und zurück, vor und zurück, und im Augenwinkel sehe ich, dass ich, je nachdem, was sie tut, abwechselnd ihr Kinn treffe, ihre Wange oder die Leere ihres zum Schreien geöffneten Mundes.

Und ich weiß, dass so was normal ist.

Ich weiß nur nicht, ob es normal ist, ab und zu hässliche Bilder vor dem inneren Auge zu sehen, in denen die eigene Faust eine Rolle spielt, und ich weiß auch nicht, ob das plötzliche Verständnis für Eltern, die es nicht schaffen, ihre Kinder großzuziehen, die sie vernachlässigen oder ihnen etwas antun, ein Zeichen von zu- oder abnehmender Empathie ist, und ich weiß auch nicht, ob es normal ist, dass man sich fragt, wie man überhaupt Empathie mit etwas empfinden kann, das einen nicht einmal anschaut, geschweige denn mit einem spricht.

Und in dem Moment, als ich mir gerade ganz sicher bin, dass wir alle verloren sind, dass wir keine Chance haben, den unumkehrbaren Zerfall der menschlichen Gemeinschaft in immer schneller erkaltende Individuen aufzuhalten, in dem Moment kommst du und nimmst das schreiende Kind aus meinen Armen und gehst zurück ins Schlafzimmer, und bald ist es still, und ich schlafe auf der Couch, wache auf, als der Wecker klingelt, wecke unsere erste Tochter B, frühstücke mit ihr, sortiere nebenbei die kleinen Leinensäcke für den Adventskalender, helfe ihr beim Anziehen, frage, was sie in den Kalender möchte, Spielsachen oder Süßigkeiten, sie sagt: Spielsachen, und dass sie einen Adventskranz will, wir verabreden, am Samstag einen zu basteln, sie putzt Zähne, ich hole die Wäsche aus der Maschine im Keller, dann klingelt es, die Nachbarstochter ist da, um mit B gemeinsam zur Schule zu laufen, und kurz darauf stehe ich auf dem Balkon und winke den beiden hinterher und winke noch immer, als sie schon lange wieder auf den Boden schauen, ins Laub, durch das ihre Füße sich vorwärtsbewegen in den Tag.

Und wie lieben möglich sein soll, ohne festzuhalten, hat einem niemand erklärt, oder wie leben, ohne loszulassen, und ich spüre das Frottee über meine Haut reiben in meinem Gesicht, und ich weiß, dass es mir besser gehen wird, wenn ich es dabei ganz fest aufdrücke, das ist ja auch logisch, die Rezeptoren auf meiner Haut, die das Handtuch stimuliert, sind verbunden mit meinem Gehirn, wieso soll es nicht möglich sein, schlechte Gedanken abzutrocknen, und dann muss ich an die Legende denken, die Iwan Karamasow seinem Bruder Aljoscha erzählt, von dem Heiligen, der sich mit einem Kranken hinlegt und seinen fauligen Atem atmet, und daran, dass Iwan das alles für vollkommen übertrieben und sinnlos hält, für eine Lüge zur Aufrechterhaltung der weltlichen Macht der Kirche, für ihn sei diese Art Nähe nicht nur nicht möglich, sondern nicht einmal wünschenswert, und ich weiß noch, dass ich ganz genauso dachte, bis ich die Antwort las, die Aljoscha findet auf die Zweifel seines traurigen Bruders: ein Kuss auf den Mund.

Und vielleicht hat mich dieser Kuss darum damals so sehr berührt, weil er so wahr schien, so klar, nah und schnell und schnell wieder vorbei, denn vielleicht ist das die einzige Art von Wahrheit, die überhaupt möglich ist, die Wahrheit des Augenblicks, Lippen, die sich kurz berühren, und das war's, und schon im nächsten Moment ist auch wieder die Lüge möglich und nötig, aus Liebe, Langsamkeit oder Staunen, wie bei Hanya Yanagihara, wo Willem jeden Tag absichtlich stolpert und der Länge nach hinfällt, um die gehbehinderten Kinder, die er betreut, zu unterhalten, und es gelingt, und sie lachen sich jeden Tag von neuem kaputt, wie man sagt, doch in Wahrheit lachen sie sich natürlich heil, und was wäre gewonnen, wenn ich Z sagte, sobald sie alt genug wäre, um mich zu verstehen, dass ich nicht den Mut hatte, sie zu küssen, als ich sie auf der Neonatologie liegen sah mit Kabeln in Nase und Mund für Nahrung und Luft, und ich stand daneben, und sie war so klein, und ich wusste nicht, wie ich ihr zeigen könnte, dass ich wollte, dass es ihr gut geht, und ich denke, es lag daran, dass ich, wenn ich ganz ehrlich bin, wahrscheinlich Angst hatte, es zu sehr zu wollen, weil ich dann ja, wenn es ihr nicht gut gehen sollte, irgendwie verloren hätte, in irgendetwas gegen Ich-weiß-auch-nicht-wen, als wäre das alles ein Spiel, also legte ich, auch weil zwei Krankenpflegerinnen dabei waren, nur eine Hand auf ihren Rücken, nahm sie aber bald wieder weg, weil meine Hand natürlich viel kälter war als die Wärmelampe darüber, und erst als ich vorsichtig meine Hand anhob, spürte ich die feinen Härchen auf ihrer roten Haut.

Und ein paar Tage später lese ich in *A Little Life*: *There were times when the pressure to achieve happiness felt almost oppressive, as if happiness were something that everyone should and could attain, and that any sort of compromise in its pursuit was somehow your fault*, und ich schreibe das ab, weil ich glaube, dass es wichtig sein könnte für uns, und ein paar Minuten später schaffe ich es dennoch nicht, meine Wut zu unterdrücken, als ich dich weinen sehe, beim Blick aus dem Fenster, vom Sofa aus, mit dem Morgenkaffee in den Händen, die Kleine schläft noch, und die Große ist schon in der Schule, also stehe ich auf und gehe abspülen oder Wäsche aufhängen und denke dabei an den Untergang der 6. Armee.

Und als du mich neulich fragtest, wie es sich anfühlt, Teil eines potenziell gewalttätigen Geschlechts zu sein, dachte ich lange nach, einerseits weil es mir richtig vorkam, eine solche Frage nicht impulsiv zu beantworten, andererseits weil mir bewusst wurde, dass ich mir diese Frage selbst so noch nie gestellt hatte, was erstaunlich ist, da ich ja auch in der Gegenwart lebe, eine Mutter habe und eine Schwester, zwei Töchter, Solnit gelesen habe und auf dem Zürcher Frauenstreik mitmarschiert war und dabei mit einem gewissen Stolz gedacht hatte, dass dank so guter Männer wie mir die Gleichberechtigung unmittelbar bevorstehen müsse, aber den wichtigsten, seltsamsten, interessantesten Aspekt der geschlechtlichen Ungleichheit, nämlich den, dass es die Männer sind, die Gewalt ausüben, hatte ich als Teil meiner Selbstkonstitution bisher komplett ignoriert, dabei weiß ich nicht erst, seit ich im Streit mit dir einen Tisch umgeworfen habe, dass auch in mir Kräfte ruhen, die ich weder benennen noch kontrollieren kann, wenn sie in Bewegung geraten, ich kann nur versuchen, die sie auslösenden Denk- und Fühlmechanismen zu kontrollieren, was mir mithilfe einer Therapeutin seit damals auch einigermaßen gelingt, aber dann fiel mir ein, dass mich meine Fähigkeit zur Vernichtung eigentlich schon viel früher beschäftigt hat, morgens, in der Münchner U-Bahn, unterwegs in die Schule, den Blick auf den Boden gerichtet, wenn andere Kinder einstiegen, die größer waren als ich und stärker und mehr und sich laut unterhielten in fremden Sprachen, und ich mich fragte, ob ich sie, wenn sie mich angriffen, wohl besiegen könnte und wie genau, mit dem Nothammer neben dem Fenster oder dem Feuerlöscher unter dem Sitz, oder nachts, wenn ich von Bergen abgemagerter Leichen träumte, von zerrissenen Soldaten, an Straßenlaternen aufgehängten Volkssturmmännern, vergewaltigten BDM-Mädels oder prügelnden KZ-Aufsehern, Kindern mit Panzerfäusten vor herannahenden T-34 und Gruben, Gruben, Gruben, gefüllt mit immer langsamer zuckenden Nackten, am Rand reguläre Verbände, Militär, Polizei, Militärpolizei, und ich merke, dass ich mich bei der Frage, wozu ich fähig bin, immer vor allem als Deutschen betrachtet habe und nicht so sehr als Mann.

Und dann ist es Abend, und ich sitze auf einer Bank vor dem Schulgebäude unserer älteren Tochter, gebe der jüngeren die Flasche, ärgere mich stumm über die spanisch sprechenden Frauen genau vor mir, die noch lauter sind als die ohnehin viel zu laute Playback-Musik, die den Chor überdeckt, der vor dem alten, hell angestrahlten Gebäude steht und in dem angeblich auch unser Kind singt, heute Morgen beim Frühstück hat sie noch geübt, ein spanisches Weihnachtslied an einer Zürcher Grundschule, vielleicht sprechen die Frauen vor mir auch deshalb so laut, weil sie das Lied schon kennen, und an das Schulhaus wird groß projiziert: *We stand up for women*, eine Initiative gegen häusliche Gewalt und für Gleichberechtigung, und ich fühle mich noch stärker als sonst auf der richtigen Seite der Geschichte, und plötzlich scheint es mir zum ersten Mal, als würde unser zweites Kind, dem ich die Flasche gebe und das eingewickelt ist in meine französische Armeejacke, mich ansehen, die braunen Augen wirken plötzlich ruhig und klar, fokussiert und ernst, und es scheint jemand hinter ihnen zu sein, nicht wie bei denen der ausgestopften Möwe, die uns eine Freundin aus Hamburg zur Geburt geschenkt hat und die seitdem im Wohnzimmer auf dem Esstisch steht und mich manchmal anstarrt, frühmorgens, wenn ich um halb vier mit Rückenschmerzen aus dem Bett taumle, mich zu ihr setze mit Stift und Papier und darauf warte, dass meine verschlafenen Augen wieder klar sehen.

Und dann besuche ich einen Freund, der an einem Film über den Klimawandel arbeitet und meine Meinung zum Rohschnitt hören will, und der erste Satz des Off-Sprechers ist: *Ich habe kein Bild für zwei Grad*, während der über die Sommermonate mit weißem Tuch verhüllte Rhonegletscher, braungraue Moränenlandschaften und ein wolkenloser Himmel zu sehen sind, die sich kurz danach vollständig auflösen in Helligkeit, als das Bild so gezeigt wird, wie es aussähe, wenn die Entwicklungsflüssigkeit im Labor um zwei Grad erwärmt wäre, und mit den Worten *die dreimalige Verdoppelung der Menge von Licht* endet der Beginn dieses Films über das Nicht-fassen-Können des schleichenden Untergangs an den Folgen unseres Tuns und der Folgenlosigkeit unseres Wissens, und ich muss an das unangenehmste Wetterphänomen denken, das ich je miterlebt habe, im Sommer, auf einer Autobahnraststätte irgendwo zwischen Hamburg und Bochum, als ein plötzlich aufkommender Wind viel zu früh verdorrte und abgefallene, bereits zu Krümeln zerbröselte rote Blätter aufwirbelt, so dass alles dunkel wird und man Augen, Nase und Mund mit den Händen schützen muss, und in dem Moment, in dem man sich fragt, ob das jetzt das Ende der Welt ist, ebbt der Wind plötzlich ab, und der Staub legt sich, und das Auto ist rot, und man schüttelt den Kopf und steigt ein und startet den Verbrennungsmotor, und das Außenthermometer zeigt 37 Grad Celsius, also legt man sich ein trockenes Tuch hinter den nass geschwitzten Rücken.

Und dann fällt mir plötzlich die Papiertragetasche ein, die ich, nachdem ich das Altglas im Altglascontainer entsorgt hatte, in den für Papier vorgesehenen Container daneben stopfte, und der Container war schon sehr voll, so voll, dass ich mich mit einem Mal fragte, ob das wirklich alles so weitergehen kann, und ich denke, diese Frage hing auch damit zusammen, dass sowohl auf der Tasche als auch auf dem Container ein Satz stand, der das Wort Zukunft enthielt, allerdings ging es auf der Tasche um eine Zukunft für alle, während der Container der städtischen Entsorgungsfirma lediglich von einer Zukunft für Zürich sprach.

Und als ich am nächsten Morgen B vom Balkon hinterherwinke, sind alle Fragen nach Ereignissen, die weiter entfernt sind als das Mittagessen, plötzlich wieder restlos verschwunden aus meinem Bewusstsein; in der Dunkelheit des Wintermorgens zwischen sieben und acht bezieht sich das Wort Zukunft nur auf die verbleibenden Minuten, bis die Nachbarstochter klingelt und B zur Schule abholt, und auf die Wiederholungen, die ich machen werde bis dahin mit Sätzen wie: Komm doch zum Frühstück, magst du Honig in deine Haferflocken, nein, der gepunktete Fleece-Pulli ist zu dick für unter die dicke Jacke, du musst etwas anderes anziehen, bitte zieh einfach irgendeinen ganz normalen Pullover an zwischen T-Shirt und Daunenjacke wie ein ganz normales Kind, und komm vor allem da raus, ich finde es toll, wie du dein Bett umbaust zu einem komplett abgeriegelten, vergitterten und gesicherten Raubtiergehege mit Wassergraben und Außenbereich, aber ich kann so nicht zu dir kommen, und wenn du willst, dass ich dir beim Anziehen helfe, dann komm jetzt sofort da raus, und nein, ich bin gar nicht streng, jetzt sofort ist kein böses Wort, und ja, vielleicht müsste ich es nicht ganz so laut sagen, aber das würde ich auch nicht, wenn du beim ersten Mal kommen würdest oder zumindest beim zweiten Mal; und ich überlege kurz, ob ich mit meinem Fuß gegen den Playmobil-Traktor treten soll, über den ich gerade gestolpert bin, entscheide mich aber dagegen, und dann kommt sie und zieht einen Pullover an und die Jacke und Mütze und Handschuhe und geht zu dir ins Schlafzimmer, Tschüss sagen, und weckt dabei Z nicht auf, und dann klingelt es, und sie geht und sagt: Winkst du mir noch vom Balkon?, und ich winke vom Balkon, und sie lacht, und es ist vollbracht, sie ist mit Freude, Zuversicht und Mut in den Tag gestartet, und ich denke, es ist meine Aufgabe auf dieser Welt, dafür zu sorgen, dass sie das Haus verlässt mit einem Lächeln.

Und als wir in der Nacht darauf mit Z auf dem Sofa sitzen und ihr Salzwasser in die Nase träufeln, ehe wir ihr mit abgekochtem Wasser angerührtes Milchpulver verabreichen, wird mir bewusst, dass es natürlich keine bessere Entschuldigung gibt für das Aufgeben der eigenen Träume, Sehnsüchte und Überzeugungen als die Verantwortung für ein Kind und dass die Stunden, Tage, Wochen, die vorbeijagen, während man ein Neugeborenes wickelt, füttert, sein Erbrochenes aufwischt, wartet, bis es rülpst, oder es zum Schlafen bringt, auch als ein sehr aufwendiges Ablenkungsmanöver verstanden werden können von der Tatsache, dass man sowieso nichts Besseres zu tun hätte in Wahrheit, und vielleicht ist dieser Mensch, den man sich da schafft nach seinem Bilde, das Einzige, wozu man fähig ist, und der Glaube, dass das etwas Wertvolles und Wichtiges sei, ist natürlich der geniale Kern des Christentums mit seiner Anbetung eines Kindes.

Und ehe ich wieder bei der Frage lande, ob und warum ich das wissen wollen sollte, was meine Mutter nach Jahrzehnten der erfolgreichen Verdrängung nun plötzlich von allen Seiten betrachten will, nehme ich Z aus deinem Arm und lege sie in ihr Bett, sie ist eingeschlafen, ganz friedlich, zum ersten Mal beim Trinken an der Flasche, und ich setze mich wieder zu dir aufs Sofa, nehme mein Telefon in die Hand und sehe mir Bilder von Küstenschutzmaßnahmen in Holland an, der große Abschlussdeich, über 30 Kilometer Seedeich mit einer vierspurigen Autobahn darauf, schnurgerade quer durch die Nordsee und Zuiderzee, eine Barriere, die auch Amsterdam schützt und deren Name wahrscheinlich ebenso viel Zuversicht verbreitet wie ihre technischen Daten, vielleicht sogar mehr, weil die Erinnerung an die Existenz eines Bauwerks mit dem Namen Abschlussdeich unbewusst sicher auch in den Wintersturmnächten wirkt, in denen der Pegel dann doch etwas steigt, und ich sehe lange auf ein Bild von dem Aussichtsturm im westlichen Drittel des Damms, und ich frage mich, ob das Nichts, das man von da oben aus erkennen kann, endloser wirkt im dichten Nebel oder im Sonnenschein und ob vielleicht alle Menschen, die dort aufs Meer hinaussehen, ähnliche Gedanken haben und, falls ja, wie sich ihr Gefühl dabei unterscheidet, je nachdem ob sie auf Holländisch denken oder auf Deutsch.

Es war, nachdem deine Eltern gesagt hatten, wir sollten uns an der Suche nach einem Haus beteiligen, in dem alle Platz hätten, hauptsächlich für die Ferien, aber im Notfall auch als Altersruhesitz oder wenigstens, um das Geld in Sicherheit zu bringen vor der nächsten Finanzkrise und Minuszinsen oder so, dass mich eine seltsame Sehnsucht weit im Norden suchen ließ in der Nähe von Küsten und Meer und ich bei dem Versuch, diesen Träumen einen Anschein von Realisierbarkeit zu geben, von Norwegen über Südschweden und Dänemark schließlich in der Deutschen Bucht landete, auf der Insel Pellworm, dem größten nordfriesischen Trümmer der ehemaligen Insel Strand, die von der Burchardiflut im 17. Jahrhundert zerteilt worden war, auf der ein großer, auf einer Warft gelegener Resthof zum Verkauf stand, mit zwei Ferienwohnungen, biologischen Baumaterialien für gesundes Raumklima und einem Esszimmer mit bodentiefen Fenstern und Blick über endlose Wiesen.

Doch bevor ich deinen Eltern ernsthaft vorschlagen konnte, ihr gesamtes Erspartes in ein Haus in über tausend Kilometern Entfernung zu investieren, wollte ich ein wenig mehr erfahren über die Gefährdungslage durch Überflutung an der nordfriesischen Küste, und als ich über den mittlerweile bis zu neun Meter tiefen Heverstrom las, der dem Sockel der Insel gefährlich nahe kam, und über die mit acht Meter mittlerweile nicht mehr zeitgemäße Deichhöhe auf Pellworm, fiel mir wieder ein, wie meine Mutter früher einmal in einem Wirtshaus auf Norderney auf einen alten Stich gestarrt hatte, auf dem Bauern mit primitiven Mitteln Erde, Steine und Sand anhäuften zum Schutz vor der Gewalt von Wasser, Wind und Gravitation und über dem das norddeutsche Sprichwort stand: *Wer nicht will deichen, der muss weichen.*

Ich erinnere mich gut daran, wie meine Mutter sich während Turbulenzen bei Transatlantikflügen mit dem ausgestreckten Arm am Sitz vor ihr abstützte, wie sie mich fragte, während wir in der krachenden, von Entladungsblitzen erleuchteten Londoner U-Bahn fuhren, ob die Stangen, an denen wir uns festhielten, den Strom wohl in uns leiten würden, sollte der Zug entgleisen und der neben den Schienen angebrachte Stromabnehmer den Stahl der Wagenaußenhülle berühren, und ich weiß noch, wie sie in der Nähe der Rettungsboote bleiben wollte auf der kurzen Überfahrt von Norddeich nach Norderney.

Aber keine ihrer Ängste hat bei mir so einen bleibenden Eindruck hinterlassen wie ihre Faszination für das Phänomen der Springflut, das Zusammenspiel von Gezeitenstrom, Stand der Himmelskörper und Wind zu einer perfekten Flut, die alle Anstrengungen der Menschen, durch Deiche und Überflutungsgebiete dem Meer seine Unberechenbarkeit und Gewalt zu nehmen, einfach überspült.

Und vielleicht gibt es ja einen Zusammenhang zwischen dieser Faszination, dem Interesse an der überlebenswichtigen Arbeit der Abgrenzung, die Menschen an der See seit Jahrhunder-

ten verrichten, und der seltsamen Lust meiner Mutter am Ein-
reißen alter Grenzwälle zwischen erinnerter und vergessener
Vergangenheit.

Und dann fällt mir wieder das Tischgespräch vom Vorabend
ein, als wir das Jahr im kleinen Kreis bei einem Essen aus-
klingen ließen, und wie es dabei einmal seltsam besinnlich
und andächtig wurde, ausgerechnet als es um Hitler ging, die
Deutschen und die Schweizer waren exakt gleich betroffen, die
einen von ihrer Schuld und die anderen von ihrer Unschuld,
und ich fragte mich nur ganz kurz, ob wir auch 2020 in jeder politischen Diskussion früher oder später bei Hitler landen würden, und dann fragte ich es mich schon nicht mehr,
als mir klar wurde, dass es sonst nichts gibt, worunter alle das
Gleiche verstehen, nicht Gott, nicht Kinder, nicht Leben, Kunst,
Glück, Zufriedenheit, Zukunft, Umwelt, das Klima vielleicht,
aber eigentlich auch nicht, und schon bei der Frage, ob besser
eingeschweißte Bio-Gurken oder nicht eingeschweißte Nicht-
Bio-Gurken zu kaufen sind, wird es kompliziert, und in den
Nachrichten kam schon lange nichts mehr, was mich berührte,
dachte ich, bis am nächsten Morgen der Bericht vom Brand im
Affenhaus des Krefelder Zoos mir plötzlich Tränen in die Augen
trieb, vielleicht weil ich gerade B fütterte, die als Tiger verklei-
det in einem aus Bett, Tisch und Tüchern gebauten Gehege saß,
du bist der Tierpfleger, okay?, hatte sie gesagt, und ich reichte
gerade einzelne Socken aus einem Kübel durch das imaginierte Gitter, von denen nur zwei rot waren, also aussahen wie
das rohe Fleisch, das sie darstellten, als der Sprecher aus dem
Radio in der Küche die Arten aufzählte, die wegen einer ver-
irrten Himmelslaterne in den Flammen gestorben waren, Go-
rillas, Orang-Utans, Löwenkopfäffchen, Zwergseidenäffchen,

Silberäffchen, dazu Vögel und Flughunde, kurzum alles bis auf zwei Schimpansen, und dann sah mein Kind meine Tränen und sagte: Zum Glück gibt es noch viele andere Zoos.

Und als wir am frühen Abend Halt machen auf der Rückfahrt von einem Ferienhaus am Comer See, in das uns meine Schwester eingeladen hatte, empfängt uns am Rastplatz Bellinzona Sud die 14 Grad warme Luftwand des Föhnsturms, und zu den modischen und sprachlichen Verschiedenheiten des einzigartigen Autobahnraststätten-Menschengemischs kommen für Anfang Januar, überraschend einheitlich, unerwartet viele kurze Hosen und Hemden und mit ihnen, wie mir scheint, Ausgelassenheit, Übermut, Wut, Gereiztheit, ich kann nicht genau sagen, ob sich die Jugendlichen neben dem Reisebus schlagen oder ob sie nur tanzen, und in der Schlange an der offenen Grilltheke sehen B und ich den Tessiner Würsten beim Braunwerden zu, während von hinten ein dicker Mann mit Cowboyhut seinen riesigen Bauch bedrohlich nah an Bs Hinterkopf schiebt, so dass ich sie vor mich stelle und den Mann abblocke mit meinem Gesäß.

Und dann höre ich Z schreien vom anderen Ende des grell erleuchteten, riesigen Raums, und ich erkenne an der Art des Schreiens, dass sie die frisch von dir angerührte Milch ablehnt, und dann wird sie immer lauter vor Hunger und Lärm und Föhn und Geblendetsein und Überhaupt-nicht-mehr-Verstehen, was diese Plastikbrustimitation mit der Muttermilchimitation in dieser riesigen Restaurantimitation eigentlich soll, und dann gehen B und ich zurück zu dir und Z, und in einer dunklen Ecke geht es dann doch, sie trinkt, und als sie satt ist, kaufe ich Motoröl und Wattepads, damit uns unser alter Motor hoffentlich heil über den San Bernardino bringt und wir Z ab und zu den Eiter aus den Augen wischen können, ihre Tränenkanäle sind verengt, deshalb verkleben die Augen, wenn sie sie längere Zeit schließt oder viel weint.

Und so sehr sie mir leidtut, so sehr ist der Lärm eine Last, das Brüllen auf dem Rücksitz, das mich daran hindert, auf das Klopfen der Maschine vor mir zu horchen, vielleicht ist das aber auch besser so, wir erklettern Höhenmeter um Höhenmeter ohne Angst vor dem Liegenbleiben in einer Serpentine in völliger Dunkelheit, dafür ist es zu laut, und plötzlich ist alles weiß, und das Thermometer zeigt minus zwei, und B sagt, sie hoffe ganz fest, der Schnee halte sich noch bis Zürich, tausend Höhenmeter tiefer und knapp zweihundert Kilometer weiter nordwestlich, und als wir heil ankommen und kein Schnee zu sehen ist, aber ein Parkplatz genau vor dem Eingang zu unserer Wohnsiedlung und in ihrem Bett all ihre Stofftiere, ist sie trotzdem zufrieden, und du und ich sind es auch.

Und bald darauf ist meine Stirn zehn Zentimeter über der von Z, mein Rücken gebeugt über dem Stubenwagen, der Ellenbogen auf dem Bast-Rand, der Unterarm neben ihrem Gesicht, die linke Hand auf dem Bauch, die rechte über ihren Händen auf ihrer Brust, der Daumen auf dem Schnuller, und die metallische Melodie der Spieluhr schraubt sich immer weiter hinein in Köpfe und Raum, und Zs Schreien wird leiser, ab und zu heftige Schluchzer, Seufzer, Atmen, zum Schluss hebt sie eine Faust, hält sie genau vor meine Augen und lässt sie dann langsam sinken, nach unten, in den gerade gefundenen Schlaf, und ich kann noch immer nicht glauben, wie klein ihre Hände sind.

Und auf der Rückfahrt von Bremen wenige Tage später wird der Zug schneller und schneller, jagt mit erstaunlichem Lärm und Gerüttel über Bodenwellen und durch Kurven, beschleunigt so stark, dass ich auf meinem Weg vom Bordbistro zurück an meinen Platz erst wanke und dann zu stolpern beginne, ich taumle, ich tanze vorbei an den Sitzen und Toiletten und Koffern und Fahrrädern und verschiedenen Mülleimern für Glas und Verpackungen, an den anderen Fahrgästen, ihren Frisuren, Tätowierungen, Schmuck, vorbei an absichtlich oder unabsichtlich eng über Körperformen gespannten Stoffen oder lose herabhängenden, egal, all das interessiert mich nicht mehr so sehr wie früher, auch die Ausmaße der auf Gepäcknetzen oder zwischen den Sitzen verstauten Taschen sind mir egal, ich frage mich nicht mehr, ob sie möglicherweise Sturmgewehre enthalten könnten, mich verunsichert nicht einmal die angeblich marode Infrastruktur der Bundesrepublik, nein, ich wanke einfach durch einen schwankenden Zug zurück zu meinem Platz, und als wir kurz danach auf freier Strecke halten und eine Weile stehen, freue ich mich immer noch ebenso sehr auf das Heimkommen wie zuvor, und dann steht der Zug noch immer, und ich freue mich fast noch mehr, weil ich durch eine Verspätung auch mehr Gelegenheit haben werde, mich aufs Heimkommen zu freuen, und alle schon schlafen werden und ich mich ganz alleine in der Küche dann freuen kann, wieder bei ihnen zu sein, während sie schlafen, und ich nicht mit irgendwem reden muss, und der Zug steht weiter, und ich freue mich, und dann sagen sie durch, dass sich wegen eines Personenunfalls die Weiterfahrt auf unbestimmte Zeit verzögert, und der Junge neben mir, der gerade noch über den Film auf seinem Rechner gelacht hat, in dem ein Mann seine Bulldogge, kurz bevor sie eingeschläfert wird, aus einem Tierkrankenhaus entführt und ihr dann einen Hamburger serviert, ruft: Kannst du endlich mal aufhören zu nerven, verdammter Scheißzug?

Und als ich zwei Nächte später nicht schlafen kann, auch weil Z nach dem Füttern nur unruhig schläft, ständig den Schnuller verliert und ungehaltene Geräusche macht, stehe ich auf, hänge eine Decke über den Stuhl neben dem Babybett, zwischen sie und den Vollmond, gehe in die Küche, fülle ein Glas mit Wasser, trinke, kratze mich lange und ausgiebig mit dem Stoff meiner Unterhose am Darmausgang und gehe nach einer Weile ins Bad, um etwas Sulgan aufzutragen.

Ich mag es, die fettige Creme einzumassieren, manchmal läuft mir dabei sogar der Speichel im Mund zusammen, was mich früher nachdenklich gemacht hat, ich fragte mich, ob ich vielleicht in Wahrheit schwul wäre und mir eigentlich wünschte, anal penetriert zu werden, zum Beispiel von Lexington Steele, aber weil ich nie eine Erektion bekam bei diesem Gedanken, verwarf ich ihn wieder, aber dann kam er zurück, während der Schwangerschaft und den gut drei Monaten, die seit der Geburt unserer zweiten Tochter vergangen sind, und als ich die Salbe zurücklege in den Korb mit den Toilettenartikeln, fällt mein Blick auf die immer noch ungeöffnete Kondompackung,

die ich kürzlich gekauft habe, Performa, Latex, mit einer dünnen Schicht Betäubungsmittel, nur innen, natürlich, damit es
nicht ganz so schnell wieder vorbeigeht, wenn wir wieder beginnen, hatte ich dir gesagt, woraufhin du erwidert hattest, du
hättest eigentlich nichts dagegen, wenn sich die Sache nicht
allzu lang hinziehen würde, und im Übrigen hättest du neulich geträumt, du hättest Sex gehabt mit einer kleinen, sanften,
zärtlichen Frau.

Und dann kommt B aus ihrem Zimmer und will Tigerbaby spielen, und Z ruft und will Milch, und ich setze mich dennoch kurz
an den Küchentisch und versuche, ein paar Sätze festzuhalten,
weil ich merke, dass mich eine nervöse Unruhe überkommt
in dem Moment, in dem ich B ja sage auf ihre Frage, ob ich
Lust habe, mit ihr zu spielen, und ich weiß, dass ich eigentlich
keine Lust habe gerade, aber ich will Lust haben, verdammt,
und wieso soll mein Ja zu ihrem Spiel dann eine Lüge sein,
und plötzlich habe ich Angst, dass ich, wenn ich nicht sofort
einen Satz auf das Blatt schreibe, vollkommen verschwinde,
ein leerer, langer, ungelenkiger Körper, der auf dem Boden neben einem jungen Tiger kniet und Bewegungen, Geräusche und
ein Gesicht macht, die Zuneigung, Vertrauen und Geborgenheit
wecken sollen, und der dabei nichts empfindet, nur die Härte
des hellen Holzbodens.

Und dann tappt das Tigerbaby mit der Pfote in den Napf und
ist nass, und ich stehe auf und gehe ins Bad und hole ein Handtuch, ich werde es abtrocknen, das kann ich gut, ich weiß es,
und dann werde ich Z füttern und Kaffee kochen für dich und
für mich, und wir vier werden einen weiteren gemeinsamen
Tag erleben, warm, satt und in Sicherheit, und wahrscheinlich

wird niemand merken, was in mir passiert, außer dir vielleicht, aber in dir passiert ja das Gleiche, und ich denke, oh Gott, was können wir nur tun, wie kann es gelingen, dass in unseren Kindern so etwas nicht passiert?

Und als B gestern im Auto plötzlich zu husten begann und nicht mehr aufhörte, wünschte ich mir eine objektive Instanz, die einem sagt, wo die Grenze ist zwischen Gleichgültigkeit und Großzügigkeit und dann, als sie einfach nicht aufhörte, zwischen Genervtheit und Ablehnung, und ich war mir schon ganz oft sicher, dass sich meine Entspannung sofort auf sie überträgt und also auch meine Anspannung, aber was kann ich dagegen tun, dass es Tage gibt, an denen ich nicht denke, das wächst sich aus, das ist nichts, nur eine harmlose Reaktion auf alte Blütenstaubablagerungen und Gummiabrieb und Asphalt und Erde im Lüftungssystem unseres 97er Volvo V70 mit 301 526 Kilometern, beinahe so weit wie von hier bis zum Mond?

Und dann sitze ich an einem unwahrscheinlich warmen Januartag auf dem Bullingerplatz vorm Café, die Sonne scheint mir ins Gesicht, und ich merke, dass mich das schlagartige Verschwinden der Winterkälte gleichzeitig beruhigt und beunruhigt, weil es mich daran erinnert, was dieser Himmelskörper im Sommer hier anrichten wird; genau hier, wo ich mich jetzt befinde, wird es dann zu heiß sein, um ohne Sonnenschutz länger als eine Minute zu bleiben, die Helligkeit wird kaum auszuhalten sein, auch mit geschlossenen Augen und abgewendetem Gesicht nicht, und die Hitze wird mich daran hindern, eine angemessene Reaktion auf die Signale zu finden, die meine Haut sendet und die von der Lebensfeindlichkeit der Umgebung berichten auf eine ebenso nüchterne wie hilflose Art und

Weise, weil das Einzige, was mein Körper könnte, weglaufen, bei Lufttemperaturen um die 40 Grad nicht wirklich möglich sein wird, nicht in die nächste Klimazone oder auch nur den nächsten Schatten, außer ich beginne die Flucht schon vorher, im Winter, und entscheide, in eine imaginierte Heimat zurückzukehren, von der ich nur weiß, dass sie im Norden liegt, dass es dort kühler ist und hoffentlich weniger hell.

Und dann denke ich, dass es vielleicht auch eine andere Art Dunkelheit ist, die mich in den Norden zieht und deren Schatten sich erstaunlich schnell über mich zu legen beginnt am Nachmittag zwischen zwei und drei, in Zürich, Schweiz, wenn Z wieder schreit und ich mich gerade noch bremsen kann, nach drei Kniebeugen und zwei Luftsprüngen, und mich laut zu ihr sagen höre: Also wenn du auf meinem Arm genauso schreist wie in deinem Bett, gibt es keinen Grund, dich im Arm zu halten, und dann lege ich den sich aufbäumenden kleinen Körper vorsichtig ab und beginne, sie an der Stirn zu streicheln, lustlos und mechanisch, bis ich irgendwann merke, dass ich eigentlich vor allem ihre Augen abschirme, damit sie denkt, es sei Nacht, als ob sie denken könnte oder eine Vorstellung von Nacht hätte, und mit der anderen Hand fixiere ich den Schnuller über dem zum Schreien geöffneten Mund.

Und dann nehme ich sie irgendwann wieder auf den Arm, als ich mich zu fragen beginne, ob ich hier vielleicht doch nicht richtig bin, im falschen Leben, im falschen Beruf, mit den falschen Menschen im falschen Land, und dann sehne ich mich so sehr nach einem südschwedischen Sandstrand, als ob ein südschwedischer Sandstrand irgendeines meiner Probleme lösen würde oder ein großes Haus in der ersten Reihe oder ein kleines, eines, das mir gehört, und dann gehe ich mit Z zum Wickeltisch, und ich denke, dass eine größere Wohnung ja schon reichen würde, eine Wohnung, in der ich ein Zimmer hätte für mich alleine, einen eigenen Tisch und vor meinem Zimmer einen breiteren Gang und eine größere Küche, und die Wäscheleinen in der Waschküche würden so hoch hängen, dass ich nicht immer an sie stoße, wenn ich mich aufrichte mit einem nassen Stück Stoff, überhaupt stoße ich hier überall an, meine Schulter eckt immer wieder an den Rahmen der Küchentür, und wenn ich den Staubsauger aus dem Putzschrank nehme, klemme ich mir die Finger ein, und wenn du an deine Kleider willst, kann ich nicht an meine, und während ich das denke, wickle ich die schreiende, um sich schlagende Z fest in eine Decke, ich packe sie ein, damit sie zur Ruhe kommt, wie ich es auf *swissmom.ch* gelesen habe, das Gesicht bleibt natürlich frei, und ich drücke das Bündel aus unterdrückter Wut, Angst und Überforderung vorsichtig an meine Brust, und sofort hört sie auf zu schreien, atmet ruhiger und tiefer, gleichmäßiger, und ich spüre, wie ich langsam wieder zu lieben beginne, die Welt, das Leben, meine Eltern, die Kinder, dich, Gott.

Und mit Gott meine ich das Gefühl unendlicher Demut gegenüber der Zufälligkeit der Zusammenhänge und Dinge und Klänge und ihrer Reihenfolge und Kraft und wie sie mich treiben, bremsen und stoßen oder ganz plötzlich loslassen, und ich sitze auf dem Sofa an einem Nachmittag in vertrauter Umgebung, aber weiß nicht mehr ein noch aus, es gibt alles zu tun oder nichts, keine einzige Sache scheint ihr Getanwerden einzufordern mit der nötigen Wucht, und mein Sitzen ähnelt in Wahrheit einem Fallen oder vielmehr einem Gleiten durch einen genau meinem Gesichtsfeld entsprechenden Spalt in der

Welt, weil alles, was ich sehe, berühren kann oder bewegen, von mir kontaminiert und mit mir und meinem Schauen und Denken verklebt zu sein scheint und verklumpt und sich dann abkoppelt von der sogenannten Außenwelt und dann schnell und lautlos in mir versinkt wie die leckgeschlagene Rettungskapsel einer explodierten Bohrinsel in der Nordsee, nur ohne Nordsee und ohne Bohrinsel und ohne Explosion, bis schließlich nur das Wort Rettungskapsel bleibt oder die Rettungskapsel Wort, je nachdem, Wörter, ein Satz, Sätze, Regeln, nach denen sie stehen dürfen nebeneinander und den Anspruch erheben, die Welt abzubilden oder irgendeiner in irgendeinem Gehirn nachempfunden worden zu sein, um von einem anderen Gehirn dekodiert und vielleicht nachempfunden zu werden, und vielleicht sind es diese Regeln, die eigentlich das Wesen der Liebe ausmachen, Grammatik, so sprechen, denken, schauen und fühlen, dass andere Menschen die Chance haben, zu verstehen, worum es geht, das eine, einzige, immer von allen Mitgemeinte, der große, ewige Traum von einer gemeinsamen Wirklichkeit.

Und die kahlen Bäume draußen in der Januarsonne sehen aus, als wären sie einverstanden mit diesem ewigen Kreislauf aus Wachstum, Wärme, Hoffnung, Licht, Kälte, Wind, Trockenheit, absterbenden Trieben, fallendem Laub.

Und die Container der kleinen Baustelle am Straßenrand sehen aus, als könnte man, wenn man genug Mut und Kraft hätte, ein glückliches Leben führen darin.

Und dann höre ich mich sagen: Was für ein schöner Tag, in die plötzliche Dunkelheit nach dem Ausschalten der Nachttischlampe hinein, und meine Hand tastet nach deiner Schulter, die ich vorher im Augenwinkel gesehen habe, und dann berühre ich dich, mein Handrücken streichelt unbeholfen über deine warme Haut, und dann kommt deine Hand mir zu Hilfe, nimmt meine, ganz fest legt sie sich um meine Finger, und dann liegen wir einfach so da, Hand in Hand, um 90 Grad gekippte Spaziergänger in völliger Dunkelheit, Kinder, die einander Mut machen auf dem Weg in den Schlaf.

Vorher hatten wir die großen Einkaufstaschen ausgeräumt, in denen die Dinge waren, die wir gebraucht hatten für die Ausrichtung der Nachfeier des siebten Geburtstags von B, zuerst Zutaten für zweierlei Kuchen, Zitronen und Schokoladentafeln, Backpulver und Mehl und Zucker, später dann zwei Müllsäcke voll zusammengefegter Luftschlangen und abgenommener Girlanden und unterschiedlich große Krümel und Stücke von Kuchen und Schokolade, zwei zermatschte Kiwis, die mit bunt eingefärbtem Wasser gefüllten PET-Flaschen, die wir als Kegel gebraucht hatten, die Plastikteller, die wir wieder eingepackt hatten, um sie abzuwaschen und wiederzuverwenden, und ich spüre, wie ich beim Gedanken daran immer schwerer werde, und meine Fragen, Erwartungen und Ängste vor morgen und übermorgen und überübermorgen werden leichter und transparenter, die, die sonst immer da sind, lösen sich heute besonders schnell auf in ein wohliges, warmes Schwarz, und kurz bevor ich weg bin, frage ich mich: Wieso bin ich gerade heute so glücklich?

Und am nächsten Morgen denke ich, es hing damit zusammen, wie der Tag gestern begann, oder damit, dass er zuerst nicht begann, dass B erst um vier und dann um sechs Uhr morgens aufstehen wollte vor Aufregung wegen ihres Festes und ich sie überzeugen konnte, dass die Nacht noch lang wäre und wichtig, um Kraft zu schöpfen, und der folgende Tag groß genug für ein schönes Geburtstagsfest, und damit, dass wir zweimal wieder schlafen gingen und tatsächlich schliefen, und als wir dann endlich aufstanden, las ich beim Kaffee auf dem Sofa einen Artikel über ein Orgelprojekt in Halberstadt, wo ein Stück von John Cage aufgeführt wird, *As slow as possible*, seit 19 Jahren, und wo im Herbst ein Klangwechsel ansteht, und in dem Artikel wurden verschiedene Leute vorgestellt, die ehrenamtlich an dem Projekt mitarbeiten, das noch 620 Jahre laufen soll, und die mehr oder weniger darüber sagen, wieso.

Und ich war beim Lesen ganz aufgeregt und hatte ein Kribbeln im Bauch, vielleicht weil diese Gruppe aus Pensionären, Hartzern und Studierenden sich auf eine Weise aus dem Spiel um Ehrgeiz und Selbstdarstellung herausnimmt, die mir selbst unmöglich wäre, weil ich zu eitel bin, zu angewiesen auf Zuspruch, und ich war glücklich, als ich das las, weil es mich tröstete, dass diese Menschen so gut sind, und auch wenn ich glaube, weniger gut zu sein, fand ich mich in dem Moment durchaus ganz okay, und ich liebte die auf dem Rücken liegende, in das Mobile über sich schauende, staunende Z, die summende, ihre Stoffkatze fütternde B und dich, starrend in die kahlen Äste vor dem Fenster, den Kaffee in deiner Hand.

Und als wir fertig waren mit den Vorbereitungen und mit Kreppband Linien auf den Boden des Festraumes unserer Genossenschaftssiedlung geklebt hatten und Hindernisse aufgebaut und das Wasser gefärbt und Plastikflaschen befüllt, damit sie als Kegel dienen konnten, fühlte ich mich zu Hause in Zürich, in der Welt, ich hatte zwei Stunden nicht nachgedacht, ich hatte mich nur gefragt, wie dieser Raum aussehen muss und was wir hier tun können, damit acht Kinder unter acht Jahren drei Stunden lang Freude haben, und als es vorbei war und das erste Mädchen abgeholt wurde, sagte ihre Mutter *Ça va* zur Begrüßung, und ich freute mich, weil ich mich an Biel erinnerte, wo ich dich kennengelernt hatte und wo B zur Welt gekommen war, und an die Tatsache, dass ich als Deutscher einen französischen Armeeparka trage als Geste freiwilliger, permanenter Unterwerfung, und an meine französische Brieffreundin aus der 9. Klasse und daran, wie sie mir damals im Park von Versailles eröffnete, dass sie mich entgegen der für das Wochenende gemachten Pläne nun doch nicht im Haus ihrer Nachbarn, wo sie sonntags die Blumen goss, heimlich entjungfern werde, weil sie nicht daran glaube, dass unsere Beziehung eine Zukunft habe, und ich weinte bitterlich, ich schluchzte und schniefte, und alle sahen mich an.

Und dann, auf deiner Geburtstagsfeier, genau eine Woche nach der von B, sagt ein Filmemacher, dass alles so komisch werde, und ich stimme ihm voll und ganz zu und würde gerne formulieren, wie komisch genau, sage dann aber nur: So unglaublich komisch, und dann sagt er: Immer komischer, und ich sage: Verworren, und wir nicken beide, und dann sagt er, dass er zwar nicht viel übrighabe für Leute, die sagten, sie seien keine Rassisten, und dann fortfahren mit Aber, aber er höre sich selbst immer wieder sagen: Ich bin zwar kein Verschwörungstheoretiker, aber; und es sei doch unglaublich, was wir alles tun, einfach, weil das Wirtschaftssystem es vorgebe, und ich sage: Unhinterfragt, und er sagt: Ja, und ich merke erst da, dass das natürlich Schwachsinn ist, weil er es ja gerade hinterfragt.

Und B kommt mit einem Teller, auf dem Birnenstücke und Schokolade liegen, und A sagt, sie muss ihre Hormonspritze setzen, weil sie bald ihre Eizellen einfrieren will, und sofort sind vier Frauen zur Stelle, zwei Mütter, zwei kinderlos, die eine Kinderlose drückt etwas Oberschenkelgewebe zusammen zu einer Wulst, eine Mutter rammt die Spritze hinein, nicht so fest, sagt die Kinderlose, die den Wulst hält, doch, sagt die andere Kinderlose, die die Packungsbeilage des Medikaments liest, hier steht *entschieden*, und mittlerweile ist auch B zu A hingelaufen und sagt: Wenn du ein Baby willst und keinen Mann hast, wieso fragst du nicht einfach meinen Papa?, und alle lachen, ich auch.

Und drei Tage später, beim Abtrocknen, frage ich mich, ob es leichtsinnig ist, im Badezimmer zu onanieren, während man die Verantwortung hat für ein im Wohnzimmer schlafendes Baby, ob es versteckte Kameras gibt im Bad unserer Genossenschaftswohnung, was die Genossenschaft wohl anfangen wollte mit einem Film, auf dem ich onaniere, ob ich die Küche erst aufräumen sollte oder erst mit Z rausgehen, an die frische Luft, wann B wohl heimkommt, wann du?

Und es ist so naheliegend wie faszinierend, dass ich mich mehr und mehr am Leben fühle, solide und physisch präsent, je weniger Z herumschreit, als würde der Lärm, den sie erzeugt, die Macht haben, mich aufzulösen, in Schallwellen, die sich dann verflüchtigen im Rhythmus meines schlechten Gewissens, weil ich es nicht schaffe, ihr einen Grund zu geben, ruhig zu sein und zufrieden, dabei bin ich doch mitverantwortlich für ihre Anwesenheit auf der Welt und damit auch für ihre Irgend-wann-nicht-mehr-Anwesenheit, aber sobald sie die Augen öffnet und mich ansieht, ist all das vollkommen egal, und ich bin glücklich und da, glücklich, da zu sein, hier und jetzt, plötzlich ist jemand in diesen Augen, irgendwann in den letzten drei Wochen hat sie angefangen, ein Gegenüber zu sein, ein Mensch, und wenn sie ihren Mund breit macht, fange ich an, in einer merkwürdigen hohen Stimme Laute der Zustimmung und der Begeisterung von mir zu geben, als wäre ihr Lächeln eine Frage.

Und dann denke ich, dass es genau das ist, ihr Lächeln, eine Frage, jedes Lächeln eine Einladung an ein Gegenüber, ja zu sagen zu irgendetwas, zu einem Witz, zum Sinn der menschlichen Existenz oder zu einer Portion Rührei mit Speck, zur Wärme um mich, zwei Tage später, im Frühstücksraum des IntercityHotels in Bremen, dazu, wie der Kaffee hier schmeckt, zu der guten Laune der Menschen, die hier arbeiten, wie bequem das Bett war, wie weiß die Handtücher, wie pünktlich der Weckruf, wie warm und sauber und klar das Wasser in der geräumigen Dusche, und wie kann man so wahnsinnig sein, zu meinen, all das sei nicht der Rede wert?

Es ist noch dunkel, wir sitzen am Frühstückstisch, B liest laut die Zutaten auf der Cornflakes-Packung vor, und ich betrachte die elektrische Schildkröte mit den beweglichen Flossen, die sie am Vorabend geschenkt bekommen hat.

Ich muss lächeln, es sieht sehr gemütlich aus, das gelbgrüne Plastiktier in seiner Waschlappenhöhle auf dem Tisch neben der Obstschale, und dann schärfe ich mir ein, die Schildkröte nach dem Frühstück auf den Badewannenrand zu setzen, das ist mit dir so abgemacht, B wollte sie eigentlich zum Spielen in ihr Zimmer nehmen, du sagtest: Nein, die ist zum Baden, und ich schlug ohne Rücksprache den Kompromiss vor, die Schildkröte über Nacht zu B ins Bett zu legen, sie sagte, sie braucht sie viel dringender zum Einschlafen als zum Baden, und morgens kommt sie dann wieder ins Bad.

Da ist sie jetzt auch, wie ich vorhin sah, als ich mir nach dem Heimkommen die Hände wusch, gestern Morgen habe ich sie, glaube ich, dann doch auf dem Küchentisch vergessen, nachdem ich dir vorsichtig sagte, dass ich es übertrieben finde, auf der Badewanne als Aufbewahrungsort für das mechanische Plastiktier zu beharren, du sagtest, du wolltest das aber so, und ich ließ von der Sache ab, und im Hintergrund weinte B bitterlich und rief nach ihrer Schildi oder Kröti oder was weiß ich, und in mir leuchtete der Satz auf: Wieso einem Kind etwas schenken, wenn man es ihm dann wieder nimmt?

Und dann ist Dienstagnachmittag, und ich stehe am Küchenfenster und starre in den leeren Innenhof unserer Siedlung, und in zehn Minuten müsste B vom Hort heimkommen, und ich denke natürlich nicht daran, was alles passieren könnte auf den zweihundert Metern zwischen der Grundschule und hier, dazu bin ich zum Glück zu vorsichtig, und außerdem hat ja niemand etwas davon, wenn man sich ständig schlechte Gedanken macht, also höre ich jetzt sofort damit auf und gehe zu dir, Z und A ins Wohnzimmer, ihr seid gerade zurückgekommen von der Eizellen-Entnahme, jetzt kann sich A Zeit lassen mit dem Schwangerwerden und in Ruhe auf eine stabile Lebenssituation warten, und am Abend gehe ich mit deiner Mutter in ein Konzert, im Tonhalleprovisorium, Bartók, *höllische Musik im Apachenlager*, wie er selbst es beschreibt, und schon beim Einstimmen löst sich die Frage danach, was genau eine stabile Lebenssituation eigentlich sein soll, auf in der vollkommenen Dissonanz.

Und am nächsten Morgen, im Café Bauer, fällt mir wieder ein, wie ich neulich nach einem Abend im Kino, einem One-Cut-Film über den Stellungskrieg 1917, im Nebel des Raucherraums im Meyers stand, das vierte Bier in der Hand, und irgendwann sagte S, wie schrecklich die Vorstellung wäre, seine Töchter müssten einmal in den Krieg, wir wären ja raus, mit über 40 würde uns keine Armee mehr einsetzen, aber dann wiederum würde ein Krieg heute zumindest in Europa sicher nicht mehr mit Bodentruppen entschieden werden, sondern mit Fernlenkwaffen und Drohnen, Fußsoldaten kämen nur noch zum Aufräumen rein.

Und ich versuche, mir die kunstvollen pastellfarbenen Darstellungen verschiedener Schichten verschieden stark umgepflügter, aufgerissener, pulverisierter Arten von Erdreich, Säugetieren und Uniformstoff aus dem Film in Erinnerung zu rufen und die vielen leeren Augenhöhlen, als die beiden britischen Protagonisten ein gesprengtes deutsches Lager betreten, und dann fällt mir auch die Begegnung des Helden mit der schönen jungen Französin später im Keller eines zerstörten Hauses in einer zerstörten Stadt wieder ein, die natürlich romantischer, klischeehafter Quatsch ist, aber das ist mir egal, weil ich es mittlerweile schön finde und berührend, wenn sich überhaupt irgendwer mit der Tatsache beschäftigt, dass Menschen dazu neigen, andere Menschen im großen Stil zu zerteilen in kleine Fetzen.

Und dann fängt eine offenbar alkoholisierte Frau an, wie manisch durch das vollbesetzte Café zu rufen, dass sie einerseits schwer geschockt sei, weil ihr gerade jemand gesagt habe, Roger Federer sei schwul, und andererseits tief traurig, dass der ivorische Chef der Großbank Credit Suisse, Tidjane Thiam, angeblich nur wegen seiner Hautfarbe entlassen wurde, und während die Frau immer lauter wird, schläft Z im Wagen neben mir friedlich ein, und mir geht das Bild von C nicht aus dem Kopf, vor ungefähr einer Stunde, im FaceTime-Fenster des iPhones, wie er mir den Blick aus seiner Wohnung in Shenzhen zeigte, vom 23. Stock hinunter auf die achtspurige Straße vor seinem Haus, die vollkommen leer und verlassen war, weil das öffentliche Leben seit der Abriegelung von Wuhan in ganz China zum

Erliegen gekommen ist, auch Supermärkte hätten kaum mehr auf, zum Glück könne man noch online Essen bestellen.

Und dann sagte er, dass er hoffe, dass es nicht noch schlimmer werde, man höre unangenehme Dinge, und dass gestern der Nachbarschaftsrat geklingelt hätte und gefragt, ob er in den letzten Wochen die Stadt verlassen habe, was er verneint hätte, aber du warst doch in Hongkong, sagte ich, und er sagte: Ja, aber das sage ich denen doch nicht, und ich staunte, mit welcher Lässigkeit er die Vertreter eines autoritären, kommunistischen Überwachungsstaats anlügt, und dann erzählte er, dass er verliebt sei in eine Französin, die er in Hongkong kennengelernt habe, im Hyatt, dem besten Hotel der Welt, da habe er zwei Wochen lang keinen einzigen Menschen gesehen, nur sie, sie sei aus Marseille, Mathematikerin und Ökonomin und hätte Geld und Zeit, weil sie gerade ihren Job in London gekündigt habe, und eigentlich könnte es schon was werden mit ihr, aber sie sei halt schon 40, das sind wir doch auch, sagte ich, und er sagte ja, aber er wolle eigentlich schon noch Kinder, und als sie sich kennengelernt hätten, hätten sie fünf Stunden lang geredet und dann gegessen und dann die ganze Nacht gevögelt und genau so müsste es doch eigentlich sein.

Und dann kaufe ich mir endlich die eine dicke, warme, knielange Winterjacke, die meinen mittlerweile recht heruntergekommenen französischen Militärparka ersetzen soll, den ich, gerade weil er so unförmig ist, so gern trage, ich fühle mich darin nicht nur vor modischen Urteilen geschützt, sondern auch vor meiner historischen Verantwortung, als Deutscher in einer französischen Militärjacke, und die neue Jacke ist zwar nicht viel weniger unförmig, sie ist riesig, massiv breit geschnitten, wie der Verkäufer sagte, als ich ihn fragte, wieso mir hier Größe M zu passen schien, sie ist außerdem lang und sehr dick, mit Daunen, warm, vor allem um meine autoimmunangriffsanfälligen Hüftgelenke, so warm, dass ich mir manchmal nicht ganz sicher bin, ob es überhaupt noch einmal so kalt wird, dass ich sie wirklich brauche.

Und 24 Stunden später und ungefähr 850 Kilometer entfernt merke ich, dass ich gestern vollkommen zufrieden war.

Und der Taxifahrer, der mich abholt von der Lesung in Bremen, sagt: Gibt es das noch, Leute, die lesen?

Und ein paar Tage später stehe ich neben einem schmalen, länglichen Fleck Schnee an einem braunen Hang in Oberbayern, und O und B rutschen auf geliehenen Skiern herum, die uns der Mann in der kleinen, zu meiner Überraschung geöffneten Hütte des Skiverleihs erstaunt einstellte, bevor wir sie hinaustrugen in den Schlamm zwischen der Hütte und dem künstlichen Weiß.

Und ich merke zum Glück bald, dass meine postapokalyptischen Assoziationen angesichts der eigenartigen Szenerie nur mein persönliches Problem sind, die Kinder sind glücklich, der sulzige, immer eisiger werdende Kunstschnee wird auch immer rutschiger, und der Schlamm wird mit zunehmender Kälte härter, es wird einfacher, darauf zu laufen, und dann zieht der Himmel zu, und Wind kommt auf, weht uns harte, körnige Schneeflocken ins Gesicht, und wir fliehen ins Auto und fahren zurück ins Hotel durch die nun doch noch vollständig weiß werdende oberbayerische Bergwelt.

Im Hotelzimmer wird es den Kindern schnell langweilig, also gehen wir, als nach einer Stunde der Sturm nachlässt, mit einem Schlitten aus dem Haus und stapfen durch den erstaunlich plötzlichen, erstaunlich tiefen Schnee über ein Feld, eine weite, weiche, unberührte Ebene, eine Ruhe und Klarheit, ein Licht, Glück, zwei aufgeregte kleine Mädchen auf einem Schlitten, die Schnur in den Händen hinter meinem Rücken, die Hände in den warmen Handschuhen, vor uns ein Kilometer strahlend helles Weiß und dahinter der Schlittenberg.

Sie wollen schneller und von weiter oben fahren, als ich gedacht habe, sie kennen keine Furcht, also lasse ich sie, sie schreien, sie jauchzen, und als sich eine von ihnen überschlägt, tröste ich sie und wische ihr den Schnee aus dem Gesicht.

Dann ziehe ich sie wieder nach Hause, beide wütend vor Müdigkeit, aber nicht auf die Welt, den Menschen, die Klimakrise oder sich selbst, sondern nur auf die Tatsache, dass man nicht ewig auf einem Schlitten sitzen und einen Berg runterrutschen kann.

Am Abend essen wir in einem italienischen Restaurant eine etwas teigige Pizza, und als die Kinder schlafen, trinken wir noch ein Glas Wein mit meiner Schwester auf dem Sofa im Gang zwischen unseren Hotelzimmern, bis ihr die Augen zufallen.

Als wir schlafen gehen, ist es ungefähr zehn.

Um fünf wache ich auf und kann nicht mehr liegen.

Mir ist kalt.

Also decke ich meine Kinder zu.

Und jedes Mal, wenn sie husten, schrecke ich wieder hoch, mein Herz rast, und ich spüre eine Wut auf das Geräusch, Ankündigung eines Scheiterns, Fehlermeldung eines der beiden ab und zu scheinbar meinen einzigen Lebenszweck darstellenden Körper, und zeitgleich zur Wut eine Angst, die Frage, ob und warum es sich anfühlt, als könnte der Hass auf das gemeine Geräusch, das möglicherweise Leid bedeutet für jemanden, der mir am Herzen liegt wie nichts sonst, um sich greifen und nicht nur den Defekt, der das Geräusch verursacht, bekämpfen wollen und, ja, vernichten, sondern auch gleich den ganzen Körper, der mit seiner verdammten Lebendigkeit eben auch Anfälligkeit für Leid bedeutet und Krankheit, für Sterblichkeit, und meine Liebe zu ihnen und zu mir selbst, und dann will ich mich schlagen mit einem stumpfen Gegenstand, tot sein, einen Termin beim Kinderarzt machen, ans Meer ziehen, in die Berge, und schließlich klingt meine Wut langsam ab und richtet sich auf dankbarere Ziele wie das Verkehrsaufkommen, das Wirtschaftssystem, den Putzplan, Staub, die Idee der Nation.

Und dann sagen die Leute vom Planetenforschungsschwerpunkt der Universität Bern ab.

Ich hatte mich beworben fürs Outreach-Team, ich wollte dazu beitragen, die Öffentlichkeit über die Arbeit des Planetenforschungsschwerpunkts der Universität Bern zu informieren, sie dafür begeistern, ungefähr so, wie ich von Planeten begeistert bin und vom Weltraum, schon immer, so schrieb ich es nicht in meinem Motivationsschreiben, aber immerhin seit meinen Vorlesungen in Naturphilosophie, schrieb ich, bei Pater K, an der Jesuitenhochschule, an der ich damals studierte, und ich erinnere mich noch daran, dass man sich über ihn erzählte, er sei nicht nur katholischer Priester, sondern auch Zen-Buddhist und dass das kein Widerspruch sei, und ich habe die Mail vom Planetenforschungsschwerpunkt sofort gelöscht, und jetzt finde ich es okay, dass sie mir abgesagt haben, ich habe ja, wenn ich ganz ehrlich bin, ein wenig gelogen im Motivationsschreiben, und sei es nur im Dateinamen, Motivationsschreiben, eigentlich bin ich nämlich gar nicht motiviert, eigentlich habe ich Angst, ich will nur ein festes Gehalt, damit ich mir eine Psychotherapie leisten kann und einen Zahnarztbesuch, also einen, bei dem sie mir dann den Weisheitszahn ziehen, der kommt bald, sagt man mir seit 20 Jahren.

Und vielleicht ist diese Angst-Scheiße auch vollkommen unbegründet, für Leute, die Romane schreiben, haben wir ganz okay Geld, aber ich will ein Arbeitszimmer und einen Garten und eine Katze für B und bessere Luft für ihren Husten und für den von Z auch.

Und ich weiß selbst, dass ich, wenn wir in einem einsamen Haus an einem nordschwedischen Strand wohnen würden, am Bottnischen Meerbusen, irgendwann in einer Winternacht den Verstand verlieren würde, wenn ich dann überhaupt noch einen hätte, ich glaube mehr und mehr, dass ich fauler werde auf eine fast schon pathologische Art, die mein Gehirn ernsthaft schädigen könnte, immerhin denke ich noch ans Atmen und Scheißen, also mein Gehirn tut das, ich tue eigentlich nichts, außer einmal die Woche ins Fitnessstudio zu gehen mit Blick auf die Schienen und das Sozialbauhochhaus gegenüber, in dem Max Frisch mal gewohnt hat, und da gehe ich auch nur hin, weil es um die Ecke ist, in Schweden würden meine Gelenke langsam verknöchern, und ich würde in der Dunkelheit einfrieren in der Position, die am wenigsten weh tut, sage ich mir, weil ich endlich nicht mehr so sehr nach Schweden wollen will, es ist doch alles hier, meine Familie, meine neue warme Jacke, meine bequemen, schönen schwarzen Turnschuhe.

Und vielleicht werden die von der Kommunikationsstelle der Nationalen Genossenschaft für die Lagerung radioaktiver Abfälle positiv reagieren auf meinen Vorschlag, einmal für ein persönliches Gespräch vorbeizukommen; für diese Bewerbung nutzte ich eine besondere Funktion des Jobportals, eine unverbindliche Nachricht mit Verweis auf das Profil eines sozialen Netzwerkes, das ich immer noch habe, obwohl dort nichts über mich zu erfahren ist, es gibt nur ein Porträt von mir und ein Foto einer Reihe roter Lieferwagen mit der Aufschrift Angst, ein alteingesessener Zürcher Schlachtbetrieb, und in dem Portal konnte man, wenn man an einer Stelle interessiert ist, aber eigentlich angeblich gar keine Stelle sucht, jedenfalls nicht aktiv, also keine Bewerbungsunterlagen hat, einfach kurz ein paar freundliche Zeilen hinterlassen, darüber, dass man total geeignet wäre für die öffentliche Verbreitung der Belange der Nationalen Genossenschaft für die Lagerung radioaktiver Abfälle, für Vorträge an Bohrlöchern und Führungen mit Schulklassen, und wenn sie einen nicht wollen, war das alles eben nicht ernst gemeint.

Und vielleicht klappt es ja mit dem Forschungsprojekt über die fluiden Grenzen zwischen Realität und Fiktion, Wissenschaft und Kunst, Leben und Arbeiten, Wahrnehmen und Erzählen, es gibt ein paar Leute, die es für möglich halten, dass mir jemand dafür irgendwann einmal Geld gibt, und als Letztes, am Ende jedes Gedankens, egal ob er aufgeschrieben ist oder verflogen, gibt es dann mich, der immer noch an die Möglichkeit glaubt, es könne von Bedeutung sein, schriftlich zu dokumentieren, wie es ist, in dieser Welt zu leben, heute und hier, obwohl das ja streng genommen niemand nachlesen muss, es erleben ja alle selbst.

Und vielleicht ist der einzige Grund, überhaupt einen Strich auf ein Blatt Papier zu setzen oder einem bereits gesetzten zu folgen mit Augen und Hirn, der Wunsch, eine Ahnung von Kontinuität zu erleben, zu spüren, was damit gemeint sein könnte, dass das Leben geschieht, voranschreitet, weitergeht wie die Zeit.

Und ich meine schon, auf der Karte des Nahverkehrsnetzes der Stadt Bremen einen weiteren Hinweis zu sehen auf die zunehmende Fragmentierung der Gegenwart, als mir der erschreckend dicke Strich zwischen Bremen-Stadt und Bremen-Nord auffällt, der offenbar nur mit dem Auto oder dem Fernverkehr der Deutschen Bahn überwunden werden kann, bis ich erkenne, dass der Strich nur aus Platzgründen eingezeichnet ist, Bremen-Nord passt oben links nicht mehr auf die Karte und ist deshalb genau über Bremen-Stadt platziert, immerhin, Bremerhaven kommt gar nicht vor, auch nicht Hamburg oder Hannover, ganz anders als auf den Karten des Nahverkehrsnetzes der Region Biel-Solothurn, das scheinbar von Besançon bis nach Bern reicht und darüber hinaus, in jeder Himmelsrichtung erinnern Pfeile daran, dass man eigentlich nie am Ziel ist, Paris, München, Mailand und Wien, nicht umsonst nennt man diese Gegend das Mittelland, dessen größter Reiz laut Immobilienanzeigen darin besteht, dass man so gut darüber hinwegsehen kann, vom Jura bis zu den Alpen, und mir fällt der elegante Bieler Trinker mit Anzug und Hut ein, der so ungern abends das Café du Commerce verließ, um mit der Standseilbahn hochzufahren nach Evilard, ein Villen- und Schlafdorf am Jurasüdhang, weil er, wie er sagte, es leid sei, an einem Ort zu wohnen, von dem aus man ständig sehen kann, wo es wahrscheinlich noch schöner ist.

Und ich denke, dass darin viel Wahres steckt, einfache lebenspraktische Einsichten in Bezug darauf, den Blick zu lenken, und auf den Zusammenhang zwischen Schauen und Wollen und Haben, und obwohl die ganz unterschiedlichen Texte der Bremer Schülerinnen und Schüler, mit denen ich in einem Schreib-Workshop arbeitete, alle von einer beinahe betäubenden Melancholie waren und mit zum Teil nicht nur angedeuteten Selbsttötungsfantasien, merkten wir im Verlauf der Arbeit, dass eine Kombination aus ihnen auf einmal Raum für Hoffnung ließ, weil wir uns befreiten vom Zwang zur kalten, perfekten, einsamen Originalität.

Und natürlich sehen wir weniger scharf, wenn wir alle unsere Perspektiven übereinanderlegen, aber genau darum geht es, was, bitte schön, soll denn eine Wahrheit sein nur für mich allein?

Und dann putze ich den Herd, und ich bin zu groß für die Dunstabzugshaube, wenn ich die hinteren Platten putze, muss ich einen Buckel machen, und zuvor hast du das von mir nachts neben dem Herd verschüttete Milchpulver kommentiert mit einem: Ha, ist er wieder da, scheinbar war es sauberer, als ich in Bremen war, und plötzlich habe ich wieder einmal das Gefühl, ich würde nirgendwo richtig hineinpassen, und mir fällt diese seltsame Sehnsucht ein, die ich spürte, als ich vorgestern Abend an der Weser einen Mann in sein Smartphone sagen hörte: Hör zu, was planst du?

Und ich erinnere mich an die erstaunliche Abneigung, als kurz nach Freiburg die seit Hannover schweigend im Zug sitzenden alten Leute neben mir plötzlich anfingen, sich lautstark auf Schweizerdeutsch zu unterhalten, und natürlich war die Abneigung eine Projektion, die Projektion einer Aura von Selbstgewissheit, Ignoranz und beleidigter, zur Grausamkeit jederzeit bereiter Distanz, die ich plötzlich neben mir wahrzunehmen meinte, und wie viel schöner es klingt, was die im Norden so singen, dachte ich jetzt, da ich wieder im Süden war, und kurz bevor ich mich fragte, ob Fremdenfeindlichkeit vielleicht doch einfach eine psychische Krankheit ist und ob ich vielleicht lieber früher als später meine Therapeutin aufsuchen sollte, blitzte der Gedanke auf, dass ich die Arbeit mit der Bremer Schulklasse darum so mochte, weil alle so gut Deutsch konnten, so höflich waren, so wohlerzogen, so hellhäutig, und dann explodierte er auch schon, der Gedanke, im selben Moment, als eine Nahaufnahme aufleuchtete von der Fünfzehnjährigen, die einen Text geschrieben hatte, von dem sie mir sagte, er handle *von einem geilen Mann mit hautenger schwarzer Hose*, und sie kam zu mir an den Tisch und legte ihr Blatt vor mich hin, und ich las, und sie wartete, und ich nickte und gab ihr das Blatt zurück, und sie drehte sich um und ging an ihren Platz, und plötzlich wusste ich, was ein Thigh Gap ist.

Und als ich dich ein paar Tage später aufgelöst anrufe und dir sage, ich wüsste nicht, wo mein Platz auf der Welt sei, sagst du: Komm heim, wir stellen die Möbel um.

Und kaum dass ich sehe, wie breit unser neues Schlafzimmer in Bs ehemaligem Kinderzimmer ist, weitet sich meine Brust, und ich atme tiefer und freier und habe dann auch genug gute Laune und Energie, um B zu trösten, die den Blick auf den Hof, den sie jetzt hat, nicht so ganz annehmen kann als Ausgleich für die Halbierung ihrer Spielfläche, und die Autos auf der Ausfallstraße, die jetzt vor unserem Schlafzimmerfenster entweder stehen und stinken oder vorbeirauschen, haben sie plötzlich noch nie gestört, und über ihren gelegentlichen Husten mit uns zu sprechen weigert sie sich ohnehin.

Und auf einmal kann ich da, wo vorher die Wand war, das Bett verlassen, wann immer ich will, auf einmal habe ich eine eigene Nachttischlampe, auf einmal lese ich zum Einschlafen wieder ein Buch, zufällig, weil es gerade zur Hand ist, *Die Beschreibung des Unglücks*, und bin überglücklich.

Und am nächsten Morgen gelingt es mir fast, das Haus zu verlassen, ohne etwas anderes gedacht zu haben als: Alles wird gut.

Z hat sich in den dicken Wollanzug stecken lassen, ohne zu schreien, B ist vorher ohne Protest und übermäßiges Trödeln mit der Nachbarstochter durch den sanften Regen in Richtung Schule davonspaziert, nachdem ich ihr erst die Stoffhandschuhe hinabgeworfen hatte, vom Balkon direkt in eine Pfütze, und dann noch die wasserdichten, und ich bin schnell warm genug angezogen, um draußen nicht zu frieren, aber auch nicht so warm, dass ich die Nerven verlieren würde beim Anziehen der Kleinen, und ich trage das Kind und die Tasche mit Computer und Buch und Kalender und Notizbuch und die andere Tasche mit dem Glas mit der Holle Folgemilch 2 und dem warmen Wasser und der Quietschgiraffe die Treppe hinab, und als ich unten angekommen bin, hänge ich erst die Tasche mit den Kindersachen über den Griff des Kinderwagens und lege dann das Kind hinein, und dann rutscht die Tasche vom Kinderwagengriff und fällt auf den Steinboden, und als ich sie wieder aufhebe, höre ich zum ersten Mal in meinem Leben den Klang von Scherben in Milchpulver.

Und an dem Tag, an dem uns gesagt wird, dass Schulen und Kindergärten für sechs Wochen geschlossen bleiben, laden wir unsere Nachbarn zum Abendessen ein, und wir trinken viel Wein, und die Kinder spielen und dürfen lange wach bleiben, und wir reden über Vorerkrankungen, Risikogruppen und das Alter, und zwischendurch desinfizieren wir uns die Hände, und es dauert den ganzen nächsten Tag, bis die beinahe freudige, weil angenehm leichtfallende Akzeptanz der einschneidenden Ereignisse, die ja vorerst vor allem in Nicht-Ereignissen bestehen, einer leisen Angst zu weichen beginnt; in zahllosen Statistiken auf zahllosen Websites, in WhatsApp-Gruppen und Podcasts scheint das Alter der Erkrankten mit schweren Verläufen immer weiter zu sinken, und das Unbehagen über die Möglichkeit, vielleicht doch selbst krank zu werden, weicht dem Unbehagen, dass es sogar die Kinder treffen könnte.

Und obwohl ich manchmal dachte, früher, wenn meine schlimmsten Fantasien sich nicht so leicht wegschieben ließen, es gäbe, wenn etwas Schreckliches passierte, wenigstens noch eine starke, bisher unbekannte Emotion, wirken die erstmals halbwegs real werdende Möglichkeit eines Unglücks und das damit verbundene Gefühl überhaupt nicht mitreißend oder intensiv, eher unheimlich und diffus, und auch die andere, noch primitivere Ablenkungsreaktion, das *Endlich passiert mal was*, passt nicht richtig, weil das Einzige, was passiert, ist, dass eben nichts mehr passiert, der verminderte Kontakt zu Mitmenschen, den ich mir immer als freiwillig gewählte Haltung zurechtdenken konnte, ist plötzlich eine von der Allgemeinheit gewollte Norm, und wer soll noch merken, dass ich aus Überzeugung einsam bin oder aus Trotz, wenn es alle anderen aus Pflichtgefühl sind und Vernunft, die einzige Form des Widerstandes, den der Markt noch erlaubte, das Nicht-dazu-Gehören, grassiert plötzlich mit atemberaubender Geschwindigkeit, breitet sich exponentiell aus.

Und als später alle auf den Balkonen stehen und pfeifen und klatschen für die Pfleger, Ärztinnen, Supermarktmitarbeiter und LKW-Fahrerinnen, die den Laden am Laufen halten, während wir zu Hause sitzen in einem merkwürdigen Nebel aus Langeweile und Angst, bekomme ich sofort eine Gänsehaut, und sofort sage ich etwas Banales zu B oder konzentriere mich auf ein bauliches Detail am Nachbarhaus, auf einen abgebrochenen Zweig auf der Wiese oder den überquellenden Mülleimer im Innenhof, ein Reflex zur Abwehr eines sich anbahnenden Kontrollverlusts, als würde ich mir nicht trauen, diesen solidarisch gemeinten Akt zu absolvieren, ohne vollkommen unkritisch und obrigkeitshörig zu werden, und ich denke an einen Text über das Verhältnis von Pathos und Ironie, den ich am Nachmittag gelesen habe, während ich Z im Kinderwagen im Hof im Kreis schob, in dem eine spätgriechische Schrift zitiert wird: *Denn ihrer Natur nach wird unsere Seele von dem wahrhaft Erhabenen emporgetragen, und hochgemut sich aufschwingend wird sie mit stolzer Freude erfüllt, als hätte sie selbst erzeugt, was sie gehört hat.*

Und vielleicht hat der sofortige innerliche Rückzug aus dem Gemeinschaftsgefühl etwas mit diesem falschen Stolz zu tun, mit der Angst davor, die Menschen, die mir nah sind, würden in mir etwas anderes sehen, als ich wirklich bin, etwas, das sie, auch wenn es sie manchmal nervt, gerade brauchen oder das gut zu ihnen passt, vielleicht weil ich Erwartungen schneller zu antizipieren scheine, als meine Gegenüber merken, dass sie sie

hatten, und die Tatsache, dass ich das immer wieder tue, obwohl ich es eigentlich gar nicht will, lässt in mir die Vermutung
aufkommen, dass es mich ohne andere Menschen eigentlich
gar nicht gibt und dass ich darum so sehr Gesellschaft suche
und brauche, manchmal immerhin, und aber auch ablehne,
wenn ich merke, ich werde nie ein selbstständiger Teil von ihr
sein, jemand, der etwas Eigenes, Neues beiträgt, sondern immer nur eine Art Verstärkung einer bereits vorhandenen Stimmung.

Und dann wird mir bewusst, dass mir meine Freunde in München fehlen, den Ausbruch der Pandemie im März 2020 werden wir für immer in verschiedenen Ländern erlebt haben,
Länder, zwischen denen man im Moment nicht einmal ohne
weiteres hin- und herreisen darf, obwohl ich Staatsbürger bin
von beiden, Deutschland und der Schweiz, und dann nehme
ich mir fest vor, morgen beim Klatschen auf dem Balkon auch
wirklich an die Menschen zu denken, denen es eigentlich gilt.

Und am nächsten Tag schreibt U, dass das Leben etwas sehr
Zerbrechliches ist.

Er ist Oberarzt in einem Berliner Krankenhaus und gerade zurückgekommen von einem zehntägigen religiösen Retreat in
Brandenburg, mitten hinein in die fieberhaften Vorbereitungen,
die Planungs- und Koordinationsrunden der Berliner Inten-
sivmedizin, und er schreibt, dass ihm das alles Angst mache,
und ich frage mich kurz, ob es als Arzt nicht eigentlich seine
Aufgabe wäre, andere zu beruhigen, rufe ihn an in der Absicht,
zu erfahren, ob er das, was er in seiner Nachricht geschrieben hat, auch wirklich so meint, aber ich erreiche ihn nicht,

also lese ich die neuesten weltweiten Fallzahlen und Verdoppelungsgeschwindigkeiten der Infektionen auf der Website der Johns-Hopkins-Universität, und ich staune über die tiefe Todesrate in Deutschland und über die relative Ruhe und Unbekümmertheit in der Schweiz angesichts einer im Verhältnis zur Bevölkerung weltweit führenden Zahl erkrankter Personen.

Und dann höre ich in der Wohnung über uns gellende Schreie und stumpfe Schläge von Gegenständen, und das Schreien wird zu einem Kreischen, und jetzt erkenne ich die Stimme des kleinen Bruders der Klassenkameradin von B, die gerade auch oben ist zum Spielen, diesen einen sozialen Kontakt haben wir uns noch nicht abzubrechen getraut, und dann höre ich, wie die beschwichtigende Stimme des Vaters etwas Bedrohliches bekommt, allein durch ihre Lautstärke, Inhalt und Ton bleiben sanft und verständnisvoll: Bitte, beruhige dich, und dann höre ich den kreischenden, wie am Spieß schreienden Jungen im Treppenhaus, und ich höre, wie er auf seinen Vater einschlägt, während dieser ihn die Treppe hinunterträgt, und kurz darauf sehe ich vom Balkon aus, wie der große, schlaksige Ingenieur aus Wien mit aller Kraft ein wild zappelndes Bündel dreijähriger Mensch an sich drückt, und er läuft mit ihm quer über den Hof, setzt sich auf eine Bank, nimmt den Jungen auf den Schoß und lässt ihn sich ausweinen, zucken, treten und schlagen und schaut dabei still vor sich hin, in eine Zukunft, die seit zwei Wochen plötzlich deutlich ungewisser ist, von der man aber vorerst annimmt, dass sie vor allem einsam sein wird, und er hält einen von vier Menschen, denen er laut Regierung noch nahe kommen darf, so fest, wie es geht, und nimmt nicht nur die Schläge hin, sondern auch das Geschrei, und als der Junge vor Erschöpfung beinahe eingeschlafen ist, zieht er ihm konzentriert und methodisch die Schuhe an, die er die ganze Zeit unter dem linken Arm eingeklemmt hatte.

Und dann desinfiziere ich meine Hände und fahre mit dem Fahrrad in meinen Arbeitsraum, wo ich jedoch nicht arbeite, sondern Interviews mit Virologen lese und Zusammenfassungen von Studien über die Wirkung der neuen Krankheit bei Kindern, und ich trinke zwar Bier, bringe es dann aber doch nicht fertig, eine Zigarette zu rauchen während einer sich pandemisch ausbreitenden Lungenerkrankung, und irgendwann erreiche ich U, und er sagt, dass von denen, die auf die Intensivstation kommen, in etwa die Hälfte stirbt und dass das ganz fürchterlich viel sei, und zwar sterben die eigentlich gar nicht am Virus, sagt er noch, sondern an einer Sepsis, einer unkontrollierten Reaktion des Immunsystems, die zu multiplem Organversagen führt, und ich muss kurz an die wirtschaftlichen Abwehrkräfte denken, von denen der Finanzminister am Nachmittag im Radio sprach, und wechsle dann das Thema, wie ist die neue Wohnung in Pankow, frage ich, schön, danke, das Viertel ist zwar etwas ruhig, aber es tut sich da gerade was, sagt er, und dann wünschen wir einander, dass wir gesund bleiben, und legen auf, und kurz danach ruft meine Mutter an, die wegen der Verdienstausfälle in ihrer Naturheilpraxis überlegt, ihre Wohnung, in die sie erst im Herbst eingezogen ist, wieder zu kündigen, die sei eigentlich eh viel zu teuer, und außerdem vermiete eine Freundin mit einem Hof am Stadtrand gerade eine kleine günstige Wohnung, und dann sagt sie, dass man auf so einem Hof ja auch Tiere halten könne, sie habe sich nämlich ganz grundsätzlich gefragt, wie sie leben wolle im Alter, und ihr sei bewusst geworden, sie wolle in Wahrheit vor allem ein Pony.

Und ein paar Stunden später fahre ich mitten in der Nacht mit dem Fahrrad durch eisige Winde im menschenleeren Zürich-West, und als ich hinter mir die Lichter eines Elektrorollers sehe, bekomme ich plötzlich Herzklopfen, und ich merke, dass ich Angst habe, angespuckt zu werden, als wäre die Wahrscheinlichkeit höher, von einem Menschen auf einem Elektroroller angespuckt zu werden, in diesen Tagen als sonst, nur weil es plötzlich potenziell tödlich ist, und irgendwann verliere ich den Roller wieder aus den Augen und vergesse meine Angst.

Und zu Hause putze ich mir die Zähne und gehe ins Bett und trinke noch einen Ingwer-Tee, weil mir das Brennen in meinen Lungen, das wahrscheinlich nur von der eiskalten Luft und dem schnellen Fahrradfahren kommt, unheimlich ist, merke aber bald, dass Ingwer das Brennen nicht unbedingt lindert, und dann schlafe ich, füttere Z, schlafe, füttere Z, lege sie wieder hin, um halb sechs, und dann stehe ich am Herd und atme tief ein, setze Kaffee auf und fühle mich dankbar, gesund, voller Liebe und Glück.

Und dann weine ich auch noch ein bisschen, über meinen Nachbarn auf der Bank im Hof, der seinen tobenden, lärmenden Sohn bändigt unter 60 Küchenfenstern, in denen wahrscheinlich überall jemand steht, und über meine Mutter.

Und ich denke, dass ich vielleicht vor allem darum gerade so viel weine, weil ich so müde bin, aber auch weil ich weiß, dass ich meinem Nachbarn nie werde sagen können, was ich genau gefühlt habe, als ich ihn mit seinem Jungen sah, von unserem Küchenfenster aus, auch weil es so vieles Verschiedenes gleichzeitig war, und über meine Mutter weine ich wahrscheinlich, weil ich immer an meinen Vater denken muss, wenn ich weine, den ich als Kind manchmal heimlich weinen gesehen habe, beim zweiten Satz von Schumanns Klavierkonzert in a-Moll op. 54 oder wenn er ins Wohnzimmer kam und gleich wieder ging, nachdem er gemerkt hatte, dass ich einen Kriegsfilm sah, mit meinen Freunden, *Luftschlacht um England* oder *Strafbataillon 999*, und meine Mutter weinte eigentlich nie.

Und am Nachmittag merke ich, dass ich, wenn ich ganz ehrlich bin, eigentlich vor allem auch ein Pony will, nicht nur, weil ich glaube, dass B eins will, sondern auch, weil ich ihr nicht mehr die ganze Zeit sagen kann, dass irgendwann alles gut sein wird, ich will ihr jetzt sofort ein Pony kaufen oder eine Katze oder zwei Hunde, Berner Sennen oder Labrador, Johnny und Felix, wie die durchsichtigen Tiere hießen, die am Vormittag auf der Wiese neben dem Wald bei Heizenholz unsere Stöcke natürlich nicht apportierten, wir holten sie selber, aber dafür fanden sie für uns eine Herde durchsichtiger Wildpferde mit vier durchsichtigen Fohlen, die sie uns alle schön zusammentrieben, Johnny und Felix sind schließlich Hirtenhunde, und dann konnten wir sie alle einladen und in unserem durchsichtigen Pferdetransporter mitnehmen zu unserer Siedlung, und jetzt spielt B mit ihnen im Hof, ich sehe sie vom Küchenfenster aus, wie sie hüpft, springt, galoppiert, sattelt, striegelt, diskutiert, streichelt, kommandiert, füttert und pflegt, ganz allein.

Und am Geburtstag meiner Schwester am nächsten Morgen wird es irgendwann sehr still im virtuellen Meetingraum; nach der Euphorie über die vertrauten Gesichter auf dem Computerbildschirm, über die Hintergrunddekorationen, die Babys und Kleinkinder auf Sofas und Schreibtischen, über neue Frisuren und hoffentlich am Nachmittag per Kurier eintreffende Geschenke geht es kurz um die Planung für den Rest des Tages, ein Spaziergang wahrscheinlich, allein, ziemlich sicher, und dann lächeln meine Mutter, mein Vater, meine Schwester, B, du und ich etwas betreten und schweigen, sogar Z ist plötzlich ganz still, und weil alle stumm sind, entscheidet die Software, die sonst das Fenster mit der sprechenden Person maximiert, dass wir alle klein bleiben und gleichmäßig verteilt im Format 16:9.

Und ich kann nicht glauben, wie schnell meine Hingabe wieder verschwindet, mein bedingungsloses Bejahen meines Selbst und der Welt beim Anblick der schlafenden B, wenn ich sie 15 Stunden später auf dem Boden direkt hinter der Schwelle der Wohnungstür liegen sehe, weil sie müde vom Treppensteigen ist, wie sie sagt, und ich sage: Du kannst doch trotzdem ganz normal die Wohnung betreten, ohne gleich so dramatisch umzufallen, und sie sagt: Kaum sind wir drin, motzt du wieder rum.

Und obwohl die Schweiz jetzt die höchste Pro-Kopf-Rate an Infektionsfällen der Welt hat, bin ich immer noch ziemlich gut drauf, die Reduzierung der sozialen Kontakte fiel mir erstaunlich leicht, denke ich, erschreckend leicht eigentlich, denke ich dann, ich musste nichts absagen, die einzige private Verabredung in den letzten zwei Wochen wurde von der anderen Person rechtzeitig verschoben.

Und man liest immer häufiger, dass nicht nur alte Menschen mit Vorerkrankungen gefährdet seien.

Dass es immer mehr schwere Verläufe nach unspezifischen oder keinen Symptomen gibt.

Dass das Rauchen vielleicht ein größerer Risikofaktor ist als bisher angenommen.

Dass vielleicht viel mehr als 80 Prozent der Erkrankten niemals merken werden, dass sie krank waren.

Dass die Letalität in Italien viel zu hoch sei aufgrund der wenigen Tests und der riesigen Dunkelziffer.

Dass die Letalität in Deutschland zu niedrig sei aufgrund der vielen Tests und des zweiwöchigen Vorsprungs.

Dass die Fallzahlen zwar weiter zunehmen werden, aber die Zunahme selbst nehme nicht mehr so zu.

Dass in der Schweiz von vorgestern auf gestern die Zahl der Toten um ungefähr ein Drittel gestiegen ist.

Dass man ohne Symptome gar keine Chance habe, getestet zu werden.

Dass immer mehr medizinisches Personal schwer erkrankt.

Dass in Madrid Leichen in einer Eissporthalle gelagert werden.

Dass sich in Brooklyn Pflegerinnen aus Müllsäcken Schutzkleidung basteln mussten.

Dass das mit der Herdenimmunität vielleicht doch mehr Zeit und Opfer fordern würde als gedacht.

Dass die Aktienkurse in die Höhe schießen an dem Tag, an dem sich in den USA mehr Menschen arbeitslos melden als je zuvor: drei Millionen, die jetzt nicht nur plötzlich kein Einkommen mehr haben, sondern auch keine Krankenversicherung, mitten in einer Pandemie.

Dass Bosch einen Schnelltest entwickelt habe und irgendwelche Studierenden ein Beatmungsgerät aus mit Baumarktteilen kombinierter, vorhandener Krankenhausinfrastruktur.

Dass die Städter aufs Land fliehen.

Dass die auf dem Land finden, sie sollen in der Stadt bleiben.

Und dann fragst du mich, ob ich dich ein bisschen massiere, und ich sage: Okay, setz dich hierher, vor mich; ich sitze am Küchentisch, an dem B alleine isst, weil sie, als die Nudeln gerade fertig waren, noch mit der Nachbarstochter im Hof spielte, weshalb ich ihr vorschlug, während ich Z fütterte, ihr die fertigen Nudeln nach unten zu bringen, wo sie sie beim Spielen essen könnte, bei fünf Grad und auf dem blanken Boden beziehungsweise Gras oder Stein oder den Deckeln der Heizöltanks der Wohnanlage, was natürlich Quatsch war, jetzt kommt mir die Idee selber blöd vor, also habe ich sie doch nach oben gerufen, und sie ist natürlich enttäuscht, also will ich wenigstens bei ihr am Tisch sitzen, wenn ich schon mein Versprechen breche, und du setzt dich vor mich, und ich massiere dich, während B erzählt, dass sie spielen, dass sie einen Bauernhof haben mit Raubkatzen und Schlangen.

Und dann fällt ihr eine Nudel runter, und B steht auf und bückt sich unter den Tisch, um die Nudel aufzuheben, und du siehst, dass sie ihre Schuhe noch anhat, und sagst, sie soll sie ausziehen, und B hat aber nur noch etwa acht Nudeln auf dem Teller, und die Nachbarstochter wartet singend im Treppenhaus vor der offenen Wohnungstür, und ich sage: Egal, dann sauge ich später eben nochmal, und dann stehst du auf, auch weil der Kaffee kocht, und fragst, ob ich auch einen will, und ich sage ja, und du schenkst mir einen ein und gehst, und dann sagt B, dass sie keinen Hunger mehr habe, und geht auch, zu ihrer Freundin ins Treppenhaus und mit ihr in den Hof, und ich stelle die restlichen Nudeln in den Kühlschrank und setze mich mit meinem Kaffee und Z auf die Couch.

Und die Lasagne, die ich am nächsten Abend mache, schmeckt so beschissen, dass ich Topflappen brauche, um sie in den Biomüll zu werfen, so schnell will ich sie loswerden, und nachdem B stattdessen Cornflakes und zwei Birnen gegessen hat und jetzt eine Tier-Dokumentation auf meinem Laptop ansieht und Z sehr schnell und beinahe lautlos eingeschlafen ist, frage ich mich, ob vielleicht die Symptome von Covid-19 schlimmer ausfallen, je mehr Angst man hat vor dieser Krankheit.

Und kurz bevor ich anfange, eine allgemeine Schrödingerisierung des Denkens und Fühlens in der Gesellschaft zu konstatieren und sogleich aufs Schärfste zu verurteilen, und Amerikaner und Russen zu gleichen Teilen für diese ganze Scheiße verantwortlich machen will und ein bisschen hassen, fällt mir auf, dass ich noch gar nichts gegessen habe, die Lasagne liegt ja im Müll, wahrscheinlich dampft sie noch, also bestelle ich mir jetzt sofort eine Pizza und hoffe, dass du entweder früh genug vor der Lieferung kommst oder lang danach, ich will jedenfalls nicht reden mit einer heißen Pizza auf meinem Schoß.

Und wahrscheinlich wirst du natürlich genau in dem Moment kommen, in dem die Pizza kommt, und wenn du zusammen mit meiner Pizza eintriffst, wirst du sofort eine Bemerkung machen, entweder über meine Unfähigkeit, Hunger zu ertragen, ohne ein aufbrausendes Arschloch zu werden, oder über meine Zurückhaltung und mein Desinteresse, meine einzige Chance, die langsam ins Maßlose steigende Wut zu verbergen, und jetzt fängt auch noch Z an zu heulen.

Und ich denke an die vielen Bücher über häusliche Gewalt, die hier überall herumliegen, und an das Poster der feministischen Aktion an unserer Tür und daran, dass wir, wenn du nicht aus Biel weggewollt hättest, unseren ersten Lockdown während einer Pandemie nicht in dieser Vierzimmerwohnung in Zürich aussitzen würden, sondern in unserer ehemaligen zweistöckigen Sechszimmerwohnung in Biel oder in der Fünfzimmerwohnung in Berlin, in der wir danach noch ein halbes Jahr gelebt haben, oder in einem Haus mit Freunden in Evilard mit Garten und Blick über das Mittelland auf die Alpen.

Und Z beruhigt sich sofort wieder, als ich aufstehe und ihr den Schnuller gebe, sie ist auf einmal ab und zu wirklich pflegeleicht, ich mag mir gar nicht vorstellen, wie sehr ich mir leidtun würde, wenn sie noch immer so anstrengend wäre wie vor ein paar Monaten.

Und Zürich ist schon okay, die Wohnung auch, kostet nur wenig, im Moment ist eigentlich alles okay, denke ich, aber in ein, zwei Jahren will ich hier weg, und jetzt brauche ich erst mal sofort eine Pizza und dann bald viel Geld, ein neues Auto, Immobilien, eine neue Garderobe, und ich befürchte, wenn das mit dem Reichtum nicht klappt, werde ich dir die Schuld für mein Scheitern geben, weil ich für dich meine Heimat aufgegeben habe, meine Arbeit, meine Freunde, mein Geld, meinen Stil, meine Sexualität, meine Männlichkeit, das Einzige, was ich jetzt noch tue, ist Kinder betreuen, einkaufen, kochen, den Müll runterbringen, die Wohnung schlampig putzen, wie du mich danach immer wissen lässt, während du mit A ein Feuer im Schrebergarten machst, mit zwei Metern Abstand und angeblich ohne zu rauchen.

Und dann bin ich satt, und du bist wieder da, und natürlich ist alles wieder total in Ordnung, das Patriarchat beinahe überwunden, der Konsum eine lästige, abklingende Angewohnheit, die Nation bald irrelevant, die Pandemie keine große Veränderung für unseren auf Kindererziehung, Kunst und Kaffee konzentrierten Alltag, der Beruf der Schriftstellerin wichtig und richtig und im Übrigen unser Traum, das, was wir immer wollten.

Und dann haben wir Sex.

Und wieso denke ich eigentlich, wenn ich unter Menschen bin, ans Alleinsein und, wenn ich allein bin, an andere Menschen, wenn ich gehe, ans Sitzen, wenn ich sitze, ans Gehen, und wieso wünsche ich mir ein Haus am Meer in Schweden, in dem ein Tisch steht, obwohl ich keine Ahnung habe, was ich dann dort schreiben soll an diesem Tisch in dem Haus in Schweden am Meer.

Und manchmal sehe ich dich und unsere beiden Töchter, und manchmal sehe ich euch nicht, dann sehe ich niemanden, dann bin ich allein in meinem Arbeitsraum in einem alten Fabrikgebäude in Zürich-West und schaue Fotos von euch an, auf meinem Telefon, und ich muss ab und zu darüber staunen, wie speckig und knuffig Z mittlerweile geworden ist, wie schön sie lächelt und dass sie insgesamt eigentlich ziemlich wenig schreit und gut schläft, es ist jetzt, nur wenige Wochen nach den ersten, schwierigen Nächten mit Anflügen von Verzweiflung, Wut und Aggression, kaum mehr vorstellbar, wie das eigentlich war, dass sie einmal weniger sie war, weniger da, weniger Mensch, ebenso wenig wie es aus heutiger Sicht vorstellbar scheint, dass B noch vor drei Wochen jeden Tag in eine Schule ging, zusammen mit zweihundert anderen Kindern.

Und dann muss ich zum zweiten Mal in dieser Woche weinen, als ich einen Zeitungsartikel lese über einen kleinen Jungen in Franken, der während der Ausgangssperre vor Einsamkeit bei der Polizei anruft, seine Mutter ist gerade Besorgungen machen, und als er am Telefon mit der Notrufzentrale in Tränen ausbricht, schickt man eine Streife vorbei, und die beiden Beamten schmieren dem Jungen ein Brot mit Nutella, und als ich später meine Schwester anrufe, um ihr diese Geschichte zu erzählen, muss ich schon wieder weinen und sie auch, sie hat aber auch einen weinerlichen Tag, sagt sie, und ich weiß nicht, ob es die Trauer darüber ist, dass ich sie jetzt nicht sehen kann oder dass ich kein Nutellabrot habe, die mir langsam eine leichte Übelkeit bereitet, vielleicht ist es aber auch nur das Tankstellen-Schinkenbaguette, das ich mir vorhin geholt habe und in das ich unvorsichtigerweise hineinbiss, bevor ich mir die Hände desinfiziert hatte, und irgendwie habe ich auch Herzrasen, es kommt mir zumindest so vor, seit mir bewusst wurde, wie viele Menschen wohl den Kühlschrankgriff im Tankstellenshop heute schon angefasst haben.

Und als ich meine online bestellte 3M 6800 Silikon-Vollmaske auspacke, die ich vorhin von der Post abgeholt habe, stelle ich fest, dass sie ohne Filter geliefert wurde, und als ich den Versandhandel anrufe, sagen sie mir, dass sie gar keine Filter mehr haben, und ich versuche, das Mundstück auszubauen, den Plexiglas-Gesichtsschutz brauche ich eh nicht so dringend, ich wollte die Maske eigentlich nur für den Supermarkt, für diese Leute, die sich mir immer ein wenig mehr nähern, als ich angemessen finde in dieser Situation oder aushalte, ich halte nämlich intuitiv die Luft an, wenn mir ein fremder Mensch zu nahe kommt zurzeit, und einige Male wurde mir dann auch schon etwas schummrig zwischen den Aufbackbrötchen und dem Kühlregal, und die zerlegte Maske auf meinem Tisch kommt mir plötzlich vor wie das perfekte Symbol für die Zeit, die Gesellschaft, mich selbst, das Auseinanderstreben der Elementarteile des Lebens.

Und am Abend sind Blumen von einer Freundin im Briefkasten.

Und ich frage mich manchmal, ob Z Bauchkrämpfe hat, weil ich, ehe ich zu ihr gehe, während sie schreiend auf ihre Flasche wartet, den stinkenden gelben Lappen nehme, um das verschüttete Milchpulver aufzuwischen, weil ich nicht will, dass du Kommentare machst über den Zustand der Küche, während ich sie füttere, und dann wasche ich mir noch die Hände, nachdem ich die Oberfläche abgewischt habe, und gehe erst dann mit der warmen Flasche zu ihr, und vorhin dachte ich über diese Dinge noch etwas länger nach, als ich brauchte, um meine Hände abzutrocknen, und dann entschied ich, einen Blick auf mein in der Küche herumliegendes Telefon zu werfen, es war vier Uhr morgens, und Z quäkte nur ein bisschen unregelmäßig herum, und ich begann, eine Studie zu lesen über die Wahrscheinlichkeit, in Marburg an Covid-19 zu erkranken, sowie die Reaktionen meiner Münchner Freunde aus der WhatsApp-Gruppe, die abwechselnd Marburg verunglimpften und die Aussagekraft einer solchen Studie verteidigten, und dann kamst du in die Küche und fragtest mich mit kaum überhörbarer Wut in der Stimme, was ich eigentlich mache, ob ich wisse, dass das Kind Hunger habe, und ich bat um Entschuldigung, machte die Flasche und brachte sie dir, und Z in deinen Armen schrie mittlerweile wie am Spieß.

Und als sie getrunken hatte und wieder im Bett lag, fragte ich dich noch ganz leise, wann du denn heimgekommen wärst und ob es schön gewesen sei, am Feuer im Schrebergarten mit A, und du sagtest: Ja, und: Um Mitternacht, und dann erzählte ich, dass ich schon um halb zehn ins Bett gegangen sei, weswegen ich jetzt wohl auch bald wieder aufstehen würde, spätestens wohl um fünf, und du sagtest ja, das Gefühl hättest du auch, ich wirke sehr wach, und dann sagte ich: Schlaf gut, und du sagtest: Du auch, vielleicht, und wir lachten.

Und der nächste Tag verläuft ganz harmonisch, wir sind viel im Wohnzimmer, trinken viel Kaffee, du liest, ich spiele mit B Playmobil, Z macht freundliche Geräusche, und als ich irgendwann müde werde, gehen wir mit Z raus, in den Hof, wo B inzwischen mit fünf anderen Kindern aus der Siedlung spielt, eigentlich eins zu viel, aber seit der Husten der Mutter eines der Mädchen besser geworden ist, setzt sie die Fünf-Personen-Regel bei den Kindern im Innenhof nicht mehr so konsequent um, und auch das Abstandhalten zwischen den Kindern wird nicht mehr alle fünf Minuten eingefordert von ihr.

Und mir tut es fast leid, als ich bemerke, dass sie nachlässiger wird, auch weil sie bisher als Einzige diese Regel durchgesetzt hat, die anderen Mütter und ich hielten uns da immer eher zurück, und jetzt, da auch sie passiv wird, wird mir die viele Nähe zwischen den Kindern dann doch etwas unheimlich, sie sitzen in einem kleinen Kunststoffzelt von IKEA, zu viert auf weniger als einem Quadratmeter, und rufen: Wer will ein Eis?, die Sonne ist schon recht heiß für Anfang April, und fünf schweigende Eltern blicken zu ihnen, mit zwei Metern Abstand vor, hinter, links und rechts neben der Bank bei dem gelb blühenden Busch.

Und manchmal sehen wir in unsere Telefone, wie sich die Kurve entwickelt oder wo unsere Bestellung von Bonprix bleibt, ab und zu berühren wir die gefaltete Zeitung neben uns auf der Bank, das Buch in der Ablage des Kinderwagens, aber die meiste Zeit sprechen wir darüber, wie es uns geht und wie seltsam das alles ist, und wir nennen es *diese Zeit*.

Punkt 18 Uhr lösen wir den Spielnachmittag auf, Mütter und Väter sammeln mit mehr oder weniger Unterstützung der Kinder Fahrräder, Roller, Zelte, Bälle, Sandspielsachen und Springseile ein und verstauen sie im Keller oder in der großen, öffentlich zugänglichen Spielkiste, und dann gehen die Erwachsenen schon mal hoch, und die Kinder bleiben noch unten und nehmen sich an den Händen und murmeln einen Spruch und drehen sich im Kreis immer schneller, immer schneller, bis die Erste ins Stolpern gerät und dann umfällt, woraufhin auch die anderen sich schreiend vor Begeisterung ins Gras werfen lassen von der Zentrifugalkraft, und als ich B einmal frage, was sie da eigentlich machen, sagt sie: Das ist ein Zaubertrick, damit kommen wir in eine andere Welt.

Meistens sehe ich das vom Balkon aus und wie sie danach in einer Reihe aufs Haus zurennen, obwohl es noch immer sehr hell ist, wir haben jetzt Sommerzeit, und dann verschwinden sie unter mir im Hauseingang, und ich höre ihr Lachen, wie sie die Treppe hinaufstampfen, ihr Weinen, in letzter Zeit ist es öfter das, oder ihr Schreien und Kreischen, ist alles auch etwas viel für die Kinder, werden wir Erwachsenen morgen sagen und dann nicken und schweigen und zwei Meter aneinander vorbei in die Wiese starren, in den Himmel oder in den gelben Busch, und dann kommt B zu uns rein, und wir hören die Schritte der beiden Nachbarskinder in der Wohnung über uns, und dann essen wir, und es wird stiller, ruhiger, langsamer, und du und ich sind sehr rücksichtsvoll zueinander und lieb, und als Z und B schlafen, bestellen wir Pizza und setzen uns damit auf die Couch und schauen eine isländische Serie über Rachemorde an Kinderschändern.

Und dann finde ich einen UBS-Indexfonds, der den Rohölpreis nachbildet, und ich verstehe weder genau die Produktbeschreibung, in der von Swaps und einem angestrebten Absicherungsniveau um 105 % die Rede ist, noch leuchtet mir ein, dass ich, um die Website aufrufen zu können, anklicken muss, ich sei ein erfahrener Broker, also überweise ich mir selbst hektisch 1.000 Franken auf mein frisch eröffnetes Tradingkonto bei Swissquote, eröffne dabei versehentlich, weil ich aus lauter Ungeduld einmal den falschen Button aktiviere, noch ein zweites Tradingkonto und warte dann darauf, dass das Geld eingeht, während ich das Chart des amerikanischen Rohölindex studiere, und als ich kurz darauf *Ölpreiskrieg* google, erfahre ich, dass das Treffen zwischen Russland, Saudi-Arabien und den anderen OPEC-Staaten in Aserbaidschan verschoben wurde auf Donnerstag, ich hatte mich schon gewundert, dass der Preis so stabil blieb, und dann sehe ich mir noch die Kurse von Siegfried Holding, Citrix Systems und Waste Management an.

Und ehe ich mich daranmache, endlich wieder einmal an dem Text über Erinnerung und Gedächtnis zu arbeiten, den ich vor einigen Monaten begonnen habe, sehe ich mir kurz ein Haus am Strand von Varberg am Kattegat an, das ich mit meinem Börsengewinn zu kaufen beabsichtige, überlege, ob man, wenn man beim Schreiben aufs Meer blicken kann, überhaupt noch schreiben muss, frage mich, was ich sonst tun könnte in einem Haus in Varberg am Kattegat, eine Katze besitzen vielleicht, daran hätte B auf jeden Fall Freude, und dann öffne ich das Dokument mit dem Text, lese ihn zum ersten Mal seit Wochen wieder unvoreingenommen und genau, finde Fehler, notiere Fragen, die ich nicht gleich beantworten kann, und es erscheint mir möglich, dass aus der persönlichen Reflexion von Texten und Bildern zu kriegerischer Gewalt und deutscher Geschichte ein großer Roman werden kann, der meine eigenen sexuellen Zwänge und Neigungen und Gewaltfantasien in Beziehung setzt zur Rolle des Mannes in unserer Gesellschaft, zu Deutschland und Krieg, und erst im hinteren Drittel des Textes fallen mir langsam die Augen zu, versinke ich immer wieder in einen Sekundenschlaf, was kein schlechtes Zeichen sein muss, bei meinem letzten Roman ging mir das auch immer wieder so, ich habe die Vermutung und Hoffnung, dass der von mir angestrebte Sprachrhythmus hier eine bestimmte Frequenz erreicht, die über den Schrecken des Inhalts hinaus entspannend wirkt und es einem Menschen erlaubt, friedlich einzuschlafen bei der Beschreibung einer Strafaktion der Wehrmacht auf einer holländischen Insel.

Und ich hatte auch mal die Hoffnung, dass das ästhetisch wertvoll sein könnte und aufklärerisch, weiß aber im Moment nicht mehr genau, warum, möglicherweise schwebte der Schlaf im Angesicht des Schreckens mir vor als Metapher für den menschlichen Gleichmut, vielleicht geht es aber auch um Akzeptanz, eine Ruhe, die sich einstellt, wenn man den Impuls zum Protest verstreichen lässt, eine Ruhe, die nicht nur schlecht sein muss, sondern auch heißen kann, dass nun andere öfter mehr Raum haben, zu Wort zu kommen, und als du mir gestern deine wöchentliche Kolumne zu lesen gabst, in der es um den dramatischen weltweiten Anstieg häuslicher Gewalt während der pandemiebedingten Ausgangssperren ging und in der du schriebst, dass es nicht nur deine Töchter treffen könnte, sondern auch dich, war ich zuerst beleidigt und fragte mich, ob du damit meintest, wir würden uns vielleicht einmal trennen und dein Neuer würde dich schlagen oder dass ich es vorher selbst tun würde, und irgendwie entschied ich mich, erst einmal durchzuatmen und nichts zu sagen, außer dass du einen sehr erschütternden Text geschrieben hättest, und wenig später war meine Wut weg, und ich dankte Gott, dass ich meinen Mund gehalten hatte.

Und als ich am Abend *Prügel. Eine ganz gewöhnliche Geschichte häuslicher Gewalt* weiterlese, wird mir fast schlecht, als die Ich-Erzählerin davon berichtet, wie nach den ersten beiden Schlägen der Schmerz verschwindet und dass das Zuschlagen für sie beinahe eine Erlösung darstellt, weil die Angst vor dem Schlag, die Anspannung, das Warten auf die Explosion, viel schlimmer sei als die Schläge selbst, allerdings nur für ihre Psyche, wie sie danach einschränkt, das Blut und die grünen und blauen Flecken in ihrem Gesicht zeugen davon, dass es für ihren Körper durchaus einen Unterschied macht, ob sie einmal geschlagen wird, zehnmal oder zwanzigmal, und es ist unmöglich, zu entscheiden, was mich am meisten verstört an dieser Passage, der zwischen den Faustschlägen durch die Zähne gehauchte Vorwurf des Mannes an die weinende, heulende und winselnde Ich-Erzählerin: Sieh nur, wohin du mich wieder gebracht hast, oder ihre Erinnerung an die Verachtung, die ihre Eltern früher über die Nachbarin äußerten, diese dumme

Kuh, die sich regelmäßig in der Wohnung über ihnen unter den Schlägen ihres Mannes am Boden wand, oder die zwischen den Beinen ihres über ihr stehenden Peinigers auftauchende kleine, verschreckte Gestalt des dreijährigen Sohnes oder dass eine Welt möglich ist, die in diesem Moment Gedanken zulässt wie: Was bin ich doch für eine schlechte Mutter.

Und ich frage mich, was ich für einen Beitrag leisten kann dazu, dass diese Welt nicht mehr solche Gedanken entstehen lässt oder andere Gedanken, die ein schlagender Mann hat oder die einen nicht oder noch nicht schlagenden Mann zu einem solchen werden lassen, und ich denke, dass es vielleicht weniger der Handel mit strukturierten Finanzprodukten ist, in der Hoffnung, bald eine Immobilie zu besitzen mit genug Platz für Hunde, Katzen und Pferde für meine Töchter, meine Schwester, meine Mutter und dich, vielleicht gibt es schon vorher zwei, drei konkrete Handlungs- und Denkmuster, auch bei mir, der ich mich, von meiner seltsamen Fantasie, meiner Überempfindlichkeit und von meiner gelegentlichen schlechten Laune, Faulheit und Todessehnsucht abgesehen, für immun gegenüber Gewalt halte gegen meine Liebsten; aber natürlich bin ich auch nicht so blöd, nicht gemerkt zu haben im Verlauf der letzten 42 Jahre, dass auch ich prinzipiell zu der Waffe werden kann, zu der Männer seit Jahrtausenden aus politischen Gründen erzogen werden und sich jetzt selbst erziehen, aus Unwissenheit und Langeweile, zum Werkzeug der Wut, zum Agenten von Zerstörung, Vernichtung und Abschaffung aller Hindernisse eines sich selbst absolut setzenden Willens.

Und da ich ohnehin das Ziel habe, mich weniger mit meinem Geschlechtsteil zu beschäftigen und mit Gedanken an Orte und Körper, in die man es tun könnte, empfinde ich es als große Erleichterung, als mir bewusst wird, dass mein Wille so gut wie nie als unbedingt in Erscheinung tritt, im Gegenteil, ich finde auf wenig so unklare Antworten wie auf die Frage, was ich eigentlich will, so dass auch der stetig wachsende Stoß Bücher über Krieg und Gewalt auf meinem Schreibtisch leider nicht dazu führt, dass ich an dem großen, aufklärerischen, europäischen Friedensroman arbeite, ohne empfänglich zu sein für Ablenkungen oder Zweifel, sondern klar, zielstrebig, furchtlos und hart gegen sich selbst, wie ein Mann eben, jemand, der alles, was er ist und kann, in die Waagschale wirft, wie der Vorstand eines großen deutschen Fußballvereins sagen würde, für die gerade gesellschaftlich akzeptierte Vorstellung von Sieg, stattdessen arbeite ich nur ab und zu, wenn ich Lust habe, und wenn mir das bewusst wird, versuche ich, mich nicht zu sehr dafür zu hassen, dass ich so faul bin und noch immer weder berühmt noch reich, und dann sage ich mir, wenigstens bin ich Feminist, und wenn ich es ohne Pornografie tue oder wenigstens ohne allzu offensichtlich herabwürdigende und ausbeutende Pornografie, darf ich mir ruhig auch mal wieder einen runterholen, ehe ich noch einen Kaffee aufsetze und nachsehe, was an der Börse los ist.

Und merkwürdigerweise vergesse ich das mit dem Sex mit mir selbst dann vollkommen, mache stattdessen gleich noch einen Kaffee, aktualisiere alle drei Minuten das Kurschart der Aktie des französischen Erdölkonzerns Total, auf die ich ein Hebelzertifikat zu erwerben erwäge, mit theoretisch unbeschränkter Laufzeit und einer monatlich aktualisierten Knockout-

Schwelle, die im Moment bei 20,83 EUR liegt, der Kurs steht bei 34,03 EUR, die Erwartungen an das für den Nachmittag angesetzte virtuelle Treffen der OPEC sind vorsichtig optimistisch, man geht von einer Drosselung der Fördermenge um bis zu 20 Millionen Barrel am Tag aus, auch die Unstimmigkeiten zwischen Russland und Saudi-Arabien scheinen plötzlich lösbar, ein Konflikt von so großer Bedeutung für den Ölmarkt, dass ein Gerücht über eine mögliche Einigung letzte Woche bereits einen vorübergehenden Preisanstieg von 20 % auslöste, ein historisch einmaliges Ereignis, das auch zu meinem plötzlichen Interesse an Rohöl führte, und als dann noch der saudische Staatsfonds anfängt, im großen Stil Beteiligungen an norwegischen, italienischen, britischen und französischen Ölfirmen zu kaufen, wie mir der Newsticker meines Brokerportals meldet, schlage ich zu.

Und dann sitze ich in meinem von der Stadt Zürich subventionierten Arbeitsraum und starre auf den Kurs des achtgrößten Industrieunternehmens der Welt mit Sitz in La Défense bei Paris, und als der Kurs raufgeht auf 34,15 EUR, frohlocke ich über den grünen Pfeil neben der Zahl und die Richtung, oben, und als er dann gleich darauf wieder runtergeht, bleibe ich cool und lasse mich nicht verunsichern von dem roten Pfeil, der nach unten zeigt, auf 29,98 EUR, und dann merke ich, dass ich gar nicht genau weiß, wie viel Gewinn ich eigentlich machen würde bei welchem Kurs, ich weiß nur, er muss steigen, und dann öffne ich noch einmal das in Englisch verfasste Fact Sheet mit dem Briefkopf der Commerzbank, der mir plötzlich komisch vorkommt, da ich ja bei einem Schweizer Online-Trader angemeldet bin, und dann sehe ich im Widget, dass der Emittent meines Zertifikates Société Générale heißt, und dann fällt mir eine Mail ein, die ich kurz nach der Anmeldung erhalten hatte, in der stand, dass die Commerzbank ihre Schweizer Zertifikate-Sparte an die Franzosen verkauft habe.

Und plötzlich werde ich unsicher.

Und der Kurs steigt wieder und fällt wieder, um lächerliche, einstellige Cent-Beträge, die 20,83 EUR, bei denen meine 500 Franken Investment verloren wären, sind weit weg, aber zur Sicherheit rufe ich bei der Auftragshotline meines Brokers an und lasse mir bestätigen, dass es bei der Art Wertpapier, das ich habe, ein Mini-Future, keinerlei Nachschusspflicht gibt, das Schlimmste, was mir passieren kann, ist der Totalverlust, also die eingesetzten 500 Franken zu verlieren, weil ich ja eine Knockout-Schwelle habe, und ich sage danke und versuche zu klingen wie ein zwar etwas unbedarfter, noch unerfahrener, aber durchaus wohlhabender junger Mann, der viel Geld investiert und also ein lohnenswerter Kunde wäre für den freundlichen Mitarbeiter der Auftragshotline meines Brokerportals.

Und es kommt mir gar nicht komisch vor, dass ich jetzt offenbar zu der Sorte Mensch gehöre, die mit der Auftragshotline ihres Brokerportals telefoniert und mit Wörtern hantiert wie Knockout-Schwelle, Mini-Future, Nachschusspflicht, saudischer Staatsfonds, und dann lese ich, dass der Ölpreis zwar steigt, aber lange nicht so dramatisch wie letzte Woche, der Optimismus vor dem OPEC-Treffen sei offenbar bereits eingepreist, und ein Kommentator bezeichnet das Engagement der Saudis bei den europäischen Ölfirmen als oberflächlichen Move, nichts von der Klasse eines Swaps des Weisen von Omaha.

Und ich finde heraus, dass es sich bei dem Weisen von Omaha um Warren Buffett handelt, habe aber keine Ahnung, welcher Swap gemeint ist oder was genau ein Swap ist, aber auch mein Zertifikat arbeitet mit Swaps, glaube ich.

Und am nächsten Tag lese ich bei *Le Monde*, dass die französischen Öllager voll sind, und anderswo lese ich, dass auch alle anderen Lager voll sind, dass es physisch nicht möglich ist, die Fördermenge nicht zu drosseln, die Tanker wissen nicht mehr, wohin mit dem Zeug, und da die Nachfrage wegen der Pandemie vollständig eingebrochen ist, wird die Einigung der OPEC im besten Fall das Preisniveau halten können, und die Kurse von Eni, Shell und die der Norweger steigen, nur Total natürlich nicht, und jetzt steigt auch das Öl und jetzt auch Total, 0,5 %, 1 %, 1,5 %, und dann fällt es wieder, und mir fällt ein, wie du gesagt hast, dass es doof ist, Geld zu verdienen, ohne dafür zu arbeiten, und ich frage mich, ob es nicht vielleicht doch cooler ist, an Sex zu denken als an Rohöl, und weil morgen Karfreitag ist und ich gar nicht weiß, wann eine Verkaufsorder, die ich über die Feiertage platziere, ausgeführt wird, öffne ich mein Depot, werfe noch einen letzten Blick auf das Total-Chart, sehe auf die Uhr, zehn Minuten vor Börsenschluss, und dann verkaufe ich alle 300 Stück Turbozertifikate auf Total SA Long mit 50 Franken Verlust, klappe den Rechner zu und gebe der schon seit ein paar Minuten hinter mir jammernden Z die Flasche.

Und am Abend im Schrebergarten, mir diagonal gegenübersitzend, mit dem größten Abstand, der an einem Biertisch möglich ist, sagt A, dass es keine Zeit nach der Pandemie geben werde, die Welt sei jetzt eine andere und die Veränderungen, Erschütterungen, die dieses Virus hervorgerufen hätte, würden uns für immer begleiten.

Ich sage, dass ich schon daran glaube, dass irgendwann alles wieder normal sei, ohne genau zu wissen, was ich damit meine, außer dass ich wieder mehrmals im Monat Österreich durchqueren werde, zwischen St. Margrethen und Lindau, auf meinem Weg nach München, und irgendwann auch wieder weiter nach Norden reisen, nach Schleswig-Holstein und Skandinavien, und ich glaube das, weil ich mir das Gegenteil gar nicht vorstellen kann, und dann merke ich, wie schlecht meine Fantasie doch eigentlich ist und dass meine ständige Angst vor Kriegen, Naturkatastrophen und sonstigem Verlust der gewohnten Ordnung und Sicherheit nur eine abstrakte Spielerei ist, ein zwanghafter Ausflug in sprachliche Paralleluniversen, von dem ich kein einziges gehaltvolles Bild mit zurückbringe in mein tatsächliches Leben.

Und dann wird mir klar, dass die Geschwindigkeit, mit der die Veränderung mich erfasst und durchdringt, so atemberaubend ist, jetzt gerade, dass mahnende, kritische Stimmen der Öffentlichkeit, aus Opposition und Kultur überhaupt keine Chance haben, mich zu erreichen und zu beeinflussen in meinem Tun, die Politik der temporären Vorsichtsmaßnahmen hat bereits meine Reflexe neu programmiert, wie mir bewusst wird, als mir die Szene aus dem Innenhof am Nachmittag wieder einfällt, als B zusammen mit genau den vier Kindern im Sandkasten saß, mit denen sie das seit Wochen tut, die staatlich erlaubte Gruppe von fünf Kindern, die jeden Tag so zusammen spielen und deren Eltern sich abgesprochen haben und wissen, dass sie alle niemanden sehen außer die Kernfamilien und vielleicht eine oder zwei Arbeitskolleginnen mit zwei Metern Abstand, und dann kamen plötzlich zwei Kinder aus dem Nachbarhof und setzten sich zu den fünf in den Sandkasten, ganz nah an sie heran, und ich kenne die Kinder vom Nachbarhof zwar vom Sehen, aber ich kenne ihre Eltern nicht, und unsere Kinder rutschten, irritiert über so viel plötzliche Nähe zu diesen Kindern, die sie seit Wochen nicht mehr gesehen hatten, zur Seite, und dann rutschten die zwei hinterher, und dann dachte ich: Scheiße, was mache ich denn jetzt?

Und dann rief ich B zu, dass sie mal eben zu mir kommen solle, ich müsste etwas mit ihr besprechen, und überraschenderweise folgte sie sofort und verließ den Sandkasten, und ihre vier Freundinnen taten das auch, und während sie auf mich zuliefen, überlegte ich fieberhaft, was ich denn jetzt mit B besprechen könnte, und dann war sie da, und ich zeigte auf die Hütte aus Decken und der Gartenliege, die sie gebaut hatten, und sagte: Das räumt ihr nachher wieder auf, ja?, und B sagte leicht verwundert: Ja, und begann, mit ihren Freundinnen Fangen zu spielen auf der Wiese, und die zwei fremden Kinder saßen auf einmal allein im Sandkasten und schauten zu.

Und natürlich ist das nur vorübergehend, dachte ich, natürlich dürft ihr, wenn das hier alles vorbei ist, wieder zusammen im Sandkasten sitzen, wie ihr das schon früher gemacht habt, und ich hoffe, dass ihre Eltern es ihnen erklären werden, und ich hoffe ganz fest, dass sie es vergessen werden, den schmerzhaften Moment, als alle den Sandkasten verließen, nachdem sie ihn betreten hatten, und wenn alles wieder normal ist, machen wir hier im Hof ein Fest, und ich lade die beiden ein, und wir bauen das Trampolin auf, das noch im Keller liegt, und alle Kinder springen fröhlich darauf herum, und vielleicht sage ich ihnen dann: Bitte entschuldigt, dass ich meine Tochter von euch weggerufen habe, damals, es hat nichts mit euch zu tun, ich hatte einfach nur Angst, ihr hättet vielleicht eine ansteckende Krankheit.

Und am nächsten Tag bekomme ich drei E-Mails von wichtigen Menschen innerhalb einer halben Stunde.

Mein Vater schickt mir das Manuskript eines neuen soziologischen Fachbuchs über die Vernichtung von Wahrheit mit der Bitte um gelegentliches Gegenlesen.

Meine Mutter schickt mir den Link zu einem YouTube-Video eines Hals-Nasen-Ohren-Arztes, der die angespannte Lage in den Krankenhäusern New Yorks auf die Angst, die die Ankunft des Hospitalschiffs *Comfort* im dortigen Hafen ausgelöst habe, zurückführt und unbequeme Fragen stellt zu einem angeblichen Obduktionsverbot von Covid-19-Opfern durch das Robert-Koch-Institut.

Und ein befreundeter Psychoneuroendokrinologe, den ich auch privat gerne so anrede: Na, alter Psychoneuroendokrinologe, was geht?, schickt mir eine Ad-hoc-Stellungnahme der Leopoldina Akademie der Wissenschaften, in der es, von zahlreichen praktischen Empfehlungen zu Schulwiedereröffnungen und psychologischen Risiken der Situation abgesehen, heißt: *Das Ausmaß und das Gegeneinander der nationalstaatlichen Machtausübung, Selbstdarstellung und Abgrenzung – bis hin zur Wiederbelebung älterer stereotyper Feindbilder – sind besorgniserregend.*

Und als du mich am nächsten Morgen fragst, was du heute in deiner Kolumne schreiben sollst, sage ich: Schreib doch bitte ein Plädoyer für eine neue, gemeinsame Erzählung, der sich möglichst viele Menschen anschließen können und wollen, weil wir dann, wenn jede und jeder nur noch ihre eigene Geschichte leben und sind, keine Möglichkeit mehr haben, mit der Welt in Beziehung zu treten und sie zu verändern, wir können sie als Einzelne nur betrachten, aber nichts tun.

Und dann merke ich, wie naiv diese Bitte klingt, wie vollkommen banal und gleichzeitig größenwahnsinnig, als wäre nicht alles, was Menschen schreiben, der Versuch, Gleichgesinnte zu erreichen.

Und ich muss an das erste Handyfoto denken, das ich in meinem Leben gemacht habe, von dem Karl-Marx-Zitat: *Die Philosophen haben die Welt nur verschieden interpretiert, es kommt aber darauf an, sie zu verändern*, im Treppenhaus der Humboldt-Universität in Berlin, als ich auf einem Philosophie-Kongress war, auf eigene Kosten und ohne Einladung, wo ich Uriah Kriegel kennenlernte, der mir so sympathisch war, dass ich später über ihn promovierte, ich mochte, wie er in Clärchens Ballhaus eine Pizza mit Hühnchenfleisch bestellte, weil er Rind nicht esse, wie er sagte, wegen des höheren Bewusstseinsgrads, *I eat nothing that has consciousness*, sagte er und dann: *Fish is okay, chicken too*, und ich bestellte Pizza mit scharfer Salami, weil ich zwar über Bewusstsein promovieren wollte, irgendwann einmal, aber vor allem sofort Pizza mit scharfer Salami essen, und später tranken wir Bier und sprachen ganz allgemein über Vornamen, und nachdem ich sagte, dass meiner in etwa mit *Herr des Hauses* übersetzt werden könne, sagte er, seiner stünde für *Light of God*.

Und später auf der Toilette weiß ich erst lange nicht, welche Website ich öffnen soll auf meinem Handy, bei *Zeit Online* lande ich eh wieder nur auf dem Stellenmarkt, also öffne ich *faz.net*, vielleicht finde ich ja etwas über die Börse, und stoße auf eine Kolumne von Siri Hustvedt, und über dem Text ist ein Bild zu sehen vom Blick aus dem Fenster oberhalb ihres Schreibtisches, und ich sehe, dass sie auch kein Meer sieht, nicht mal Berge, sie sieht nur Mauern und Fenster, Telefon- und Stromleitungen, und dann schreibt sie über New York und Angst und Sprache und darüber, wie tödlich die bewusst beförderte Verwirrung sein kann, die der US-Präsident vorantreibt, und sie vergleicht sie mit verschiedenen anderen Verwirrungen von Begriffen aus der Epidemiologie und der Ethnologie, und irgendwann kommt natürlich auch der Name des größten Propagandisten aller Zeiten vor, und dann sehe ich zur Seite, und mein Blick fällt auf das Titelbild von Ian Kershaws *Das Ende*, entwaffnete, verängstigte Wehrmachtssoldaten neben einer Backsteinmauer, auf die in schönen runden Buchstaben drei Worte gepinselt wurden: Wir kapitulieren nie.

Und in der Nacht schickt A einen Link zu einer Rede von Frank-Walter Steinmeier.

Und am nächsten Morgen sage ich B beim Wäscheaufhängen *Die Badewanne* von Ringelnatz auf.

Und weil sie es ganz lustig findet, ich aber kein anderes Gedicht von Ringelnatz kann, sage ich ihr anschließend Rilkes *Panther* auf, den sie zu traurig findet, woraufhin wir beschließen, eine neue Fassung zu schreiben über einen Panther, der ein großes Gehege hat in einem schönen Zoo mit sympathischen Tierpflegern und eigenem YouTube-Kanal, wie Hagenbeck, und der sich auf die Fütterung freut.

Es geht gut voran, mit der Wäsche ebenso wie mit dem Gedicht, und als ich als letzten Vers vorschlage: und schläft satt und zufrieden ein, sagt B, dass das ganz gut sei so, es gefalle ihr, aber wir müssten unbedingt noch irgendwo einen Hinweis unterbringen, dass es sich bei dem Panther um ein Jungtier handele, und als ich frage, wieso, sagt sie: Damit niemand denkt, er stirbt vielleicht im Schlaf, und ich schlucke und nicke und ziehe das Laken über der Leine gerade, Z in ihrer Wippe am Boden macht: Mamamama.

Und am nächsten Morgen macht sie beim Füttern so einen Lärm, verkrampft, drückt, schreit, trinkt weiter, verkrampft, drückt, schreit, dass ich sie genervt wieder ins Bett lege und die Spieluhr aufziehe und nicht auf dein einladendes, fröhliches Seufzen reagiere, als du dich trotz ihres Geschreis nochmal in die Kissen kuschelst, und dann setze ich mich in die Küche und sehe den dicken, dunklen Gedankenwolken zu, wie sie sich in mir zu Bildern von Unfällen und Gewalttaten im Zusammenhang mit mir lieben und nahen und zum Teil noch sehr kleinen Menschen verdichten, zum Glück frieren die Bilder im letzten Moment ein, und ich schiebe sie weg, und dann kommst du und berührst mich am Bein und sagst: Hat dich einfach eine Spinne gebissen, und ich hatte schon ganz vergessen, wie ich dir am Vorabend das kleine zerdrückte Tier gezeigt hatte, das ich in meinem Genick fand, während ich Z in den Schlaf wiegte.

Und als du das sagst und lachst, lache ich auch und denke plötzlich nicht mehr, dass ich so schnell wie möglich nach Skandinavien oder Island auswandern muss, ehe es Sommer wird, mir war heute schon so beschissen heiß, und wir haben erst den 17. April.

Und jetzt schläft Z wieder, und du schaust mit B *Germany's Next Topmodel*, ausnahmsweise, eigentlich müsste B seit zwei Stunden im Bett sein, und eigentlich würde ich ihr diese Scheiße gerne ersparen, im Grunde verachte ich Heidi Klum, die jetzt gerade im Wohnzimmer einem jungen Mädchen mit schriller Stimme verkündet, dass sie einfach nicht genug *Wow* habe, wie ich leider bis hierher in die Küche hören kann, wo ich in der angenehm lauen Luft sitze, die durch die offene Balkontür hereinströmt, und ich denke, mein Problem könnte sein, dass ich, wenn es mir gut geht, keine Menschen brauche (oder das glaube) und, wenn es mir schlecht geht, mich zu sehr schäme, andere um Hilfe zu bitten.

Was soll ich auch sagen?

Bitte hilf mir, ich habe Nackenschmerzen, es ist vier Uhr morgens, und das Einzige, was noch größer ist als mein Ekel vor meiner Existenz, ist die Angst vor der Vergänglichkeit.

Und das alles war ja schon vorher immer mal wieder so, und wenn ich jetzt der Therapeutin davon erzähle, falls ich sie je wieder treffen sollte, würde sie sicher sagen, das liegt nur an der besonderen Situation, Pandemie und so, dabei stimmt das gar nicht, ich glaube, es ist nicht die aktuelle Lage der Welt, die mir zusetzt, ich glaube, es ist ihre Existenz.

Und eigentlich stimmt das aber auch nicht, eigentlich denke ich das nur so, weil die Grammatik es anbietet und ich mag, wie es klingt, und vielleicht sollte ich mich mal mit der Sapir-Whorf-Hypothese auseinandersetzen, nach der grammatische Strukturen unsere Wahrnehmung bestimmen.

Und wahrscheinlich geht es eh um etwas ganz anderes, um meine plötzliche, episodische Unfähigkeit, andere für meine Ideen zu begeistern oder meiner Liebe zu versichern oder die Tatsache, dass es Spätzle zu Mittag gibt und B jetzt aus dem Hof hochkommen soll, weil sie sonst kalt werden, sie stehen nämlich schon auf dem Tisch, auf eine Art und Weise zu vermitteln, die reale Folgen hat in der Welt, und ich denke, das zugrunde liegende Problem könnte insbesondere die Unfähigkeit sein, einzustehen für mich selbst, fest genug vorhanden und anwesend zu sein, um meine Mitmenschen spüren zu lassen, dass es mir ernst ist mit meiner Liebe für sie oder dem Mittagessen.

Und dann machen wir eine Kissenschlacht.

Wir lachen und schreien, und es tut gut, uns die schweren, gro-ßen Kissen gegen die Köpfe zu werfen, gegen den Bauch oder die Beine, und irgendwann duckt sich B, und ein Kissen fliegt über sie aus dem Fenster, und ich renne im Bademantel vor die Tür, an die jetzt kaum befahrene Ausfallstraße, und hebe gerade ein Kissen aus dem Gebüsch, als von oben vier weitere auf mich herunterfallen, und ich höre euch lachen da oben, hier unten lache ich, und ich hebe die Kissen auf und klemme sie, so gut es geht, unter meinen Arm und zwischen meine Finger und Fäuste und sehe aus wie ein gigantisches Molekül, als ich die Haustür aufschließe und versuche, mit den Kissen möglichst wenige möglicherweise kontaminierte Flächen wie Türrahmen, Klinke und Treppengeländer zu berühren.

Und dann trinken wir Kaffee im Wohnzimmer, du und B zeich-net Bilder für meine Schwester, und ich schaffe es, meine Trä-nen zurückzuhalten, als ich in einem Interview mit Alexander Kluge lese, dass die Virenreste, die über die Jahrmillionen in unsere DNA eingegangen sind, jetzt die wichtigste Verteidi-gungslinie gegen ihre früheren Verwandten darstellen, dass sie Patrioten unserer Körper seien, mit der Macht, Frieden zu schließen mit den Truppen der anderen.

Und etwas weiter oben, dass er, Kluge, alles, was er tut, tue, um seine geschiedenen Eltern wieder zusammenzubringen.

Und als ich ans Abspülen denke, spüle ich ab.

Ich denke daran, Bs Terrarium abzudichten, und dichte Bs Terrarium ab, zwei Feuerkäfer können kurzzeitig fliehen, doch wir fangen sie wieder ein; ich bewundere B, die sie behutsam mit ihren Fingern in Richtung des Glases lenkt, ohne sie zu verletzen.

Und als ich an einen Freund in München denke, rufe ich ihn an, und wir reden nur kurz, aber unsere Stimmen sind ganz hell und weich, und natürlich ist das, was wir sagen, ganz lustig und interessant, aber vor allem hören wir, wie gut und lange wir uns kennen, wie sehr wir uns vermisst haben, wie gut es ist, dass es möglich ist, miteinander zu sprechen, auch wenn man sich nicht am selben Ort befindet.

Später gehen wir in unseren Schrebergarten, B und ich spielen, dass wir zwei freche, durchsichtige Border Collies dabeihaben, Juri und Zuma, und wir müssen sie immer wieder einfangen, die frechen Kerle, wenn sie in den Nachbargärten herumtollen; währenddessen pflanzt A Kartoffeln, und du machst Feuer, und später essen wir Wurst, und ich überlege kurz, eine zu rauchen, vergesse es dann aber über dem zweiten Bier, und dann gehe ich heim mit den Kindern, du bleibst noch, um mit A über die Zukunft zu reden und über die Welt und die Kunst, und zu Hause will B noch etwas essen, was sie natürlich darf, sie sagt, sie habe kaum Wurst gehabt, weil sie weniger Fleisch essen wolle, und ich sage: Gut, ich finde das sehr verantwortungsvoll, und mache ihr eine Schale Haferflocken, und dann lese ich ihr etwas vor, und Z ist schon kurz vorher sofort eingeschlafen, und ich gehe auch bald ins Bett, um halb elf, und um halb fünf stehe ich wieder auf, starre eine halbe Stunde auf die Website der *New York Times*, und dann koche ich einen Kaffee und setze mich an den Küchentisch.

Und zunächst kann ich mein Glück kaum fassen.

Und dann aber doch.

Und am nächsten Morgen ziehen wir uns schön an und bringen die elf Einkaufswagen, die sich bei uns im Hof angesammelt haben, zurück zum Supermarkt zwei Straßen weiter.

Du und B habt euch Turbane umgebunden, wir sind eine Karawane, Bs Kamel heißt Albert, deins Hugo, meins weiß ich gerade nicht mehr.

Und es rattert und rasselt, als wir die Metallwagen auf ihren Rollen über den welligen Asphalt im Hof der Genossenschaftssiedlung schieben und dann auf die Straße, über Gehwege und Parkplätze, und die Leute lachen und haben Freude an dem Bild, das wir abgeben, und wir haben Freude an ihrer Freude, und dann kommen wir vor dem Supermarkt an, der geschlossen hat, irgendwie haben wir nicht daran gedacht, dass Sonntag ist, aber es spielt überhaupt keine Rolle, wir stellen die Einkaufswagen vorsichtig an der Glasscheibe des Supermarktes ab, desinfizieren uns die Hände und spazieren los, ein indisches Restaurant suchen, wo wir etwas zum Mitnehmen bestellen wollen, und kurz darauf finden wir eins, und später sitzen wir im Innenhof auf der Wiese und essen Chicken Tikka Masala, und Z jauchzt beim Blick in die Blätter der Blutbuche.

Und am Nachmittag filme ich mein Gesicht, während hinter mir ein Bürogebäude abgerissen wird.

Und weil ich ein Sakko trage, finde ich meinen Vollbart auf einmal schön.

Ich überlege, das Video mit einem ironischen Hinweis auf den Beginn einer Serie von stilvollen Selbstporträts an meinen Stammtisch-WhatsApp-Chat zu schicken, habe aber Sorge, dass man die Ironie nicht versteht.

Als ich bei der Tankstelle ankomme, sehe ich, dass sie so leer ist, dass ich den Mundschutz in der Brusttasche meines Sakkos stecken lassen kann.

Ich kaufe Nüsse.

Ich zahle kontaktlos, desinfiziere meine Hände und fange schon auf dem Rückweg in meinen Arbeitsraum an, zu essen.

Und ich erinnere mich, es war beim Abspülen, ich hatte wieder einmal das starke Gefühl für die Schönheit und Notwendigkeit dieser Arbeit, und nachdem ich am Anfang die Erschütterungen beschrieben hatte, die die neugeborene Z in mir auslöste, wollte ich möglichst bald dazu übergehen, mein Leben so zu erzählen, wie es sein müsste, damit ich glücklich wäre, nie gelangweilt und immerzu anwesend.

Ich wollte schreiben, dass wir nach Schweden ausgewandert sind, an die Südküste, und dass wir in einem hellen Haus mit dunklen Dachziegeln und Zäunen wohnen, zwischen Ystad und

Trelleborg, auf einem Grundstück mit einer Birke und ein paar Kiefern zwischen der großen verglasten Terrasse und dem fast weißen Sand.

Ich wollte erzählen, dass ich dort auch immer als Erster aufwachen würde und eine oder zwei Stunden allein wäre, ehe du und die Kinder aufwachen, aber ich würde erst zwischen sechs und sieben aufwachen und nicht wie hier zwischen vier und fünf, und ich würde jeden Morgen in Ruhe etwas in mein Notizbuch schreiben und einen Blick auf die Ostsee und die Bäume und unsere Wiese werfen, die sanft abfallen würde zum Strand.

Wahrscheinlich müsste mein Arbeitszimmer dafür oben sein, damit ich alles gut sehen könnte, und von links würde sich langsam das Licht des Tages erheben, ein roter Schimmer über den dunklen Wellen zwischen Polen und mir.

Du würdest noch schlafen im Zimmer daneben, die Kinder hätten ihre Zimmer vermutlich unten, und sie würden länger schlafen, auch weil wir weiter im Norden wären, es würde erst später hell.

Und ich würde sie wecken, wenn mir nichts mehr einfällt oder wenn es Zeit ist für Schule und Kindergarten, und wir würden zusammen frühstücken in unserer Küche mit Kochinsel, und B, die am besten von uns allen Schwedisch könnte, würde aus der Tageszeitung vorlesen, und wenn wir etwas nicht verstehen würden, würde sie es uns erklären.

Irgendwann würde ein Nachbarskind klingeln, und dann würden wir in unseren neuen Volvo Kombi steigen oder vielleicht auch Toyota, auf jeden Fall mit Elektroantrieb, und ich würde die beiden zur Schule fahren und danach an die Steilküste von Löderup, wo ich mit unserem Hund, einem Black Golden Retriever, der eigentlich B gehören und Levin heißen würde, ein wenig spazieren ginge.

Ich würde einen Mantel tragen und einen dünnen Schal und vielleicht keine Mütze, weil ich etwas weniger empfindlich und wehleidig wäre, wenn wir dann da oben im Norden leben.

Und wenn ich mich da so sehe, wie ich mit dem Hund, den B sich wünscht, am Strand in Schweden spazieren gehe, während du Z zum Kindergarten gebracht hast und jetzt zurück bist in unserem Haus mit Blick aufs Meer, fällt mir auf, dass mich mein Traum seltsamerweise sehr an eine Mankell-Verfilmung erinnert, und ich denke, das ist genau der Grund, warum mir dann doch nicht so wohl war bei dem Gedanken, aufzuschreiben, wie ich mir mein Leben wünsche.

Und dann denke ich, dass das Heilige immer empfindlich ist und dass alle gläubigen Menschen Gott nur lieben oder Allah fürchten, weil sie Angst vor dem Tod haben oder vor der Hölle, die ja nicht zwangsläufig dieser heiße Ort irgendwo tief unten sein muss, sondern vielleicht auch einfach nur ein Zustand totaler Gleichgültigkeit, Einfallslosigkeit und Langeweile sein kann, und ich bin mir noch nicht ganz sicher, ob es mir gelingen wird, meine Fixierung auf Schweden und Bäume und Meer irgendwann wieder ernst zu nehmen, aber ich glaube, das bin ich mir schuldig, wenn ich mich lieben soll, und das muss ich, mich lieben, um dich zu lieben und B und Z, also ist es meine Pflicht, meinen Traum ernst zu nehmen, das, was mich möglicherweise glücklich macht, wenigstens einmal ganz genau anzusehen, es zu erleben, um herauszufinden, ob ich es wirklich will.

Andererseits ist genau das vielleicht die falsche Reihenfolge, etwas tun oder erleben, um es nachher vielleicht gewollt zu haben oder auch nicht, vielleicht geht es eher darum, etwas zu wollen, wirklich ganz fest zu wollen, mit allem, was ich bin, zu wollen, so dass ich, wenn ich es dann tue, keine andere Möglichkeit mehr habe, als es zu lieben beziehungsweise zu sein, weil es ein Ergebnis meines Wollens ist, eine direkte Folge und nicht nur ein Zwischenschritt in einem Langzeitexperiment mit unklarem Auftrag und zweifelhafter Motivation.

Oder aber es ist doch wieder nur die alte sprachliche Verwirrung, die sich über meine Absichten und Impulse legt, ehe sie Handlungen werden oder Gefühle, und ich fürchte immer mehr, dass ich in Wahrheit mittlerweile zu dumm bin, um zu merken, dass ich gar keine Probleme habe, und ich nur aufhören müsste zu versuchen, zu verstehen, also zu schreiben, und sofort wäre alles in Ordnung; dabei weiß ich, dass das nicht stimmt, also das mit der Ordnung, wenn ich zwei Tage nicht schreibe, werde ich reizbar und aggressiv, also muss ich das machen, allein schon aus Rücksicht auf meine Familie.

Und dass ich mich angesprochen fühle bei jeder zweiten Charakterisierung der verschiedenen Formen des Wahnsinns von Melancholie über Raserei bis hin zu Schwachsinn in der *Kleinen Kulturgeschichte* von Roy Porter, die im alten Griechenland einsetzt und bei der letzten Jahrtausendwende endet, macht mir schon auch manchmal Sorgen, oder dass ich vorhin dann doch wieder einmal wie aus dem Nichts weinen musste, als ich deine Kolumne las über deine Großmutter, die 17 Geschwister hat und fünf Kinder und zwölf Enkel und die jetzt allein im Seniorenheim lebt und nicht besucht werden darf und auf ihrem Balkon steht und Bilder von Bäumen malt; es sind aber auch komische Zeiten, ich vermisse meine Familie in München, ich habe Angst um meinen Vater, um meine Mutter auch, aber nicht so sehr um ihre Gesundheit, und abgesehen davon neige ich sowieso dazu, alles, was ich lese, sofort mit mir selbst abzugleichen, und natürlich ist Narzissmus auch so eine Art Wahnsinn, und Blödheit ist ziemlich sicher keine, jedenfalls meine nicht, denn so blöd, dass ich nur noch mit Schaum vor dem Mund am Boden liegen würde oder meinen Kopf gegen die Wand schlagen oder meine Familie umbringen und dann mich selbst, bin ich Gott sei Dank nicht, ich habe lediglich einen Küchenschrank durchbrochen, die Glasscheibe einer Tür herausgetreten, den Wohnzimmertisch umgeworfen und mir selber fünf- bis achtmal, so fest ich konnte, mit der flachen Hand ins Gesicht geschlagen, aber das war alles in einem Zeitraum von sieben Jahren, und nach dem Tisch war ich in Therapie, und die Therapeutin meinte, ich sei eigentlich ein ganz guter Typ.

Und als ich vorletzten Sommer im Raucherraum des Thomas-Ecks am Karl-August-Platz in Berlin meinem Bruder von dieser Geschichte erzählte, sagte er, Autoaggression sei immer umgeleitete Aggression nach außen, was mich beunruhigte, ich war mir sicher, dass ich dir nicht weh tun wollte, ich fand mich einfach so unglaublich scheiße in dieser Situation und wusste nicht mehr, was ich sagen sollte, und du kritisiertest mich oder hörtest nicht zu oder wolltest dich nicht einlassen auf meine Sicht, und außerdem hattest du mir kurz zuvor davon erzählt, wie der Vater einer Freundin sich einmal vor dir, deiner Freundin, ihrer Schwester und ihrer Mutter geohrfeigt hatte, vielleicht inspirierte mich das, ich glaube, er hatte sich verfahren, und irgendwann zweifelten alle zuerst an ihm, dann an der Idee, als beinahe erwachsene Kinder mit den Eltern zu verreisen, und dann, als es dunkel wurde, an allem, und später kamt ihr doch noch an und fandet in der Küche der Ferienunterkunft einen Skorpion.

Und mein Bruder rauchte und sah mich an mit diesem Ernst, den nur er hat, der Verständnis bedeuten kann oder auch Mahnung, eine Erinnerung daran, dass du als jemand, der einem so vernünftig und sachlich die Welt und sich selbst analysierenden Menschen gegenübersitzt, selbst dafür verantwortlich bist, mit dieser ganzen Scheiße klarzukommen, er schafft das ja schließlich auch, auch wenn er es natürlich nicht Scheiße nennen würde, was ihn beschäftigt, er hat es geschafft, den

Narzissmus, den wir beide in den Genen haben, in der Erziehung und vielleicht auch im Nachnamen, umzuwandeln in Respekt, für sich selbst, aber auch für sein Gegenüber, und er würde mich nie für meine Gefühle verurteilen oder dafür, dass ich mir selbst auf die Fresse haue, er weist nur darauf hin, dass auf die Fresse hauen eigentlich immer ein problematischer Zugang ist zu einem Problem und dass die Gefahr besteht, wenn man es mit sich selber macht, es vielleicht eines Tages auch mit irgendwem anders zu machen.

Und weil Schweden so weit weg ist und dazwischen drei geschlossene Grenzen liegen oder zwei und eine lange Fahrt mit der Fähre, sehe ich mir eine halbe Stunde lang Immobilien in Norddeutschland an, da kann ich eigentlich immer hin, ich habe ja einen deutschen Pass, aber dann fällt mir ein, dass sogar Schleswig-Holstein seine Grenzen geschlossen hat, im übertragenen Sinn, durch das Verbot, Ferienhäuser und Zweitwohnsitze aufzusuchen, so dass, wie die Mutter von A durch ein Foto von ihrem morgendlichen Schwimmausflug nach Haffkrug dokumentierte, ein Auto mit Hamburger Kennzeichen einen großen Zettel innen an der Scheibe hängen hatte, auf dem der Inhaber beteuert, nur einen Firmenwagen aus der Hansestadt zu fahren, aber in Ostholstein zu wohnen, und ich überlege kurz, bei der Schwedischen Botschaft anzurufen, um abzuklären, ob ich, falls ich mir eine Immobilie in Schweden kaufen würde, während des nächsten Lockdowns einreisen dürfte und bleiben, und anschließend würde ich die Deutsche Botschaft anrufen und fragen, ob der Transit mit dem Auto möglich wäre, und dann sehe ich auf mein Konto und merke, dass ich in Deutschland ungefähr 17.000 habe und ungefähr 23.000 in der Schweiz, und dann überlege ich, dass es, wenn sich die

Immobilie eignen soll, einen Lockdown zu überstehen zu viert, und am Strand liegen oder irgendwie erhöht mit einem Blick über eine Wiese mit ein paar Kiefern und Birken, wahrscheinlich das Beste wäre, vor dem Anruf bei der Botschaft noch ungefähr hundert Jahre zu sparen.

Und die Scham über die Banalität und Kleinheit meiner Gedanken hat vermutlich dieselbe Ursache wie der Zwang, sie aufzuschreiben, und die Erleichterung, dieses sofort wieder beinahe in pathetischen, kindischen Freudentränen sich auflösende Glück, wenn ich Hinweise finde, dass ich vielleicht nicht der einzige Mensch bin, der keine Ahnung hat, wieso ihm durch den Kopf geht, was ihm durch den Kopf geht, oder wie er darauf Einfluss nehmen könnte.

Und als ich heute Morgen zwischen der winkenden Z und der *Asterix* lesenden B auf dem Sofa von Ellen Hinseys *Awkwardness of birch* las, in *The Human Element*, fühlte ich mich auf einmal legitimiert, ästhetisch und damit moralisch, mit meinem grauen Frotteebademantel voller Flecken von Milch und Erbrochenem, meinem noch gut darunter verborgenen, nur dir und mir bekannten Bauchansatz, meinen bleichen, haarigen Schienbeinen und dem Staub unter dem Bücherregal und darauf, auf der Bibel, Fests Hitlerbiografie und dem *Cambridge Dictionary of Philosophy*, auf allem, was ich bisher las, dachte und fühlte, was mich in diese Lage brachte, in der ich so sehr wie noch nie auf Verständnis und Anerkennung, auf Verbindung und Gemeinschaft angewiesen zu sein scheine, und mit der blöden Pandemie da draußen hat das überhaupt nichts zu tun, ich war schon vorher allein, aus Bequemlichkeit, aus Empfindlichkeit, aus Angst und einem falsch verstandenen, roman-

tischen Berufsethos, als müsste ich leiden, um etwas schaffen
zu können, als könnte ich mit meinem Leid etwas anderes
schaffen als die Reproduktion von Leid, und dann lese ich das
Gedicht nochmal, lese

on that singular edge

II.

Of day, when the *new* arises, and with insistent force
Undoes the realm of *nothing*

und Z beginnt zu schreien, und auf einmal merke ich, dass ich
meine Gefühle lenken kann, plötzlich, ich spüre die Wut und
das Selbstmitleid als leere, abstrakte Möglichkeiten irgendwo
in nicht befeuerten Hirnarealen, Mögliches, das eben nicht ins
Sein erhoben wird, und ich rieche die Aloe vera der Feuchttücher und lächle das singende, summende Staunen vor mir auf
dem Wickeltisch an, das abwechselnd nach den über ihr krei-
senden Fischen greift und nach dem Fuchs auf der Packung mit
den Einweghandtüchern, während ich sie abputze mit rechts
und mit links beide Beine halte, vorsichtig, an den Füßen, und
plötzlich bäumt sie sich auf, dreht sich kraftvoll nach links und
schiebt die Einweghandtücher gegen die Vitamin-D-Pipette, gegen die Feuchtigkeitscreme und vor allem gegen den Mülleimer
mit den vollen Windeln, der krachend zu Boden fällt, und die
mit Exkrementen gefüllten, schweren Päckchen verteilen sich
auf dem Parkett, aber bleiben verschlossen, ich muss sie nur
wieder aufheben, und in jeder verdammten Niederlage steckt
ein verdammter Triumph, schon klar, Krisen sind Chancen, und
ich befürchte, es gibt keine Rettung vor der Verblödung durch
einen Alltag mit Arbeiten, die früher von Frauen gemacht wur-

den, und sofort merke ich, dass ich im Begriff bin, falsch abzu-
biegen mit meinen Gedanken, im letzten Moment stoppe ich
diese kurze Geisterfahrt auf der Autobahn tief hinein in mein
Unterbewusstsein, die eben doch keine Einbahnstraße ist, wie
ich, wenn ich verzweifelt bin, manchmal meine, ebenso wenig
wie der Mutterschoß, wie Heiner Müller meint, und um mich
wieder einzukriegen, denke ich schnell zwei Gründe, warum
ich, wenn ich nicht verzweifelt bin, zu sein versuche, wer ich zu
sein versuche, Solnits *Gewalt hat ein Geschlecht* und Nelsons
Ich kann nicht gleichzeitig mein Baby halten und schreiben,
und dann denke ich, obwohl das mit Geschlecht überhaupt gar
nichts zu tun hat, dass der Sonnenaufgang, damit ich ihn lieben
kann, vielleicht bedroht sein muss, von Zs Lärm, von der Zeit,
von meinem sezierenden Hirn.

Und vielleicht sind 27 Stunden reine Fahrtzeit nach Gullvik zu
lang, vielleicht würden die Sonnenaufgänge auf dem Weg an
den kleinen Streifen Strand am Bottnischen Meerbusen, wo es
Häuschen für nur 2.790.000 Schwedische Kronen gibt, diejeni-
gen, die dann dort über dem Meer stattfinden könnten, ent-
werten und überflüssig machen.

Vielleicht genügt mir das stillgelegte Gleis zwischen der besetz-
ten ehemaligen Kühlmittelfabrik und dem Rechenzentrum der
UBS als Ausbruch aus Zwang und Routine, zehn Minuten die
gewohnte Schrittlänge verkürzen auf dicht mit Unkraut über-
wachsenen Eisenbahnschwellen.

Vielleicht bin ich feige, weil ich mich nicht traue, über den Sta-
cheldrahtzaun hinweg ein Foto zu machen von dem großen
Transparent in dem autonomen Areal, auf dem eine Faust ein

Gesicht durch ein Smartphone hindurch zerschmettert, unter dem Hinweis: *No Selfies, No Photos, No Problem.*

Vielleicht ist das Graffiti auf der Mülltonne, *Feminismus oder Schlägerei*, keine Drohung, sondern eine Feststellung.

Als Hühner gackern, bleibt mir beinahe das Herz stehen.

Und am Straßenrand steht ein Mann mit Mundschutz an einer provisorischen Theke unter einem so in jedem Baumarkt erhältlichen Pavillon, und die Schilder *Einfahrt* und *Ausfahrt* sowie *Essen für Zürich* deuten darauf hin, dass man hier mit dem Auto Speisen abholen kann, und ich frage mich nur kurz, wo das Essen gekocht wird.

Und dann löst sich die Frage auch schon wieder auf, der Blick die nächste Querstraße entlang lenkt mich ab, nagelneue, noch leer stehende Wohnblocks im Stil der dreißiger Jahre, die ich ebenso gut hassen könnte wie ignorieren, auf den Ausläufern des Hausbergs sehe ich dichten Wald, und ich denke, dass mir ziemlich sicher die Möglichkeit, jederzeit in den Wald zu gehen, viel wertvoller ist als all die Stämme, Pollen, Insekten, Erde, Holz, Pilze, Moos, Wurzeln und Feuchtigkeit, faulende Pfützen oder vertrocknete Blätter und Nadeln.

Und ich schwöre, dass das schon immer so war: Ich las lieber den Schriftzug mit dem Vereinsnamen auf meiner Trainingsjacke, als dass ich eingewechselt wurde in der 75. Minute beim Spielstand von 0:1.

Und die Erfahrung, die ich mache, wenn ich einen alten Aufsatz meines Vaters lese, in dem er die Untersuchung des Einflusses von Ovulationshemmern auf das Wertesystem der Menschen, die sie einnehmen, vorschlägt, ist eine andere als die, die ich mache, wenn ich Maggie Nelson dabei folge, wie sie das Verhältnis von Mutterschaft und Sodomie untersucht, und wenn ich diesen Vergleich danach aufschreibe, mache ich wieder eine andere Erfahrung, gemein ist diesen drei Erfahrungen nur, dass sie auf der Annahme beruhen, eine private, persönliche Vorliebe oder Überzeugung wäre möglicherweise von allgemeinem Interesse.

Und auch wenn ich meinen Vater liebe, lese ich lieber Nelson, weil ich die gradlinige Offenheit, das persönliche Risiko, ihre Verletzlichkeit mehr schätze als die stillschweigenden Vorannahmen aus der katholischen Theologie und dem etwas trockenen, leicht verklemmten Erziehungsstil meiner hanseatischen Großmutter und natürlich der Grundschulzeit im Dritten Reich.

Und obwohl ich bei jeder Seite von *Die Argonauten* staune über den vollendeten Stil, die Offenheit und Sensibilität gegenüber anderen Positionen und die moralische Aufrichtigkeit, die Unbedingtheit, mit der die eigene Liebe verteidigt wird und die Freiheit, und natürlich über die zahllosen Querverweise von Butler über Deleuze und James und Oppen und sogar Sloterdijk, habe ich dennoch manchmal Sorge, dass ich den eigentlichen Punkt nicht verstehe, das, was über *Ich liebe Harry und mein Kind und mich selbst so, wie wir sind, und so, wie wir morgen sein wollen, was auch immer das ist* hinausgeht und was daran queer sein soll, ist das nicht einfach Liebe, und dann frage ich mich, wenn wieder einmal das Wort *ficken* vorkommt oder sie sich während der künstlichen Befruchtung selbst befriedigt oder eben über diesen Zauber der sodomitischen Mutter philosophiert, ob ich das Buch vielleicht darum so gerne lese, weil ich ab und zu zum Autorinnenfoto blättern und mir denken kann: Diese Frau hat also gerne Analsex.

Und wieso habe ich ein schlechtes Gewissen bei diesem Gedanken, Nelson hat ja wirklich gerne Analsex, sie schreibt es ja ganz deutlich hin, und ist es problematisch, zuzugeben, dass mich das interessiert, weil ich nicht queer bin und weiß und ein Mann, oder ist dieses Bekenntnis vergleichbar mit Nelsons Erzählung von einer Professorin für feministische Theorie, von der es heißt, dass ihre Lederhose einige der Studentinnen feucht werden ließ?

Und vielleicht könnte ich mir das selbst beantworten, wenn ich die ganze Literatur lesen würde, auf die sie verweist, aber dazu habe ich keine Zeit, ich habe zwei Kinder großzuziehen und den Haushalt zu machen und zu kochen, zu putzen und zu waschen, und abends schauen wir Netflix und halten uns fest, und ich will gar nicht anfangen, über so etwas wie Analsex nachzudenken, weil ich Angst habe, unser Frieden könnte darunter leiden, unser kleines, sozial distanziertes Glück, so dringend brauche ich keinen Analsex, weder aktiv noch passiv.

Und du hast mich geküsst, als ich nach Hause kam, länger, als notwendig gewesen wäre, um mir meine Angst zu nehmen, und dann hast du gelächelt, und du hast so gerochen, wie du riechst, wenn ich merke, wie glücklich ich bin, und ich wünsche mir eine Welt, in der, wer gerne gefistet wird, gefistet wird und, wer gerne zur Kommunion geht, zur Kommunion geht und, wer sich ab und zu auf dem Sofa beim Blick in den Fernseher festhält, genau das tut, und vielleicht tut man auch alles gleichzeitig oder eben nacheinander, aber vor allem sieht man bitte für immer davon ab, irgendwem das Gefühl zu geben, man sei besser oder schlechter oder glücklicher oder normaler.

Und als ich A am Abend von diesen Gedanken erzähle, unter dem Kirschbaum im Schrebergarten, im schwachen Licht unserer Zigaretten und der Laternen auf dem Fußweg zum Triemli, sagt sie, dass feinstmögliche Ausdifferenzierungen die Voraussetzung sind für größtmögliche Sichtbarkeit oder für Sichtbarkeit überhaupt, man muss schließlich wissen, was es gibt, um es tolerieren zu können, und ich stimme sofort zu, öffne noch ein Bier und vermute, dass es sich bei meinen heimlichen Vorbehalten gegenüber dem Konzept der sodomitischen Mutter um eine vererbte oder mindestens anerzogene Ausformung derselben *sexual anxiety* handelt, die Jason Stanley als Merkmal faschistischer Ideologien ausmacht, genauer als Ursache des faschistischen Beharrens auf streng hierarchischen, patrilinearen Familiensystemen.

Und während ich noch darüber nachdenke, wie ich meine Kritik formuliere an dem Aufsatz meines Vaters, der unsere Gesellschaft bereits 1980 voller Sorge auf dem Weg zum Matriarchat sah, ohne meine Überzeugungen zu verwechseln mit meinen Wünschen, fragt A, ob ich eigentlich noch mehr Kinder wolle, und ich sage sofort: Nein, zwei reichen mir, und sie sagt, dass sie die Vorstellung einer Großfamilie manchmal sehr schön finde, vielleicht gern einen Mann hätte, der schon ein paar Kinder hat, und dann könnte sie mit dem noch zwei Kinder haben, und ich sage, mir wäre es lieber, auch ihren Kindern später mal nah zu sein, als selbst noch welche zu bekommen.

Und daran, dass ihre Eizellen eingefroren auf geeignetes Sperma warten und sie auf einen geeigneten Moment der Befruchtung und dass B auf deiner Geburtstagsfeier zu A gesagt hat, wenn du keinen Mann hast zum Kinderkriegen, frag doch meinen Papa, daran denke ich erst viel später und erzähle ihr stattdessen von den schwierigen Aufsätzen meines Vaters, die unklare Begriffe gegen noch unklarere Bedrohungen verteidigen sollen, Vaterschaft, Familienglück, Liebe, und ich merke, dass ich seiner Arbeit genau das vorwerfe, was den Kern meiner Arbeit ausmacht, die übertriebene Beschäftigung mit sich selbst, eine Tätigkeit, die laut seinem Aufsatz selten fruchtbare Folgen hat, mit Ausnahme jenes von ihm zitierten Pyramidentextes aus dem alten Ägypten über ein einsam aus sich selbst heraus kreatives männliches Wesen aus der V. und VI. Dynastie: *Aton offenbarte sich in Gestalt eines Selbstbefriedigers in Heliopolis. Er nahm seinen Phallus in seine Faust: Ein Zwillingspaar kam zur Welt, Tefnut und Schu.*

Und weil wir am Morgen das Vulva-Spiel spielen, eine Variante des Penis-Spiels, bei der alle Mitspielerinnen in der Öffentlichkeit reihum immer lauter *Vulva* rufen müssen, bis sich die eine oder der andere nicht mehr traut, denke ich den ganzen Tag an das Wort Vulva, und als du spätnachts nach Hause kommst vom ersten Treffen seit Monaten mit mehr als fünf Menschen im Garten mit Grill und zwei Metern Abstand, umfasse ich im Halbschlaf zur Begrüßung deinen Unterleib, umarme ich im Liegen deine Hüften und halte sie fest, sonst mache ich nichts, und nachdem du mir noch kurz erzählst, dass es schön war, aber auch anstrengend, ziehst du erst mich aus und dann dich selbst.

Und vielleicht muss ich doch anfangen, hier und da etwas zu verschweigen.

Solange wir gemeinsam durch ungeordnete Wortströme treiben, ist diese Wirklichkeit nur behauptet, dieses Chaos gelogen, weil es nur in meiner Weigerung besteht, eine Auswahl zu treffen, Ordnung herzustellen, mich zu entscheiden, für oder gegen etwas, und der ästhetische Anspruch, unvoreingenommen zu erzählen, löst sich auf in der Unfähigkeit, eine Haltung einzunehmen und zu vertreten, einen Glauben zu formulieren, eine Moral.

Und auch wenn ich oft davon träumte, dass es möglich wäre, einen Roman zu schreiben wie einen endlosen Feed, der Algorithmus mein Assoziationsvermögen, meine Erinnerung, einen Roman wie eine banale, mehr oder weniger zufällige Folge von Nachrichten, Büchern, Menschen, Ideen, Gegenständen und Stimmungen, *in order of appearance*, frage ich mich mittlerweile, was damit gewonnen wäre außer der Einsicht, dass wir Menschen immer unvollständigere und weniger leistungsfähige Computer sein werden als die Computer; also werde ich ab sofort nicht nur meinen literarischen Traum modifizieren, sondern auch meinen Begriff von Realität und in Verbindung damit meinen Begriff von Humanität, und ich werde versuchen, so fest ich kann, für die nächsten Seiten die Haltung zu vertreten, dass es das Weglassen ist, was uns zu Menschen macht, das Verschweigen von Ausgewähltem, das Herstellen eines Raums durch Ruhe, das Modellieren des Nicht-Gesagten durch das Blabla.

Und tatsächlich war es die *Hamletmaschine*, die mich vor Wittgenstein rettete seinerzeit, Jahre nachdem G mir zum ersten Mal laut daraus vorlas, auf dem Konferenztisch stehend, nachts um halb drei in der Agentur, während ich eine Präsentation für eine angeblich unschlagbar günstige Autovermietung vorbereitete, ich hatte vorher ein Jahr Teilzeit gearbeitet und nebenher versucht, in der Staatsbibliothek bei der Lektüre von Frazer und Wittgenstein und Russell und Gödel ein Promotionsthema zu finden, irgendwas mit Rekursion und Selbstbewusstsein, und als ich dann irgendwann den *Tractatus* verstanden zu haben glaubte, war ich verzweifelt, weil es beim Schweigen so schwer ist, einem Gegenüber klarzumachen, wovon man schweigt und weswegen, und mein Ziel, einen Doktortitel in Philosophie zu erwerben, um meine beschissene, pseudophilosophische Magisterarbeit zu kompensieren und danach auf hohem Niveau die Fresse zu halten, wie ich meinen Freunden gegenüber meine plötzliche Rückkehr in die Staatsbibliothek erklärte, rückte in immer weitere Ferne, je mehr ich begriff, was eigentlich von Anfang an klar gewesen war, nämlich dass das Unaussprechliche eben das Unaussprechliche ist.

Und weil es mir aber nicht darum ging, etwas zu verstehen, sondern darum, verstanden zu werden, mich mitzuteilen in der Hoffnung, an Realität und Größe zu gewinnen und an Gewicht, rückten Beobachtung und Analyse mehr und mehr in den Hintergrund, und ich hängte mein Herz an einzelne Formulierungen Heiner Müllers, deren Hauptmerkmal neben ihrer Poesie und einer gewissen Brutalität im Ton der Hang zur Paradoxie war, zum Widerspruch zwischen Inhalt und Form, Ton und Botschaft, Referenzrahmen und Erzählerfigur, *Herr, brich mir das Genick im Sturz von einer Bierbank*, ein Gestus, den ich später so ähnlich wiederentdeckte bei K.I.Z: *Meine Lehrer ham gesagt, ich wär ein fauler Spast, doch heute schrein die Nutten »Ja!« wie im Sportpalast.*

Und dann lese ich am Abend bei Stanley, dass es der Selbstwiderspruch ist, mit rationalen Argumenten für eine Überwindung der die Ratio begründenden aufklärerischen Ideale zu argumentieren, der einen Kernpunkt von Hitlers *Mein Kampf* und dem Faschismus überhaupt ausmacht, und obwohl ich fast immer, wenn ich auf den Namen Wittgenstein und den Namen Hitler stoße, an jenes Gruppenbild einer Realschule in Linz denken muss, auf dem die beiden als Schüler angeblich zu sehen sind, fällt mir erst jetzt die strukturelle Analogie zwischen der Überwindung der Vernunft mithilfe der Vernunft und der Überwindung der Sprache mithilfe der Sprache auf, in beiden Fällen, so scheint es, wird eine Leiter weggeworfen, nachdem man sie benutzt hat, und natürlich könnte man einwenden, dass die Leiter im Fall der Faschisten dilettantisch und verlogen und manipulativ eingesetzt wurde, während Wittgenstein seine voller Ausdauer und manischer Genauigkeit Sprosse für Sprosse erst selbst errichtet hat, aber der Impuls, eine sich aus einem fundamentalen Prinzip ergebende Grenze mithilfe eben dieses Prinzips zu überwinden oder zu sprengen, scheint mir dennoch vergleichbar.

Und es liegt nicht nur an meinen Gesprächen mit dir oder an meiner feministischen Lektüre, dass mir dieser Impuls wie etwas Urmännliches vorkommt, die möglicherweise, unter größten Vorbehalten einstweilen weiblich zu nennende Alternative im Umgang mit einer Grenze wäre vielleicht die Annäherung in immer kleineren Schritten, jenen feinen Differenzierungen, von deren Notwendigkeit mich A im Garten neulich so leicht überzeugte, wie die mathematische Darstellung des Kontinuums, zwischen zwei Zahlen gibt es, sagen wir, zehn kleinere, zwischen denen es dann jeweils wieder zehn kleinere gibt und zwischen denen auch und so weiter und weiter, mit dem Ergebnis, dass Sprechende und Zuhörende, anstatt durch einen entschieden furchtlosen, wahnsinnigen Sprung in das Nichts jenseits unseres Denk- und Ausdrucksvermögens zu kapitulieren, der Welt und einander immer noch ein klein wenig näher kommen.

Und Wittgenstein hat das natürlich bemerkt, weil er die Zeit nach seiner endgültigen Lösung aller philosophischen Probleme als Lehrer und Gärtner verbracht hat und nicht als *Größter Feldherr aller Zeiten*, weswegen es für ihn noch die Möglichkeit gab, sein Frühwerk anzupassen und weiterzuentwickeln, als er merkte, dass seine Lösung vielleicht doch nicht so endgültig war, und ich wünschte, ich hätte die Kraft für einen solchen Schritt, alles, was ich bisher dachte und war, grundsätzlich zu hinterfragen, ohne es abzulehnen, eine neue, sanftere Perspektive einzunehmen auf mein bisheriges Ich.

Und dann erinnere ich mich daran, wie mein Vater mir immer sagte, früher, als ich noch ein kleiner Junge war, dass es sowieso klar wäre, dass ich in den Himmel komme, weil ich so ein feiner Kerl sei, und wenn ich jetzt B sage, Jesus habe zwar gelebt, aber ob es Gott gebe, wisse man nicht, immerhin sei Liebe ja etwas Reales, die Heilsgeschichte also auch irgendwie wahr, rollt sie mit den Augen und geht in ihren selbst gebauten Stall aus großen leeren Kartons, ihrem umgedrehten Schreibtisch und den Gittern des alten Kinderbetts unserer Nachbarn, um ein paar durchsichtige Islandponys zu striegeln.

Und nachts um halb drei, als ich Z gerade gefüttert habe, trinke ich einen Schluck Wasser aus dem Hahn in der Küche, und als ich kurz darauf wieder im Bett liege, in der wohlriechenden Dunkelheit neben dir, spüre ich das kalte Wasser sich in mir absenken wie eine Erkenntnis, und die Dankbarkeit für die Kühle in mir und die Wärme um mich sind im Moment alles, größer als alle derzeit möglichen Reisen in nahe und ferne Länder, Umarmungen von geliebten Menschen, Träume von materiellem Reichtum und irgendeiner leeren Sicherheit, und dein Atem geht gleichmäßig und ruhig, und ich merke, wie sich meiner anpasst und ich langsam einschlafe.

Und im letzten Moment drehe ich mich um, weil ich eigentlich lieber auf der linken Seite schlafe, nein, Moment, das stimmt nicht, ich schlafe eigentlich lieber auf der rechten Seite, wieso drehe ich mich dann nach links, und ich denke, dass es vielleicht etwas mit der bislang unbestätigten Theorie zu tun hat, dass nicht nur Vorerkrankungen relevant sind für Covid-Verläufe, sondern auch die Virendosis, der man ausgesetzt war, und wir werden es womöglich erst in neun oder zehn Tagen wissen, ob dein Atem jetzt nicht vielleicht gefährlich für mich ist oder meiner für dich.

Und vielleicht ist der Wahnsinn eben doch eine anthropologische Konstante, wie es aus Roy Porters *Kleiner Kulturgeschichte* hervorgeht, kein klar gekennzeichnetes Krankheitsbild, eher ein immer in allen verfügbares Potenzial, und es ist wahrscheinlich die alte trübe Mischung aus genetischer Disposition und Umwelteinflüssen und gesellschaftlichen Hemmern und Stimuli, die dafür sorgt, dass die eine ihr Potenzial mehr entfaltet als der andere, und es gibt gute Argumente dafür, dass Ruhe und Klarheit im Alltag helfen, dass eine homogen strukturierte, einigermaßen gleichmäßig auf ihre Mitglieder einwirkende Gesellschaft dazu beiträgt, die schlimmsten Impulse abzumildern oder zu unterdrücken, es kann aber auch sein, dass eine exaltiertere, offen wahnsinnigere Gesellschaft wie die der Vereinigten Staaten durch die permanente kollektive Verwirklichung des Wahns und der Paranoia dem Innenleben etwas mehr Ruhe gönnt und Frieden, wer ein Sturmgewehr unter dem Bett hat und Bleichmittel im Blutkreislauf, ist seelisch möglicherweise tatsächlich ausgeglichener als zum Beispiel ich, der so tut, als würde er einfach nur Kinder großziehen, die Wohnung aufräumen und zum Supermarkt fahren mit dem Auto, um dort einen Großeinkauf zu machen.

Und weil ich beim Warten darauf, dass du mit der Einkaufsliste endlich fertig wirst, langsam nervös werde am Küchentisch neben dir, weil ich mich frage, ob die Zeit, die ich vor den Einkäufen noch habe, reicht, um einen Beitrag zur Gegenwartsliteratur zu leisten, werde ich pampig, als du vorschlägst, ich solle den Wein lieber in der Weinhandlung deiner Eltern holen anstatt im Supermarkt, ich behaupte, dass das eine halbe Stunde kosten würde, obwohl es wahrscheinlich nur eine Viertelstunde ist, und dann stimme ich doch zu und fahre los und hadere mit meiner Reaktion, irgendwann wirst du mich verlassen, wenn ich immer so rumheule wegen der Einkaufsliste und wegen des Weins, und dann fährt tatsächlich ein LKW von der Weinhandlung Zweifel vor mir auf die Hauptstraße, und ich denke, dass ich schon einmal einen gesehen habe und damals schon dachte, dass der Name Zweifel in der Schweiz doch vor allem für Chips bekannt ist, und dann fallen mir natürlich wieder die LKWs der Schlachterei Angst ein, die ich auch immer wieder sehe, und dann schaltet die Ampel auf Rot, und der Schriftzug *Zweifel Weine* verschwindet im Dunst der regennassen Fahrbahn unter den vollen grünen Laubbäumen am Straßenrand, als plötzlich ein Bus durch mein Blickfeld bricht, also über die Kreuzung, Linie 83, dein Geburtsjahr.

Und dann denke ich an Maggie Nelson, deren Buch ich gestern Nacht fertig gelesen habe mit Tränen in den Augen vor Dankbarkeit und vor Neid angesichts ihrer anerkennenden, liebevollen Würdigung der allgegenwärtigen Autoimmunerkrankung der menschlichen Seele, also genau der Angst und Paranoia, die ich immer in den Griff zu bekommen versuche, des Zwangs, sich das Schlimmste vorzustellen, in dem kindlichen Glauben, es würde dann sicher nicht eintreten, ich danke ihr für den Mut, das Bild mit der Schere im Kopf ihres neugeborenen Jungen zu zeichnen, weil es mir einige meiner eigenen Bilder erspart.

Und vielleicht ist das der beste Grund, zu schreiben, dass man jemand anderem eine Möglichkeit gibt, sich an fremden Ängsten oder Hoffnungen zu trösten, allein können die eigenen keinen Schutz bieten, vor gar nichts, es sind nur die, auf die man selbst bisher vielleicht nicht gekommen ist, oder eben doch genau die, die man selbst auch hat, und der Trost besteht dann darin, dass alle Menschen ganz anders sind, aber eben auch vollkommen gleich.

Und plötzlich muss ich an Hegel denken, *Identität der Identität und der Nichtidentität*, und obwohl ich nicht sagen kann, was er damit gemeint hat, fühlt es sich für mich an wie ein einschließendes, umfassendes, aufklärerisches Erproben eines Begriffs gegenüber der über ihn hinaussteigenden oder ihn sogar missbrauchenden Selbstreferenzialität, die ich dem frühen Wittgenstein unterstelle und dem späten Hitler.

Und natürlich ist es Wahnsinn, einem halbwegs ernst gemeinten Satz über Bedeutung und Repräsentation die Worte *und dem späten Hitler* anzufügen, und dann denke ich an die Reduktion von Nuanciertheit, die laut Nelson Freuds Erfolg ausmachte, und ich frage mich, ob, wenn das alles hier keinen Sinn ergibt, es wenigstens ein Argument sein könnte für meine These vom Wahnsinn als anthropologischer Konstante.

Und vielleicht ist es das entscheidende Merkmal von Vernunft, den gelegentlichen Wahnsinn zuzulassen und anzuerkennen als vorsichtige Geste der Hoffnung und Selbstliebe und insofern eine die eigenen Grenzen annehmende, einschließende und sie so überwindende Haltung, im Unterschied zu den laut Stanley *classic fascist politics [...] to represent the actual defenders of liberal democracy as defending its ideals only in the service of undermining them*, also genau die Lüge, die man selber lebt, der Gegenseite zu unterstellen in einem Blindheit gewordenen Kalkül, und demnach wäre nur die wirklich wahnsinnig, die immer vernünftig zu sein glaubt, und vernünftig nur der, der weiß, dass auch ihn ab und zu die Unvernunft überkommt, und es scheint mir bei der Frage nach der Natur der Vernunft mehr und mehr auf den alten Kampf hinauszulaufen zwischen Wahrheit und Lüge, insbesondere bei der Beantwortung von Fragen wie: Was will ich, was soll ich, was kann ich?, was mir heute ganz leicht vorkommt, weil ich Kaffee getrunken habe, Croissants gegessen, den Regen rauschen höre und eine Krähe krähen vor dem gekippten Fenster in meinem städtischen Arbeitsraum.

Und dann frage ich mich wieder einmal, was nicht so leicht zu beantworten ist, nämlich, wieso wir nicht einfach festhalten können, dass jede Wahrheit, die eine Hierarchie zwischen verschiedenen Gruppen von Menschen und Individuen postuliert, eben eine Lüge ist, wieso wir uns nicht darauf einigen können, das Prinzip der Gleichheit aller als den Ausgangspunkt unserer Wirklichkeit zu akzeptieren, es gibt keine überzeugenden wissenschaftlichen Daten, die das Gegenteil beweisen, nur Machtinteressen, Privilegien und Angst.

Und die Absolutheit, mit der die Gegner der Gleichheit aller die Ungleichheit als Axiom setzen, wirkt viel verzweifelter und kindlicher als meine Naivität, sie appellieren an ein Bauchgefühl, daran, dass sie eben so und so sind, und zwar anders, und auch wenn jeder diesen Impuls kennt, sollten wir doch in der Lage sein, ihn als Impuls zu identifizieren und zu bekämpfen als böse und falsch, wie die plötzliche Lust, nie wieder das Telefon abzunehmen, wenn die mit der Zeit mühsamer werdende Großmutter anruft, oder der heimliche, gelegentliche Wunsch, dass die eigene Frau einen mit den Kindern verlässt, damit man schuldlos Mitleid von Fremden einfordern kann und unverbindlichen Sex haben, oder die vage Hoffnung, eines Tages zufällig mit einer Waffe in der Hand einem Vergewaltiger zu begegnen, kurz bevor er jemanden vergewaltigt; wieso sollte jemand auf die Idee kommen, diese dunkle Seite der Menschen zum Herzstück einer Weltanschauung zu machen und den Müll, den unsere Hirne auch produzieren, zum Inbegriff der Wahrheit, und was genau soll das eigentlich sein: Authentizität?

Und dann schicken mir meine seit 20 Jahren getrennten Eltern zufällig am selben Tag Babyfotos von sich.

Ich frage mich, ob es an der Pandemie liegt, an dem mit der Endlichkeit auch wieder stärker ins Bewusstsein drängenden Anfang des Ganzen, und wenn ich mir die schwarzweißen, pummeligen, goldigen Gesichter ansehe und mir vorstelle, was die beiden in ihrer frühen Kindheit, also wenige Jahre nach dem Zeitpunkt der Aufnahmen, erleben mussten, wird mir wieder einmal bewusst, was für ein unbeschreibliches Glück ich habe, nur genau so traurig, ich-zentriert, aufbrausend, undiszipliniert, unsicher, wahnhaft und zur Gewalt neigend zu sein, wie ich bin; nach allem, was bekannt ist über den Zusammenhang von frühkindlichem Leid der Eltern und der Entwicklung der nächsten Generation, ist es ein Wunder, dass ich nicht noch viel verwirrter, instabiler und böser bin, ich freue mich wirklich, atme durch, einmal, zweimal, tief und befreit.

Und meine Bewegungen mit dem Staubsauger über das Parkett werden weniger hektisch, und die Bodendüse des Staubsaugers kracht weniger fest gegen die Fußleisten und die Türschwelle, und als ich ins Wohnzimmer überwechsle, verheddere ich mich zum ersten Mal nicht im Kabel, ich hatte den Stecker gleich im Gang eingesteckt und dennoch hinten im kleinsten Zimmer angefangen, statt erst das Wohnzimmer zu machen, wie du es gewohnt bist, ich mag es nicht, wenn ich mich durch bereits gesäuberte Räume vorarbeiten muss zum Schmutz, und am Anfang, bevor die Entspannung einsetzte durch das Bewusstsein, von den grauenvollen Schicksalen meiner Eltern verschont geblieben zu sein, war ich wie gewohnt recht grob gewesen, es war, als saugte ich gegen dich an, gegen deine Aufmerksamkeit, deine Genauigkeit, deinen Fleiß, deinen Erfolg, deine Forschungsstelle an der Kunsthochschule, dein Bankkonto, und B staunte mich aus verschlafenen Augen an, als ich um acht Uhr in die Waschküche verschwand und kurz darauf das Altpapier vor die Tür stellte, du torkeltest ungläubig aus dem Bett, und mir wurde bewusst, dass ich versuchte, vor dir wegzulaufen, ich versteckte mich in der Hausarbeit, versuchte, schneller zu sein, als du mich daran erinnern könntest, was noch zu tun wäre, und alles nur, weil du aus dem dunklen Schlafzimmer gerufen hattest, B solle sich anziehen zum Hausaufgabenmachen, obwohl ich ihr gerade erlaubt hatte, im Schlafanzug zu bleiben, aber du sagtest, ich hätte doch diese Regel mal aufgestellt, und das stimmte auch, aber das war in der dritten Woche des Homeschoolings, als B um halb zwölf noch immer im Schlafanzug war, jetzt war es vor acht, und ich hatte seit einer Stunde das Baby im Arm, und B freute sich so auf ihre Hausaufgaben, dass ich sie nicht bremsen wollte, und dann kam aus dem dunklen Schlafzimmer mit weicher, von Kissen gedämpfter Stimme die Anweisung, konsequent zu bleiben, also legte ich Z in den Stubenwagen und griff nach dem Staubsauger.

Und dann sehe ich mich auf einmal wieder in Bs Zimmer stehen, vor ihrem offenen Kleiderschrank, und Hosen quer durch den

Raum werfen, auf den Flur: Die hier? Nein? Gut, weg damit.
Die hier? Auch nicht? Weg. Die?, und B weint und weint und
kann gar nicht mehr verständlich reden, nur noch sagen, dass
sie keine der Hosen anziehen will, und als ich sage, dass ich die
Hosen, die sie nicht tragen will, wegwerfen werde, schreit sie
auf, und dann schreie ich zurück: Wieso regst du dich so auf, es
ist nur eine Hose, verdammt nochmal!, und dann wimmert sie,
und mir tut es leid, und ich nehme mir vor, nie wieder wütend
auf sie zu sein, weil sie weint, und ich frage mich, wie oft ich
mir das schon vorgenommen habe und wieso ich überhaupt
wütend werde, wenn sie weint, und ich will sie in den Arm nehmen, aber sie will nicht, sie zieht eine Hose an und geht in den
Hof, Schnecken suchen mit ihren Freunden.

Und als Z in der Nacht aufwacht und nicht wie gewohnt weiterschläft, sobald sie den Schnuller bekommt, fängt sie plötzlich
wie wild an zu brüllen und um sich zu treten und zu schlagen,
und ich starre voller Angst auf den Kopf des kleinen Körpers
im Halbdunkel, auf die offensichtliche Wut, ich weiß, dass Z gesund ist, warum, weiß ich nicht, ich weiß es einfach, zum Glück,
aber dann denke ich an die zahllosen Nächte des Wackelns und
Schaukelns und Herumspringens mit ihr auf dem Arm, als wir
sie abwechselnd aus Überforderung in den Schlaf schockten,
irritierten, verwirrten.

Und ich bekomme Angst, dass die Wut, die jetzt aus ihrem Kör-
per herauskommt, die gleiche Wut ist wie die, mit der ich diesen
Körper früher oft hin- und herbewegte, und ich versuche, ihre
Stirn sanft zu streicheln, und spüre ihren Kopf gegen meine
Finger klatschen, einmal, zweimal, dreimal, fünfmal, und dann
höre ich auf zu zählen, lasse meine Hand aber hängen bei ihr

im Bett, und irgendwann wird alles leiser und weicher und irgendwie eins, ihre abebbenden Schreie, mein Schuldgefühl, das Geräusch ihres Körpers, der sich auf der Matratze windet, das sanfte Rollen der Räder des Stubenwagens über dem Laminat, ich habe sie gestern geölt, vielleicht schläft sie deshalb nicht ein, weil das vertraute Quietschen verschwunden ist, mein Herzschlag, mein Atem, das Knarzen des Korbs, als ich meine Stirn auf die Hand lege, die den Wagen hält, in dem sie liegt.

Und am nächsten Morgen sehe ich eine Nachricht von meinem Vater, ein Foto, auf dem er ungewöhnlich müde und alt und traurig aussieht, mit den Worten *Gute Nacht* darunter, gesendet um 23:57 Uhr.

Ich schreibe *Guten Morgen* zurück und setze mich aufs Sofa, um Zeitung zu lesen, und stoße in der Zeitung auf einen Text von Madame Nielsen, die nicht nur davon erzählt, wie sie sich aus ihrem alten Selbst herausgeschrieben hat, sondern auch davon, dass sie, als ihr Vater im Sterben lag, nicht aufhören konnte, über ihn zu schreiben, und Tag für Tag mehr Seiten füllte über das gerade zu Ende gehende Leben, während aus Dänemark Nachrichten von der Mutter oder Anrufe der Schwester eingingen, wo sie denn bleibe, sie seien jetzt alle gemeinsam auf der Intensivstation, sein Zustand verschlechtere sich, und ich kann nicht aufhören, diesen Text zu lesen, obwohl ich das Gefühl habe, dass ich meinen Vater anrufen sollte oder ihm schreiben oder mich selbst herausschreiben aus meinem Selbst, und dann nehme ich das Telefon nochmal zur Hand und betrachte das Bild meines Vaters, Mund und Stirn erinnern mich sehr an mich, Nase und Augen nicht, und dann erst fällt mir auf, dass der vom schwarzen Pullover eingefasste Hemdkragen sich in den weißen Streifen auf der Schulter fortzusetzen scheint, und ich will *Geiler Style* schreiben, zögere dann, weil ich merke, dass es nur zwei Streifen sind und nicht drei, und ich weiß natürlich, dass es Wahnsinn ist, ihm aus diesem Grund kein Kompliment zu machen, also rationalisiere ich meine einsetzende Gewissheit, dass ich ihm heute nicht mehr schreiben werde, damit, dass er *Geiler Style* vielleicht etwas zu salopp finden würde, so rede ich mit meinen Freunden, er aber ist mein Vater, das ist etwas völlig anderes, und außerdem passt das ja irgendwie, dass er einen Fake-Adidas-Pullover trägt, schließlich ist er mit einer Chinesin verheiratet, und natürlich ist diese Assoziation rassistisch, und dann frage ich mich auch noch, welche Mythen eine aus einem Bergdorf in Yunnan stammende, 40 Jahre jüngere Frau dazu gebracht haben, mit ihm nach Deutschland zu ziehen, in eine Zweizimmerwohnung in München-Neuperlach.

Und ich muss wieder an Jason Stanley denken, ein Wesensmerkmal faschistischer Politik sei die Realisierung von Vorurteilen, eine gewissermaßen a posteriori unleugbar wahr gemachte, zunächst absurd erscheinende mythische Vergangenheit, und es ist genau diese Tendenz von Bevölkerungen, das Undenkbare zu normalisieren, die die größte Gefahr darstellt für Freiheit und Empathie; noch 1937, da war mein Vater drei Jahre alt, leugnete die jüdische Gemeinde von Stanleys Großmutter Ilse, die mit falscher Identität im KZ Sachsenhausen als Sozialarbeiterin jüdische Inhaftierte betreute, was auf sie zukam, und während ihre Freunde darauf hinwiesen, dass sie immer noch in ihren Wohnungen lebten, in die Synagoge gingen, genug zu essen hatten, merkte nur sie, dass sie alle eigentlich nur noch eines taten: *waiting for the end.*

Und ich frage mich, ob das vielleicht ein guter Titel wäre für meinen Roman und ob mein ständiges Eintreten für eine Rehabilitation des Wortes *normal* nicht im Grunde den Faschisten in die Hände spielt, obwohl ich es immer als Versuch gemeint habe, das Glück im Gegebenen zu suchen und auch zu finden, in allen Dingen, wie Loyola sagt, meinetwegen, meinetwegen auch Gott, was immer das ist, und selbst wenn es darin besteht, eine Nacht lang gefistet zu werden von deiner kürzlich zum Mann umoperierten ehemaligen Freundin, ich muss jetzt wirklich nachlesen, was Butch bedeutet, und insofern ist mein Wunsch danach, das Normale lieben zu können, auch der Versuch, den Kapitalismus zu überwinden, das unbarmherzige Wachstumsdogma, aber vielleicht irre ich mich ja auch, vielleicht ist wirklich alles nur tot und leer, ohne Wachstum, und vielleicht muss Gott oder Glück immer das andere sein als das, was ist, vielleicht ist der Wunsch, das Normale zu lieben, eine sprachliche Verwirrung, weil vielleicht in dem Wort *normal* eine geheime, logisch-semantische Funktion eingebaut ist, die das Lieben ausschließt, und vielleicht ist *normal* einfach nur ein anderes Wort für *andauernd vorhanden*, und um etwas zu lieben, muss es immer wieder auch abwesend sein, es muss einen Abstand geben, der überwunden werden kann, zwischen meiner Nase und deinen Haaren, zwischen Maggie Nelsons inneren Schamlippen und Harrys Faust.

Ich glaube, es war kurz vor dem Radiobeitrag über Femizide in Argentinien, dass ich die Absage bekam vom Eidgenössischen Departement für auswärtige Angelegenheiten, eine Stelle in der Kommunikationsabteilung der Direktion für Völkerrecht, ich hatte mir diese Tätigkeit schön vorgestellt, vor allem natürlich hatte ich mir vorgestellt, dann überall zu erzählen, dass ich beim Eidgenössischen Departement für auswärtige Angelegenheiten arbeite und mich einsetze für Völkerrecht, und wir sitzen in der Küche und füttern Z und hören dabei im Radio von einer Frau, die von ihrem Mann angezündet wurde und, als sie versuchte, sich zu löschen, merken musste, dass ihr Mann in weiser Voraussicht den Haupthahn der Wasserleitung abgestellt hatte, und dass ihre Mutter bis heute das mit verkohlten Hautfetzen verklebte Nachthemd in einer kleinen Kiste aufbewahrt in der Hoffnung, die Polizei würde sich irgendwann vielleicht doch dafür interessieren, und ich sage: Krass, Argentinien, ich dachte, das Land wäre halbwegs normal, und ich denke an V und L, die da eine Weile gelebt haben, und dann sage ich, dass ich nicht verstehe, dass es keine Geheimorganisation gibt, die solche Männer tötet, ich verstehe es in dem Moment wirklich nicht, und du lächelst wohlwollend über meine naive Wut.

Und als ich abends auf *theguardian.com* die Schlagzeile *5 killed in Shooting at Oakland Party despite stay at home orders* lese, wird mir zum einen klar, was genau Stanley meint mit der Normalisierung des Undenkbaren, weil natürlich die Tatsache, dass es trotz Lockdown eine Party gab, die eigentliche Sensation zu sein scheint, nicht so sehr die Schießerei, und zum anderen beantworte ich mir selbst die Frage nach den Todesschwadronen für Frauenmörder: Es gibt eben Leute, die gerne töten, und Leute, die nicht so gerne töten; die, die töten, haben Verständnis für die, die ihre Frau töten, und die, die nicht töten, wollen eben nicht töten.

Auch keine Frauenmörder.

Und manchmal stelle ich mir Gott wie einen einsamen Läufer vor in den Reben am Hang über dem Bielersee, mit Blick auf eine Hochzeitsgesellschaft, zu der er auch eingeladen war, aber er bleibt lieber hier und beobachtet aus der Ferne, wie sie betrunken vor Freiheit ins Wasser torkeln über glitschige Steine, voller Liebe und Angst sieht er zu, wissend, dass, wäre er näher, ihn seine Ohnmacht umso mehr schmerzen würde:

> Die lebt noch,
> 　sagt ein Engel,
> hebt mich
> aus den Trümmern,
> trägt mich
> wie ein Kind
> und wirft mich
> auf den Haufen
> vor dem Haus.

Und dann sehe ich den Namen einer Schriftstellerin in deiner Handschrift auf einem Zettel und überlege, ob ich kurz versuchen will, mich zu erinnern, wie ich ihr einmal begegnet bin und die feinen Ringe an ihren Fingern ansprechend fand oder die schwere Kette, die auf ihre Brust fiel, oder den locker ums Handgelenk liegenden Armreif, und ich frage mich, wieso ich von dieser Begegnung vor allem den Schmuck im Gedächtnis behalten habe, und ich glaube, als ich wieder den Namen ansehe, es hängt damit zusammen, dass ich den Gedanken, eine Frau würde sich schmücken, interessant finde, weil sie ihren Körper damit ein wenig zu einem Objekt macht, zu einem Ding, das schön gefunden werden kann, wenn man andere Dinge daran hängt oder eben hineintut, vielleicht; und jetzt höre ich sofort auf, so etwas zu denken, und antworte stattdessen auf die E-Mail des Lektors, der das Manuskript meiner Mutter über ihre entsetzlichen Kindheitserlebnisse sehr freundlich abgelehnt hat.

Und dann stelle ich ein Video in die Mama-Kinder-WhatsApp-Gruppe, in dem ich, ohne hinzusehen, eine volle Windel fange, die du mir von außerhalb des Bildes zuwirfst, man hört Z im Hintergrund rumoren, man sieht mein Gesicht kaum, nur den Schatten des Barts und die immer tiefer in ihre Höhlen sinkenden Augen, und auch wenn Stirn und Mund von meinem Vater zu kommen scheinen, erinnern die Form der Nase und die Position der Augen ganz klar an meine Mutter und damit auch an den, über den sie in jenem Text schreibt, von dem sie so gerne hätte, dass ich ihn lese, obwohl ich ihr immer wieder sage, dass ich das nicht kann.

Und vielleicht werde ich doch immer mehr, wie meine Mutter war, ehe sie den Mut fand, meinen Vater zu verlassen, und vielleicht liegt es daran, dass ich die selbst gewählte Gegenwart immer öfter als Feind betrachte, die Aufgaben und Objekte, denen ich mich im Alltag gegenübersehe, Wäsche, Küche, Betten machen, Boden fegen, staubsaugen, ich rede böse mit dem Geschirr in meinen Händen über dem Spülbecken, eine in Stimmung und Sprache sich niederschlagende, permanente Kampfbereitschaft ab dem Moment, da ich dich liebevoll lächelnd verabschiede frühmorgens an unserer Tür.

Und dann kommst du am Nachmittag früher zurück als gedacht, löst mich ab, schickst mich los, Fahrrad fahren, spazieren, schreiben, etwas für mich tun, in genau dem Moment, als ich merke, wie ruhig und zufrieden und zuversichtlich und glücklich ich eigentlich bin, ich esse gerade ein Butterbrot auf dem Sofa und lese abschätzige Texte über den amerikanischen Präsidenten, Z singt im Stubenwagen, zufrieden und kurz vor dem Einschlafen, und B dressiert im Innenhof ihre Freunde, die spielen, dass sie ihre Tiere wären, Platz, Sitz, Aus, schallt es nach oben, und es gelingt mir, mich nicht zu sorgen, ob sie zu streng ist mit ihnen, ob sie sie so vielleicht eines Tages verliert, meine eigene Angst, natürlich, die ich ihr unterschiebe, manchmal, aber jetzt nicht, jetzt staune ich bloß über ihre kräftige Stimme, die vom Hof durch die offene Balkontür, die saubere Küche und den gekehrten Gang bis zu mir ins Wohnzimmer dringt, und ich liebe sie still und kraftvoll und so, wie Liebe eigentlich ist, meine ich jetzt, zwei Stunden später, als ich all das aufschreibe, weil ich nichts dabei gedacht habe in jenem Moment und dennoch oder gerade deswegen vollkommen anwesend war, vollkommen erfüllt von einem Butterbrot und den

Kommandos von B, bis du kamst und mir die Gelegenheit, den Raum und die Zeit gabst für diese Zeilen.

Und die Liebe, die ich gestern Nachmittag für B spürte, als sie auf dem Stuhl der Zahnärztin mit beiden Händen ihren Stoffelefanten umklammerte, war eine hemmungslose, verzweifelte, die ich unterdrücken musste, um mich kontrollieren zu können, wie hatte sie geweint am Vorabend, nachdem sie um zehn nochmals aus dem Bett aufgestanden war und die Zähne ein zweites Mal geputzt hatte, als sie wach lag bis Mitternacht und dann noch einmal am Vormittag, und ich schwor mir, nichts zu sagen von wegen: Hör auf, oder: Ist doch nicht schlimm, oder was ich sonst immer tue, wenn ich ihre Tränen stoppen will, weil sie mir immer so weh tun, als wären sie ein Angriff auf meine eingebildete Macht, ihr Glück herzustellen, oder ein Beweis meines Versagens, ich schwor mir, sie einfach nur festzuhalten und so lange weinen zu lassen, wie sie weinen muss, außer Z will etwas essen, aber das wollte sie nicht.

Und dann hörte B irgendwann auf zu weinen und sagte: Gut, gehen wir, und wir gingen, und sie war tapfer und gefasst und stark, ich fragte sie nach dem Weg zur Schulzahnklinik, damit sie abgelenkt war, und einmal nahm ich sie noch kurz in den Arm, beim Empfang, und dann lag sie da auf dem Stuhl, neben ihr die Zahnärztin mit Mundschutz, gegenüber ich, auch mit Mundschutz, und die Zahnärztin fragte, wie denn Bs Elefant heiße, und B sagte: Elefanti, und die Zahnärztin nickte, und dann sagte B: Wussten Sie, dass eine asiatische Elefantenkuh bis zu vier Tonnen wiegt?, und die Zahnärztin sagte: Das ist ja schwer, und dann: Nein, das wusste ich nicht, und dann sagte sie: Mach bitte deinen Mund ganz weit auf.

Und ich könnte, wenn ich wollte, natürlich schon wieder weinen, gleich jetzt, wenn ich an diesen Moment denke, zwei Menschen reden über eine Tatsache der Welt, die sie beide bewohnen, um einem von ihnen die Angst zu nehmen, um eine Verbindung herzustellen, die es ihnen ermöglicht, zusammenzuarbeiten gegen den bakteriell ausgelösten Verfall, also eigentlich teilzunehmen am Kampf um das Überleben und die Weiterentwicklung unserer Spezies, und ich frage mich, ob diese Neigung, über Alltägliches zu staunen oder in Tränen auszubrechen, nicht vielleicht ein einigermaßen großes Hindernis ist auf dem Weg zu einer vollkommeneren Art, also weine ich nicht, ich lerne gerade, die Kreuzungen zu erkennen und den richtigen Weg zu nehmen, um nicht hinabzugleiten in den Nebel und Matsch aus Zweifeln, Selbsthass und sinnloser Trauer, ich muss das allein schon für meine Kinder, aber auch für dich, die du selbst oft dort unten zu finden bist oder zu finden warst, früher, du bist viel stärker geworden in letzter Zeit, oft genug hältst du mich fest oder stößt mich in die richtige Richtung, wenn ich es alleine nicht schaffe oder eher von selbst nicht schaffe, alleine bin ich ein für alle Mal nicht, weswegen ich besser auch langsam den romantischen, unerfüllbaren, zerstörerischen Wunsch nach Einsamkeit überwinden sollte, ich kann keine zwei Tage überleben, ohne mit einem Menschen zu sprechen, der mich daran erinnert, wer ich eigentlich bin, und das Ärgerliche ist, dass mein Krankheitsbild so trivial ist, ich müsste wahrscheinlich einfach nur ein paar Tabletten nehmen, und diese permanente Sich-selbst-Hinterfragerei wäre vorbei, von der ich mich immer wieder frage, wohin sie eigentlich führt außer zu der Erkenntnis, dass ich eben der bin, der sich immer wieder fragt, wer er ist, und froh ist über die Selbstverständlichkeit, mit der andere ihn ansprechen und bestimmte

Reaktionen und Stimmungen und Eigenschaften erwarten, und vielleicht bräuchte ich einfach nur ein paar Sätze, an die ich glauben kann von ganzem Herzen, die ich anderen sagen und für die ich einstehen kann mit allem, was ich bin, um meine Angst, nicht verstanden zu werden oder nicht geliebt oder beachtet, zu verstecken, einen einfachen, klaren Satz wie zum Beispiel: Eine asiatische Elefantenkuh wiegt bis zu vier Tonnen.

Es ist zehn Uhr morgens, es regnet in Strömen, und ich bin froh, dass wir trotzdem rausmüssen, mit den Nachbarskindern Vögel beobachten gemäß Homeschooling-Auftrag.

Als wir eine Pause beim Bäcker machen, erzählt mir der Vater der beiden, während wir in die Nuss-Croissants beißen, die er für alle gekauft hat, dass er noch nie so viel arbeiten musste wie jetzt und dass seine Chefs Arschlöcher seien, die den Hals nicht vollkriegen und einen Auftrag nach dem anderen annehmen würden, obwohl alle Mitarbeiter zu Hause unter Überarbeitung ächzten, und dann sagen sie noch, Überstunden könnten nicht aufgeschrieben werden, die seien jetzt inklusive, es sei ja Krise, und dass sie so viele Aufträge hätten wie nie zuvor, sei ein großes Glück, man müsse die auch alle annehmen, man wisse ja nicht, was noch komme.

Und dann klingelt sein Telefon, und sein Chef ist dran, und ich frage mich, ob es vielleicht darum so viel Arbeit gibt gerade für ein Statikbüro, weil alles so vage und unsicher scheint und jeder lieber doppelt und dreifach überprüfen möchte, ob der eigene Entwurf noch stabil ist, ob er trägt, und als er das Telefonat beendet hat, frage ich ihn, ob sie nicht versuchen könnten, sich auf einen bestimmten Service oder ein bestimmtes

Marktsegment zu spezialisieren, die Firma neu zu positionieren, um aus dem mörderischen Unterbietungswettbewerb mit der Konkurrenz herauszukommen, und dann sagt er, dass das schwer vorstellbar sei, ihr Produkt sei ja nicht skalier- oder modifizierbar, ihre Kundschaft wolle wissen, ob ein Plan tragsicher ist oder nicht, und man könne nicht sagen, alles in Ordnung, dieser Plan ist ein bisschen tragsicher oder dieser hier, der ist viel tragsicherer, als alles andere tragsicher ist, oder diese Tragsicherheit hier ist die allerschönste der ganzen Stadt.

Und als wir den Park betreten, fliegt eine Taube direkt in mich hinein, und dann rufe ich meine Schwester an, um die Geburtstagswünsche ihrer Kinder zu besprechen, und als ich sie frage, was sie so gemacht hat, sagt sie, sie sei im evangelischen Pfarramt gewesen, weil sie überlege, zu konvertieren, und ich lache erst laut auf und staune und gebe das auch sofort zu, und dann spüre ich Neid, was ich nicht zugebe, darauf, mutig genug zu sein, sich ernsthaft mit Gott auseinanderzusetzen und mit Wegen, die zu ihm führen könnten, wie Kirchen, und dass mein Austritt aus der katholischen Kirche nicht schon beim Missbrauchsskandal, sondern erst nach der zweiten größeren Kirchensteuernachzahlung erfolgte, fällt mir zum ersten Mal seit langer Zeit wieder ein und wie ich in New York merkte, dass ich wahrscheinlich darum dort immer so traurig war, weil ich nicht mehr an Gott glauben konnte, und wie ich ihn wieder in meine Welt hineinschreiben wollte mit dem Schwenk vom funktionalistischen Modell des Bewusstseins hin zum Panpsychismus im letzten Kapitel meiner Doktorarbeit, das ich als Vortrag hielt am Graduate Center der CUNY, und bei den Drinks danach in einer Bar in der 42nd Street sagte der Assistent eines berühmten Philosophen, er finde, Panpsychismus sei *scary stuff*.

Und am nächsten Abend sind die Straßen um das Lochergut voller fröhlicher, trinkender, rauchender Menschen.

Es ist das Wochenende vor der Wiedereröffnung der Schulen, ich will noch ein bisschen raus, eine rauchen, aber weil ich am Nachmittag von dem ersten mir unmittelbar bekannten Menschen gehört habe, der an Covid-19 erkrankt ist, und weil er einen schweren Verlauf hat, seit sechs Wochen auf der Intensivstation im Koma liegt und weil er in meinem Alter ist, dasselbe Geschlecht hat wie ich, den gleichen Beruf, aber viel mehr raucht, kaufe ich mir nur Bier.

Und der Mann im Kiosk erkennt mich noch immer, obwohl ich seit Monaten nicht mehr da war, erstens kaufe ich kein CBD mehr, und zweitens war ja so eine Art Ausgangssperre, und ich hatte genug Milch zu Hause wegen der Großeinkäufe im Letzipark, wo ich den Einkaufswagen immer vorbeischiebe an leeren Boutiquen und verschlossenen Elektronikmärkten zum Supermarkt im Untergeschoss und schon nach fünf Minuten merke, dass ich offenbar Mundgeruch habe, was ich erst weiß, seit ich Atemschutzmasken trage, vielleicht habe ich aber auch erst Mundgeruch, seit ich solche Masken trage, vielleicht macht die Angst vor dem Einkaufen und den vielen Menschen auf engem Raum etwas mit meiner Verdauung.

Und mit dem Bier laufe ich dann eine Viertelstunde herum, alle Bänke, Stufen und Kanten sind voller Menschen, ich suche einen Ort, wo ich in Ruhe sitzen kann und das Bier trinken und vor allem ein Foto machen von meiner Bierdose und es in meine WhatsApp-Stammtisch-Gruppe posten, heute haben dort schon fünf Freunde vor mir ihr Bier geteilt, und als ich die

Eisenbahnbrücke überquert habe, finde ich eine Bank auf dem engen Weg zwischen Schallschutzmauer und Wohnsiedlung, daneben Bäume, vor ihr eine Laterne, ich setze mich, probiere verschiedene Posen mit der 0,5-Liter-Dose Quöllfrisch und entscheide mich für ein Bild, auf dem meine Hand nicht zu dick aussieht und meine schwarzen Nike Epic React im Hintergrund gut zu erkennen sind.

Leider kann ich das Foto nicht sofort abschicken, mein Mobilfunkanbieter bekommt es seit drei Tagen weder in den Griff, meine mobilen Daten zu aktivieren, noch, meine Anrufe bei der sogenannten Service-Hotline entgegenzunehmen oder, wie per Tonbandaufnahme versprochen, zu erwidern, und ich habe die Kündigung schon einige Male im Kopf formuliert, geschrieben und abgeschickt dann noch nicht, schließlich hat mein Vertrag noch eine Laufzeit von ungefähr zwei Jahren.

Und das Bier schmeckt.

Und hinter mir rauscht ein Güterzug vorbei.

Und ich sitze auf der Bank und betrachte die Lichter hinter den Fenstern der Wohnsiedlung und frage mich, wie viele Schreib-Workshops ich geben müsste, um mir die Villa in Evilard kaufen zu können, die ich im Internet gesehen habe, als ich merke, wie ich grinse, eine leichte Heiterkeit breitet sich weiter aus in mir, und es liegt nicht nur an der absurd hohen Zahl, die ich errechne, oder an meiner Angewohnheit, mein Glück irgendwie in Beziehung zu Immobilien zu setzen, nein, mein Körper gibt mir plötzlich ganz deutlich das Signal, dass ihm nichts fehlt, ich atme die kalte, frische Luft, rieche die Bäume, schmecke das Bier, und nicht einmal mein Rücken tut weh, obwohl ich schräg auf der Bank hänge, liege beinahe, ich lümmle, könnte man sagen, und dann trinke ich das Bier aus und ignoriere die beiden Frauen auf der nächsten Bank, die mich erst ansehen und dann schnell zu Boden, und ich bin immer noch erfüllt von der Erkenntnis, wie gut es mir geht, und ich gehe nach Hause und verschicke das Bild und schreibe statt Prost Gesundheit.

Und in dem Moment, da ich beschließe, mir Leslie Jamisons Vorstellung von Empathie zum innersten Gesetz zu machen, habe ich ihre Formulierung bereits vergessen, und dann bin ich kurz davor, als ich das Autorinnenfoto betrachte, zu denken, ich weiß, was du durchgemacht hast, wegen des Textes über ihre Abtreibung, dabei war es natürlich nicht mein Körper, aus dem ein anderer Körper drei Tage lang herausblutete, und dennoch erlaube ich mir, ständig ein langes Gesicht zu machen, und schiebe meine Faulheit und Zweifel und Angst auf jene, angeblich immer noch nicht verarbeitete, von bestimmten Leuten sogenannte Tötung eines ungeborenen Kindes, der ich vor mehr als 20 Jahren ohne zu zögern zugestimmt hatte, und ab und zu fällt mir wieder die Frau ein, die mir nach einer Lesung sagte, sie sei schon gespannt auf mein neues Buch, aber erfahrungsgemäß nehme die künstlerische Qualität der Arbeit eines Mannes ab, sobald er Familie habe, und dann schreit Z, und B klingelt an der Tür, und ich gebe der einen ihren Schnuller und öffne der anderen, und dann sehe ich nochmal das Autorinnenfoto an, die kräftige, markante, gebrochene und wieder verheilte Nase, und dann denke ich: Schade, mir hat noch nie jemand auf die Fresse gehauen, dabei würde ich gerne so schreiben können wie du.

Und als alle schlafen, stehe ich nochmal auf, gehe ins Bad, drücke zwei Zentimeter Sulgan aus der Tube, und dann kratze ich mich so lange und fest und tief im Arsch, dass ich mich wieder einmal frage, ob es nicht doch manchmal angenehm sein könnte, anal penetriert zu werden, und nach einer Weile höre ich wieder damit auf, wasche mir die Hände, sehe nach, ob alle noch atmen, bei den Kindern lege ich dazu die Hand auf die Brust, bei dir ist das nicht nötig, ich kann deinen Atem hören, und dann lege ich mich wieder hin und stehe wenig später noch einmal auf, sehe nach, ob die Wohnungstür auch wirklich verschlossen ist, lege mich wieder hin, und jetzt bleibe ich liegen und denke beim Einschlafen an den Zusammenbruch der öffentlichen Ordnung, die Inflation, das kleine Chalet in Les Prés-d'Orvin, in dem wir früher ab und zu waren, an das Siebener Eisen im Keller, und ich nehme mir vor, es baldmöglichst hochzuholen in die Wohnung, zur Sicherheit.

Vielleicht warte ich aber auch noch ein bisschen, auf den richtigen Moment, dieses Sportgerät, das auch Mordwerkzeug sein könnte, näher zu mir zu holen, auf die richtigen Umstände, das angemessene Verhältnis von Kampfbereitschaft und Kontrolle und darauf, dass ich mich selbst und meinen Platz in der Welt gut genug kenne, um zu wissen, wo ich das Siebener Eisen verstecken muss, damit ich es nur heraushole, wenn ich es wirklich brauche.

Und mir wird wieder einmal bewusst, dass das mehr oder weniger vollständig Verborgene eine viel größere Macht über uns hat als das Offensichtliche, als ich am nächsten Morgen in meinem Arbeitsraum ankomme und unter einem Stoß Bücher auf meinem Schreibtisch ganz unten ein durchlöchertes Bein herausragen sehe, aschfahl, mit schwarzen Schusswunden, ein Detail aus einem Gemälde von Otto Dix, einem Triptychon über den Grabenkampf, Titelbild des kunsthistorischen Bildbandes *Art and War*, den ich mir vor ein paar Jahren gekauft habe, als ich noch die Absicht hatte und die Hoffnung, durch systematische Einkreisung eines rätselhaften Themas mittels relevanter Lektüre eine klarere Vorstellung zu bekommen von einem möglichen sprachlichen Zugriff auf die Welt, aber nachdem ich mich zum gefühlt siebenundzwanzigsten Mal durch die fantastischen Realitäten von Kluges Stalingradbuch gewühlt habe, durch die neuronenauflösende Dissonanz der Kempowski'schen Gleichzeitigkeit von Blumenwiesen und Gas, durch Kershaws und Stargardts urdeutsche Exzellenz im sinn- und maßlosen Töten und Sterben gemäß einer nur noch in den einzelnen Köpfen existierenden Ordnung, landet wie zufällig der Entwurf für eine Akquise-Aussendung an verschiedene Werbeagenturen auf einem der Bücherstöße, und sofort höre ich auf, mich mit dem Tod zu beschäftigen, stattdessen beschäftige ich mich wieder mit Geld, telefoniere ein wenig herum unter alten Kollegen, um neue Kontakte zu möglichen Kunden zu bekommen, und schon beim zweiten Gespräch gibt man mir statt eines Namens direkt einen Auftrag, und wenige Stunden später unterschreibe ich eine Erklärung, wonach ich den Inhalt und Gegenstand der Zusammenarbeit vertraulich behandeln muss und dass eventuelle Verstöße mit einer Konventionalstrafe von 15.000 Euro geahndet werden, und dann lese ich schon das erste Briefing, für einen großen deutschen Supermarkt, zum Thema Tag der Deutschen Einheit, und dann das zweite, für ein Mineralwasser mit einem Frauennamen.

Und als ich die ersten Entwürfe ansehe, die von der Agentur bereits entwickelt worden sind, unter anderem unter dem Motto *Wasser hat jetzt einen Namen*, fallen mir die Metaphysik-Vorlesungen an der Münchner Hochschule für Philosophie wieder ein, in denen es um den Unterschied ging zwischen den Ausdrücken H2O und Wasser und der Frage nachgegangen wurde, ob eine Welt möglich gewesen wäre, in der Wasser nicht aus H2O bestanden hätte, sondern aus XYZ, einer völlig anderen chemischen Verbindung, die aber exakt dieselben Eigenschaften aufweist wie Wasser, und dann wird mir bewusst, dass Freiheit heute für immer mehr Menschen bedeutet, Wasser XYZ nennen zu dürfen, also einen Stoff auf die Summe der von ihm ausgelösten Erfahrungen zu reduzieren, und dass sie die Covid-19-Pandemie und die sie begleitenden Maßnahmen darum zu Recht als massive Einschränkung ihrer Freiheit empfinden, nämlich vor allem im linguistischen Sinn, weil mit dem Virus auch die Vorstellung von Bedeutung als unwiderruflicher, starrer Designation zurückgekehrt ist in die Gesellschaft, *dies* ist ein neues Virus, *dies* ist ein zuverlässiger Test, die Menge aller möglichen Ergebnisse enthält genau zwei Elemente: *Ja* oder *Nein*.

Andererseits könnte man auch versuchen, das Schöne an dieser plötzlichen Klarheit zu sehen, nämlich dass auch das Unklare wieder einen Raum bekommt, dass auch das, was wir nicht wissen, wieder klarer umrissen ist von ein paar Wörtern, über die wir uns wenigstens kurzzeitig einig sein könnten.

Und was wäre, wenn es gelänge, die Welt so einzurichten, dass beliebig viele beliebig große und kleine Gruppen von

Menschen sich ihre jeweils eigene Wahrheit gefahrlos herbei-
reden können, wenn die Berührungspunkte mit demjenigen,
was unseren Körpern physischen Schaden zufügt, so unwich-
tig werden und selten, dass das Überleben der Spezies gesi-
chert ist, aber die Individuen dennoch frei sind, lieber bei Jesus
Christus zu sein beispielsweise als bei der Wahrheit oder sich
ohne Risiko, Folgen oder ernsthafte Hingabe in ihrer echten
Freude am falschen Süßen zu ergehen, aber nicht, um dabei
Differenzen zu zementieren oder Gruppen über Alter, Klasse,
Geschlecht und Herkunft hinaus noch weiter zu fragmentieren,
sondern mit dem einzigen Ziel, den Vergleich als solchen obso-
let zu machen, ohne darauf zu verzichten, einander zu begegnen?

Und im Wesentlichen ist genau das ja bereits der Fall, denke
ich, als ich den Laptop zuklappe nach einer Slack-Sitzung mit
der Agentur in Hamburg, bei der wir darüber sprachen, wie
ein großer deutscher Supermarkt den Tag der Deutschen Einheit nutzen kann für den Abverkauf seiner Produkte, und ich
höre noch die Stimme der Geschäftsführerin, die sagte: Dann
machen wir es eben nicht mit Lindbergh, der ist sowieso tot,
findet mir irgendeinen anderen geilen Fotografen und ein gei-
les Model, und sie sagte einen Namen, den ich nicht kannte, darum verstand ich ihn auch nicht, und darum weiß ich ihn jetzt
nicht mehr, aber ich erinnere mich noch an den Geruch von Zs
Windel, ich wickelte sie gerade, während wir über die Umset-
zung der Kampagne sprachen, ich hatte Kamera und Mikrofon
ausgeschaltet, der Geruch war neu, sie hatte ein paar Stunden
zuvor zum ersten Mal Fleisch gegessen.

Und während der Geruch des verdauten Tiers langsam dem der unparfümierten Feuchttücher wich, erinnerte ich mich an ein Video, das ich heute Morgen gesehen hatte, als Z neben mir schlief, in dem Sophie Passmann durch eine *Männerwelten* genannte Ausstellung von Alltagssexismus führt, und es war nicht bei den Dickpics, nicht bei den unverschämten, verbal-gewalttätigen Annäherungsversuchen, es war auch nicht bei den Hasskommentaren unter den Profilen von in der Öffentlichkeit stehenden Frauen, verlesen von ihnen selbst, dass ich zu weinen begann, nein, zu weinen begann ich im letzten Teil, als durch eine von der Universität Kansas geliehene Ausstellung der Kleider von Überlebenden sexueller Gewalt geführt wurde, und ich musste aus drei Gründen weinen, glaube ich jetzt, erstens, weil die Frage, was eine Frau trug, mir erschreckend vertraut und intuitiv plausibel vorkam, zweitens, weil die Erkenntnis von der Boshaftigkeit der Frage umso offenbarer wird angesichts der Zufälligkeit und Beliebigkeit der gezeigten Kleider, Pullover und Hosen, und drittens, weil ich zwei Töchter habe, die eines Tages allein durch diese Welt werden gehen müssen, in der es wimmelt von Männern wie mir, die manchmal glauben, es genüge, die Augen zu öffnen, und alles Licht, das hineinfällt, gehöre ihnen ganz allein.

Vor allem beim letzten Exponat zog sich mir der Magen zusammen, ein Schlafanzug und die Stimme des Opfers, die erzählt, aus dem Off, dass die Dunkelheit, seit es passiert sei, ihr größter Feind wäre und dass es passiert sei, als sie 8 war, und dann wieder mit 11, mit 13, mit 17, und auch wenn viele Männer regelmäßig die Todesstrafe fordern für Vergewaltiger und Kinderschänder, zeigt sich an diesem letzten, wie ein Ausblick in andere, etwas besser verborgene, aber wesensverwandte

Abgründe fungierenden Exponat, dass es immer um eines geht: das Überwinden von Grenzen, das Eindringen in abgeschlossene, vermeintlich sichere Räume, die Inbesitznahme von Körpern.

Und am Abend darauf, als ich in meinem Arbeitsraum sitze und das Schreiben schon beendet habe für heute, öffne ich noch einmal den Screenshot des Slack-Calls mit der Hamburger Agentur, den ich am Nachmittag gemacht hatte, weil zufällig in dem Moment, als die Geschäftsführerin ihren Bildschirm teilte, das kleine Fenster, das die Aktivitäten der anderen User zeigt, genau in der Mitte des größeren Fensters war, so dass, während das große Fenster den Bildschirm zeigte mit großem Fenster, das kleine Fenster dann plötzlich auch das große zeigte mit dem kleinen darin, das das große zeigte mit dem kleinen darin und so weiter und weiter, eine Mise en abyme, oder was geht ab, *fucking inception*, wie die Geschäftsführerin sagte, und alle acht Teilnehmerinnen und Teilnehmer des Calls johlten und staunten, und die Bilderflucht in meinem Rechner sah aus wie der Eingang in eine Welt, in der das Organische mit dem Digitalen versöhnt ist, und ich war gelöst und froh und fühlte mich wie ein sinnvolles Mitglied der Gesellschaft und ein akzeptierter Kollege des Teams, und weil wir eine Kampagne für das Wasser eines großen deutschen Supermarktes gemacht hatten, in der wir dafür argumentierten, dass die Menschheit im Grunde eine riesige Familie ist und Meinungsverschieden-heiten doch eigentlich keine Rolle spielen, weil wir schließlich alle Wasser trinken, zu einem großen Teil sogar daraus bestehen, fühlte ich mich plötzlich wieder als Deutscher und endlich auch wieder als Mensch, auf die unverbindliche, fröhliche, leichte Art der ethnisch gemischten Modelvorschläge auf den Gestaltungs-Moodboards von vorhin, und für einen kurzen Moment bereue ich es, dass ich am Nachmittag nicht sofort der Geschäftsführerin eine WhatsApp-Nachricht geschrieben habe: Danke, dass ich mit euch arbeiten darf, ihr gebt mir das Gefühl, ein Mensch zu sein, und dann bereue ich es schon wieder nicht.

Und als wir am nächsten Tag von einem Spaziergang zurückkommen, auf dem wir Wolle gekauft haben, weil B neulich vier Stunden am Stück gewebt hat und das jetzt öfter tun will, finden wir im Hof eine junge Krähe.

Zuerst denke ich, es handelt sich bei dem dunklen Stück Materie auf dem Gras um ein kleines verkohltes Holzscheit vom unweit installierten Grill der Siedlung, aber dann gehen wir näher heran und stellen fest, dass das kleine schwarze Ding Augen hat und einen Schnabel.

Und Eltern, die sich schreiend von oben nähern, B und ich springen sofort zurück, du nicht, du bist mutig, vor allem aber neugierig, und als dein gutes Zureden auf die immer wieder herabstürzenden Kräheneltern nicht hilft, entfernst du dich auch, kommst zu uns vor das Haus an den Rand des Hofes, und wir überlegen, was zu tun ist, rufen bei einem Tierheim an, weil die Städtische Voliere geschlossen hat, und die Frau vom Tierheim sagt uns, wir sollen das Krähenjunge irgendwo in der Nähe in ein Gebüsch setzen, die Eltern würden es am Boden versorgen, das sei normal, die würden jetzt um diese Jahreszeit ihre

Nester verlassen, obwohl sie noch nicht richtig fliegen könnten, nur wenn es verletzt sei, dann müssten wir das Vogeljunge zum Tierarzt bringen, damit er es einschläfern kann, man könne ein Wildtier ja schlecht gesund pflegen.

Ich nicke und bedanke mich und beende das Gespräch und gebe *Futter junge Krähe* bei Google ein, finde *Futter junge Rabenvögel* und erfahre, dass Stücke gefrorener Mäuse oder Eintagsküken sehr beliebt seien, aber auch gekochtes Ei oder Rührei, entscheide mich, weil ich weder gefrorene Mäuse habe noch Eintagsküken, für gekochtes Ei und überreiche B eine Viertelstunde später ein geschältes und hartgekochtes Hühnerei, zusammen mit drei Löffeln, damit sie und zwei Freundinnen das Ei gemeinsam in kleine Stücke hacken können und dem jungen Krähenvogel kredenzen, unter den weniger aggressiv und laut klingenden Schreien der Eltern auf dem Baum über dem Busch, in den du das Tier mittlerweile gesetzt hast, und Walnüsse gebe ich ihnen auch noch mit, das mögen sie auch, die jungen Rabenvögel und Menschenkinder, und später wiege ich Z auf dem Balkon und beobachte die drei Mädchen, wie sie mit Fahrradhelmen um einen Busch schleichen, die Warnschilder, die sie aufgestellt haben, um die kleine Krähenfamilie zur Ruhe kommen zu lassen, permanent selbst missachtend, während sie Nüsse in den Busch werfen oder in ihren Mund oder auf den Weg, um die Eltern anzulocken, und ich frage mich, wer wohl als Erster das Interesse an dieser Situation verlieren wird, die Kinder, die Kräheneltern oder die Katze in der Wohnung auf der anderen Seite des Hofs, die konzentriert in den Baum starrt, von wo nur noch ab und zu Abschreckungskrächzer kommen, immer lustloser und leiser.

Und als ich heute Morgen in meinem Arbeitsraum ankomme, esse ich erst ein Croissant und lese dazu über das verschollene, 1923 in Köln hinter einem Vorhang präsentierte und später als *gemalte Wehrsabotage* bezeichnete Gemälde *Der Schützengraben* von Otto Dix: *Material mischt sich zerfetzt mit zerfetzten Leibern [...]. Gasmaske und Armbanduhr blieben unversehrt. Die Phosphorpfütze [...] bildet den Farbmittelpunkt. Gedärm, Fleisch und Blut hängen umher. Ein Teil der Leichen verwest [...]. In seltsam stehender Stellung haben sich Soldaten mit zerrissenem Gesicht erhalten, einen warf's aufgespießt auf Stützen. In den Bergen des Hintergrundes dämmert es in herrlichen Farben. So war es an Herbsttagen in den Gräben südlich von Soissons.*

Und dann lese ich, dass Dix in einem seiner seltenen Interviews in den sechziger Jahren sagte, er habe es erleben müssen, wie einer neben ihm von einer Kugel getroffen wird und umfällt und stirbt, er musste es ganz genau erleben, er wollte es, er sei gar kein Pazifist, er musste all die schrecklichen, bodenlosen Untiefen des Lebens selber erleben, deswegen habe er sich freiwillig gemeldet, und erst als das Croissant weg ist, sehe ich nach, wann heute die Slack-Konferenz beginnt, bei der ich Ideen zeigen soll für den großen deutschen Supermarkt zum Tag der Deutschen Einheit, und dann stelle ich fest, dass ich nur noch eine halbe Stunde habe, und zuerst beschließe ich, zu sagen, dass ich nichts habe, ich hätte keine Zeit gehabt, Familie und so, und dann überfliege ich die Liste der in der Woche nach dem Feiertag reduziert erhältlichen regionalen Produkte aus Ost- und Westdeutschland, Spätzle, Gurken, Saumagen, Weißwürste, und dann fange ich plötzlich doch an, über mögliche Werbeideen nachzudenken, komme recht schnell auf Bier, auf die klangliche Nähe von Einheit und Reinheit und schreibe, dass wir ein Bier in Auftrag geben sollten, in der besten Ost- und der besten Westbrauerei, gemeinsam hergestellt, exklusiv zum Tag der Deutschen Einheit und gebraut nach dem deutschen, jetzt kommt's, Einheitsgebot, und dann schreibe ich noch zwei Quatschideen auf, zum Abschießen, wie man in der Werbung sagt, einen Fanschal mit der Aufschrift *Schalalalal* und eine Winkehand mit der Aufschrift *Freuhand*, sehe mir noch einmal kurz das Foto des MG-Zugs an, in dem Otto Dix diente, er steht auf dem Bild ganz hinten und sieht tatsächlich nicht aus, als ob er an irgendwas zweifeln würde, jemals, und dann nehme ich den eingehenden Slack-Call an.

Und als 20 Minuten später nur eine Quatschidee abgeschossen worden ist, das Bier und der Schal überlebt haben und die andere Freelance-Texterin kleinlaut gesagt hat, dass sie keine Zeit hatte, weiterzuarbeiten, Familie und so, und das weitere Vorgehen besprochen wurde, überkommt mich eine Ruhe, eine stille Dankbarkeit und Zufriedenheit.

Und ohne lange überlegt zu haben, finde ich mich in der warmen Sonne wieder, bei einem Spaziergang um den Block, tief Luft holend und ernsthaft die Möglichkeit in Betracht ziehend, vielleicht doch nicht möglichst bald vor der zunehmenden Hitze dauerhaft ins Hochgebirge fliehen zu müssen oder ans Meer.

Und am nächsten Morgen verlasse ich vor neun gut gelaunt die Wohnung, ungeduscht, ich will meine trockene Haut schonen, außerdem sagt ein befreundeter Künstler aus Biel, dass er nur noch einmal in der Woche dusche, einfach das Gesicht waschen und eincremen mit einer regenerativen Lotion mit Vitaminen und Koffein, das reiche völlig, und ich schließe gut gelaunt das Fahrradschloss auf, als der Bruder einer Freundin von B gut gelaunt *Guten Morgen* und meinen Namen ruft, ich rufe *Hallo* und seinen Namen zurück, und dann ruft die Süditalienerin im Erdgeschoss, als sie die Fensterläden öffnet, ebenfalls gut gelaunt *Guten Morgen* und meinen Namen, und dann sehe ich im Durchgang zwischen Kindergarten und Gemeinschaftssaal den kleinen Bruder der Nachbarstochter, fahre aus Spaß direkt auf ihn zu mit meinem Fahrrad und klingele laut, und dann sehe ich seine Schwester, und die beiden Kinder rufen ebenfalls laut meinen Namen, und ihr Vater steht in der Nähe und telefoniert wahrscheinlich mit seinem Arbeitgeber und nickt mir zu mit angestrengtem Gesicht und unterdrückter Wut, aber nicht ohne Hoffnung rund um die Mundwinkel, und ich biege links ab und beschleunige, und dann sehe ich die Inhaberin des Blumenladens an der Ecke, wie sie gerade Blumen aus ihrem Auto auslädt, und auch sie ruft laut meinen Namen und wünscht mir einen schönen Tag, und dann schieße ich über die Kreuzung, ich bin mittlerweile schnell, auf dem rosa Rennrad meines Bruders, und an der nächsten Kreuzung lasse ich einen Lieferwagen vorbei, der Fahrer bedankt sich nicht, und es macht mir nichts aus, und schon bin ich beim Café du Bonheur und ordne mich ein in ein raffiniertes System zum Schutz wartender Menschen vor ansteckenden Krankheiten, bestelle nach kurzem Zögern zwei Croissants für mich alleine, zahle, steige wieder auf und spurte eilig davon, und neben dem Fußballstadion setze ich an, eine Frau in bunten Leggins zu überholen, mit einem Fahrradanhänger, entscheide mich aber dagegen, sie ist auch recht schnell, und dann sehe ich, wie sportlich sie ist, wie eng der Stoff anliegt an ihren Oberschenkeln und ihrem Gesäß, und ich sehe sogar ihre Unterarme und wie ihre schlan-

ken Finger den Griff des Fahrradlenkers fest, aber sehr gefühl-
voll umfassen, und obwohl ich das alles sehr genau registriere,
fahre ich noch ungefähr zehn Minuten hinter dieser Frau her
und denke dabei an nichts Bestimmtes.

Und am Samstagabend sehe ich vor meinem Fenster zwei rosa Streifen am hellblauen, fast weißen Himmel über dem dunklen Bürogebäude gegenüber, es hat den ganzen Tag geregnet, und draußen höre ich Schritte auf dem Gang vor meinem Arbeitsraum, irgendeine bildende Künstlerin oder ein Sounddesigner scheinen ihr Wochenende auch hier zu verbringen, es ist komisch, dass der Boden nie so laut knarzt, wenn ich auf ihm gehe, und jetzt gehen in dem dunklen Büroturm zwei Lichter an, und ich denke daran, wie wir heute Vormittag ungefähr vier Stunden auf der Couch saßen und ich bei Leslie Jamison über den weiblichen Schmerz las, was mich so tief berührte, dass ich entschied, mich voll und ganz mit allem, was sie schreibt, zu identifizieren, auch mit den Ausführungen über das Bluten und die Geburt, auch Frauen können ja Remarques *Im Westen nichts Neues* lesen, lege ich mir seltsamerweise als Erwiderung zurecht, ohne von irgendwem angegriffen worden zu sein, und dann lese ich noch, dass offenbar viele brillante, intellektuelle Frauen Sylvia Plath so was von satthaben, und dann lese ich etwas Sylvia Plath und dann wieder Jamison, und dann ist der Essay zu Ende, aber vorher mache ich noch ungefähr sieben Bilder von Textstellen, die ich zwar behalten will, aber nicht herausschreiben, oder jedenfalls nicht sofort: *Es geht um die Suche nach Erkenntnis, oder es geht um das Abendessen. Some-*

times you're nothing but meat, girl, oder vorher, als sie Carson zitiert: *Es war nicht mein Körper, nicht der Körper einer Frau, es war unser aller Körper. / Er trat aus dem Licht*, oder noch weiter vorne: *Ich wollte eine Geschichte schreiben, die so gut war, dass meine hypothetischen zukünftigen Leserinnen und Leser die darin dargestellte weibliche Traurigkeit, die sie sonst als theatralisch und überzogen abgetan hätten, als tiefgründig und substanziell anerkennen würden*, oder noch weiter vorne: *Blute weiter, aber finde etwas im Blut, das du lieben kannst.*

Und jetzt ist es draußen dunkel, das Flutlicht über den Baracken der Asylsuchenden strahlt gelb, und es fällt mir zum ersten Mal auf, dass es ein Flutlicht ist, und ich denke, weil ich sonst gerade überaus fröhlich und gut gelaunt bin und mit meinem Leben und mir im Reinen, also ehrlich gesagt gerade gar nicht genau weiß, wieso mich die Zeilen über die blutende Frau mitten ins Herz trafen, was für eine verrückte Scheiße, ein Flutlicht für vier Baracken auf einem Parkplatz in einem Industriequartier, und dieser Gedanke bestärkt mich in meiner Selbstzufriedenheit, und das meine ich überhaupt nicht zynisch, ich meine das ernst, und ernst ist, sich nicht aus der Ruhe bringen zu lassen von seinen Metagedanken, sie aber auch nicht zu leugnen, durch sie hindurchzusehen auf sich selbst und die Welt, und ich glaube, genau jetzt zum ersten Mal, vielleicht ist ernst nur ein anderes Wort für glücklich.

Und als wir nach einem langen Spaziergang auf einer Bank neben zwei zwei Meter voneinander entfernten Bauzäunen rund um ein Altersheim ein Salamibrot essen, frage ich dich, ob ich eigentlich sehr langweilig bin, und du sagst: Ja, aber das ist sehr gemütlich, und wir lachen und sehen einen alten

Mann seinen Rollator an den inneren Zaun schieben gegenüber von zwei jüngeren Menschen, die ihn dort erwarten, die Krankenpfleger, die ein paar Meter weiter rauchen, löschen ihre Zigaretten und gehen, und du sagst: Hast du eigentlich schon einmal darüber nachgedacht, dass du wahrscheinlich früher sterben wirst als ich?, und ich sage: Ja, das habe ich, und dann sagst du: Aber man weiß ja nie, und ich erzähle von Don DeLillos *White Noise*, von der ewigen Frage, *Who will die first?*, die sich durch den Roman zieht und durch den Kopf der Hauptfigur, und dass DeLillo im selben Jahr geboren ist wie mein Vater.

Und als B gestern Abend von einer Freundin im Nachbarhof heimkommt, ist sie verstört, weil sie, wie sie sagt, einen Film mit echten Menschen gesehen hat, in dem Julius Cäsar erstochen wurde, und sein roter Mantel sei immer noch röter und röter geworden und dann sei er umgefallen.

Ich ärgere mich ein bisschen, dass man ihr bei ihrer Freundin so brutale Filme zeigt, sage dann, dass Cäsar da schon sehr alt gewesen wäre, sie kenne ihn ja aus *Asterix*, er habe weißes Haar und außerdem sei er auch nicht nur gut gewesen, und sie denkt eine Weile nach und fragt dann, ob es stimmt, dass man früher Kinder, die man nicht gebraucht hat, in eine Schlucht warf, bei den Römern oder Griechen, und ich schlucke und frage mich ganz kurz, ob die Eltern ihrer Freundin eigentlich noch bei Sinnen sind, was ich natürlich eigentlich weiß, und dann sagst du zum Glück: Nein, das stimmt nicht, und dann fragt B: Und hat Jesus wirklich am Kreuz gehangen, oder musste er es nur hochtragen?, und ich frage mich, was das wohl für ein Film war, den sie dort drüben gesehen hat, und du sagst, dass Jesus das Kreuz nur hochtragen musste, Menschen an Kreuze hängen, das hätten sie nie gemacht, das wäre ja Wahnsinn, aber Kreuze nach Golgota hochtragen, das könne man heute noch, du warst mit A vor ein paar Jahren in Israel, da konnte man kleine Holzkreuze kaufen und mit denen dann da hochgehen, eine schöne Wanderung, wenn das Kreuz klein ist, und B beruhigt sich, und um auf andere Gedanken zu kommen, darf sie noch eine Folge *Leopard, Seebär & Co.* schauen, auf YouTube, eine Dokumentation über den Tierpark Hagenbeck.

Und beim Einschlafen überlege ich, B das mit dem Kinder-in-die-Schlucht-Werfen zu erklären, indem ich auf die große zeitliche Entfernung zu diesen Bräuchen hinweise und der daraus resultierenden größeren Nähe der damals lebenden Menschen zum Tier, zum Affen und irgendwie auch zum Raubtier, sie selbst hatte mir letzte Woche von der Angewohnheit von Löwenmännchen erzählt, die jungen Nachkommen des Vorgängers zu töten, wenn sie ein neues Rudel übernehmen, ebenso hätten Menschen früher noch nicht gewusst, dass jedes Leben lebenswert ist und jedes Kind liebenswert und wunderschön.

Und als Z endlich schläft und ich eigentlich bereit wäre, B ins Bett zu bringen, warte ich, obwohl ich merke, dass sie bereits die zweite Folge *Leopard, Seebär & Co.* schaut und ihre Schlafenszeit verstrichen ist, und lese einfach weiter einen Artikel in der *New York Times* über mögliche Szenarien, wie der US-Präsident die nächste Wahl diesen Herbst verhindern, beeinflussen oder schlicht nicht anerkennen könnte, und als ich nach einer weiteren halben Stunde B rufe und sie nicht gleich antwortet, schimpfe ich sie auf eine derart kalte, harte, unerbittliche Weise für ihre Frechheit, einfach zwei Filme zu schauen statt des vereinbarten einen, dass sie in Tränen ausbricht, und als ich ihr ihre Rechtfertigungsversuche verbiete, schreit sie und schlägt mit den Fäusten auf die Matratze, und ich bleibe vollkommen ruhig.

Später bitte ich sie um Entschuldigung und erlaube ihr, noch einen Playmobil-Bauernhof aufzubauen, lese aus *Asterix* vor, und dann kommst du nach Hause, und jetzt muss ich sofort aufhören, daran zu denken, wie ungerecht ich zu B war, sonst will ich vielleicht doch seit Langem wieder einmal nicht mehr leben.

Und in der Nacht wache ich um halb fünf auf, weil Z beim Atmen röchelt und quietscht, ich lege meine Hand auf ihre Brust und spüre, dass ihre Atemzüge trotz des irritierenden Geräuschs gleichmäßig und tief zu sein scheinen, außerdem schläft sie ja, ich nehme an, dass man aufwacht, wenn man ernsthaft Atemnot hat, ich hoffe es jedenfalls, und dann höre ich B husten aus dem Nebenzimmer und sage mir, dass das Zufall ist, dass nichts von dem Rauch der Zigaretten, die du und ich auf dem Balkon geraucht haben, in die Lungen unserer Kinder gelangt sein kann, B hustet halt manchmal, zwischen Bergen aus Büchern und Tiergehegen aus Möbeln sammelt sich eben auch Staub.

Und am nächsten Morgen, als B mit der Nachbarstochter im Hof ist und Z friedlich in ihrer Wippe sitzt, sehe ich sie kurz an, ihre dunklen, wachen Augen, die erst seit sieben Monaten regelmäßig mit Luft in Berührung kommen, sie zwinkert, blickt ernst zurück, sie ist ein ruhiges Kind, tagsüber, stoisch beinahe, außer sie ist hungrig oder krank, und statt aufzustehen und das Notizbuch zu holen, löse ich den Gurt und nehme sie aus dem Sitz und setze mich mit ihr auf die Couch, und sie führt die Hand zum Mund, nimmt den Schnuller heraus, lässt ihn fallen und sagt: Agagaga, und dann seufzt sie.

Wir schweigen eine Weile, dann reibt sie sich die Augen, und ich frage mich, ob sie vielleicht in meinen Armen einschlafen wird, aber nach wenigen Minuten beginnt sie, den Rücken durchzustrecken und den Kopf in den Nacken zu legen, sich herauszuwinden aus dem engen Raum zwischen meiner Brust und meinem Arm, sie will in ihr Bett, sie mochte schon als Neugeborene nicht so gern körperliche Nähe, unsere Angewohnheit, sie festzuhalten und hochzuspringen mit ihr, wenn sie schrie, machte das sicher nicht besser, also lege ich sie in ihr Bett und kann zusehen, wie sie in den Schlaf abdriftet, auf der Seite liegend, wie die Augen in Zeitlupe zufallen, vom Hof klingen die Rufe ihrer Schwester und der Nachbarstochter beim

Fußballspielen zu uns, und ihre kleine Faust hält meinen Finger ganz fest, wie damals, kurz nach der Operation, als sie noch voller Fruchtwasser, Blut und Kot auf dem Untersuchungstisch lag, die eine Krankenpflegerin drückte ihr eine Sauerstoffmaske ins Gesicht, und die andere erklärte mir, dass die Werte schon langsam besser würden: Keine Sorge, sie macht das ganz toll.

Und als ich bei der Sozialversicherung anrufe, um vorsichtig nachzufragen, wieso die angekündigte Ausfallentschädigung für die wegen der Pandemie abgesagten Veranstaltungen ungefähr fünfmal so hoch sei wie der tatsächlich entgangene Betrag, sagt der freundliche, tiefenentspannte Mann am Telefon mit bärartigem Bass, dass sich die Höhe des Betrags an den letztjährigen Einkünften in diesem Zeitraum orientiere, als mein letztes Buch gerade erschienen war und ich noch häufiger Lesungen hatte, und als ich daraufhin voller ehrlicher Begeisterung Dankeschön sage und: Das ist ja großartig, so viel Geld und so schnell, sagt er: Das freut mich aber, dass Sie zufrieden sind, und: Empfehlen Sie uns weiter, und dann lachen wir, länger und herzlicher, als einfach nur höflich wäre, und ich frage mich, ob die staatliche, obligatorische Sozialversicherung weiterzuempfehlen vielleicht nur ein anderer Ausdruck dafür ist, das Leben zu lieben, und dann sagt er noch: Bleiben Sie mir gesund, und ich habe Gänsehaut und in den Augen Tränen.

Und ich denke wieder daran, dass es viel einfacher ist, sich Menschen nahe zu fühlen, die sich psychisch und physisch in sicherer Entfernung befinden, der Heilige, dem in Iwan Karamasows Auflehnung in den Mund geatmet wird von einem Kranken, kommt mir ebenso in den Sinn wie die Demonstrierenden in den Vereinigten Staaten, die sich unter einem Plakat mit der Aufschrift *Speak openly – Disagree honestly – Pursue solidarity* wie Affen anbrüllen und gegenseitig die Mittelfinger ins Gesicht halten in einem Video, das ein Freund in meinem Stammtisch-Chat geteilt hat, sowie das Paradox der Forderung nach Gemeinschaft und Offenheit, vorgebracht von einer immer paranoider wirkenden Minderheit parallel zur tatsächlich erfolgenden, staatlich gesteuerten, schrittweisen Öffnung der von der Pandemie eingeschränkten Gesellschaftsbereiche und in totaler, radikaler Abgrenzung von der Mehrheitsmeinung zu Verhältnismäßigkeit, Gesundheit und Sorge um wirtschaftliche Existenz; und vielleicht gibt es ja ein physikalisch notwendiges Ausmaß an Widerspruch, eine Art Äquilibrium der Disharmonie, und je breiter und vernünftiger der Konsens wirkt, desto irrer wirkt die Kritik, und vielleicht sind Verschwörungserzählungen für das kollektive Bewusstsein das, was abstruse, nie realisierte Sex- und Gewaltfantasien für das Selbstbild eines durchschnittlichen Familienvaters sind, unbedeutende Zuckungen, Regressionen, Reste kindlicher Verspieltheit im Hirn, Übungen zur Erkundung von Tragweite und Dehnbarkeit des logischen und sprachlichen Zugriffs auf die Welt, Gymnastik der Geister.

Und die Schwierigkeit, bestimmte Denkbewegungen zu kontrollieren, zu verhindern, dass sie sich fortsetzen über die Zeit und in regelmäßigen Abständen herüberkippen vom Abstrakten ins Hier und Jetzt, gehört ebenso zu unserer Kultur wie die Schrift, und ich weiß nicht, ob die Welt eine andere wäre, wenn Homer über die Rinde eines Baumes geschrieben hätte oder über die unerklärliche Härte des Steins im Vergleich zur menschlichen Haut, aber dass es nicht nur die Art und Weise

der Repräsentation ist, die Wirklichkeit herstellt, sondern zu-
allererst die Richtung des Blicks, die Wahl des Ausschnitts, die
Entscheidung für oder gegen ein Thema, wird unter anderem
auch bei Pat Barker deutlich, deren *Ilias* aus Sicht der Briseis,
der Sklavin des Achill, die alte Geschichte von der Anziehungs-
kraft der männlichen Gewalt noch einmal reproduziert mit der
These, dass es nicht ausgeschlossen ist, dass sie es irgendwann
mochte, wenn er sie sich nahm.

Es gibt in dem Film *Am Anfang war das Feuer* eine Szene, in
der ein etwas schlaksiger Cro-Magnon-Mann eine dunkelhäu-
tige weibliche Homo sapiens, die er auf einer Wanderung durch
die Savanne gefunden hat, mit Gewalt von hinten nehmen will,
was sie zunächst nicht verhindern kann, aber im Verlauf des
Aktes gelingt es ihr, sich vor ihn und dann unter ihn zu drehen, so dass sie in einer Art Missionarsstellung landen, in der
nicht nur ihre Geschlechtsteile interagieren können, sondern
auch ihre Gesichter, ein Moment, der im Film ähnlich wichtig
wirkt wie die Szene, als das Feuer der Horde in einer grunzen-
den Massenpanik der Begeisterung nach einem gewonnenen
Kampf ausgeht, woraufhin ein Moment der Stille eintritt und
dann lautes Wehklagen und jener besagte Cro-Magnon-Mann,
der später zum ersten Mal Liebe macht, losgeschickt wird zum
Ursprung der Glut, aber statt eines brennenden Baumes nach
einem Blitzeinschlag findet er jene Frau, die ihm erst respekt-
vollen Sex beibringt und dann, wie aus zwei aneinandergerie-
benen Hölzern genug Wärme entsteht, um den nächsten Winter
zu überleben und den danach und den danach und alle anderen danach für alle Ewigkeit.

Und ich weiß noch, wie mir meine Eltern von diesem Film vor-schwärmten, als ich zehn oder elf Jahre alt war, und wie wir ihn dann zusammen zu sehen begannen, auf unserem Sofa im Wohnzimmer mit dem großen Fenster in den grünen Garten, und kurz vor der besagten Sex-Szene stand mein Vater auf und ging aus dem Raum, warum weiß ich nicht, vielleicht hatte er zu tun, vielleicht heißt das auch gar nichts und war nur Zu-fall, aber während beim Überfall der Neandertaler-Horde mit Steinen und Knüppeln und eingeschlagenen Schädeln noch die ganze Familie im Wohnzimmer saß, war ich beim ersten einvernehmlichen Sex der Geschichte der Spezies allein mit meiner Mutter und meiner Schwester.

Und der Kaktus auf dem Küchentisch sieht aus wie eine freund-liche Krake, die versucht, durch ausgefallene Tanzschritte meine Aufmerksamkeit zu erregen.

Und durch das Fenster sehe ich, wie B unten im Hof drei Jungs aus dem Kindergarten von ihrem Glas Marienkäferlarven ver-treibt, indem sie zwei schnelle Schritte auf sie zu macht und dann einfach dasteht, aufrecht, gerade und stolz, seit bald einem Jahr Schülerin der 1. Klasse.

Und als ich gestern Abend eine Dokumentation über Jeffrey Epstein sah, musste ich immer wieder an meine Mutter den-ken, an ihre Herkunft, ihre Kindheit, an das, was man ihr an-getan hat, und daran, dass es immer wieder passiert ist, und in der Dokumentation hieß es, dass manche Täter ein Auge für beschädigte Mädchen hätten, was auch die seltsame Häufung von verwahrlosten oder lieblosen Kindheiten, Gewalt, Ver-nachlässigung oder familiärem Missbrauch erklären würde in den Biografien der Opfer jenes Investmentbankers, die sich für 200 Dollar in eine andere Welt locken ließen oder, wenn sie selbst nicht wollten, Freundinnen überredeten, das nächste Mal mitzukommen und zu tun, was man von ihnen erwartete.

Einmal erzählte mir C, wie er mit einer Frau, die nach dem Oktoberfest zu ihm in die Wohnung mitkam und die nicht mit ihm schlafen wollte, vereinbarte, dass er sich neben ihr selbst befriedigen und auf ihren nackten Hintern ejakulieren dürfe, ein Abkommen, das ich damals ausgesprochen merkwürdig fand.

Seine Berichte über seine Exfreundin, die beim Sex gerne geschlagen und gewürgt werden wollte, habe ich verdrängt, sie passen nicht zu dem aufmerksamen, einfühlsamen Freund, der er mir ist, zumindest passte in meiner Vorstellung sein Einverständnis, ihr das zu geben, was sie angeblich wollte, überhaupt nicht zu seiner sanften, fröhlichen Art.

Der Aufforderung einer Engländerin, die er in São Paulo kennengelernt hatte, *fuck me the german way*, wiederum wäre auch ich unter Umständen nachgekommen, wenn ich genug Mut aufgebracht oder genug Alkohol in mir gehabt hätte, aber nicht zu viel; ich mache mir zwar nichts aus Analsex, aber es gibt Momente, in denen die Erwähnung meiner Nationalität einen wohligen Schauer aus Schrecken und Schande in mir auslöst und Rücksichtslosigkeit, und ich denke, ein Treffen mit einer Engländerin im japanischen Viertel in São Paulo gehört wahrscheinlich dazu.

Und am Vorabend unserer ersten Reise seit Ausbruch der Pandemie beginnst du, nervös die Küche zu fegen, dann den Gang und das Schlafzimmer, dann räumst du Bs Zimmer auf und wischst den Boden, obwohl B schon seit einer halben Stunde schlafen müsste, sie sitzt auf der Couch im Wohnzimmer und liest *Asterix*, sie hat vorher geduscht, obwohl sie sich nur die Füße hätte waschen müssen, allmählich beginnt sie, Gefallen zu finden an warmem Wasser und Sauberkeit, und in der Küche frage ich dich, ob du vielleicht aufgeregt bist, weil wir deine Eltern besuchen, in einem Haus in Brissago, du sagst: Ja, wahrscheinlich hast du recht, und wir umarmen uns, und du atmest tief durch und fragst vorsichtig, ob es okay wäre, wenn ich künftig die Decke ausschüttele, ehe ich sie von der Wiese im Hof wieder mit hoch in die Wohnung nehme, und ich sage ja, und dann fragst du wieder sehr vorsichtig, ob es auch okay wäre, künftig keine Handtücher mehr zu benutzen als Unterlage beim Playmobilspielen mit B, und ich sage wieder ja, und du atmest tief durch und legst deinen Kopf an meine Brust.

Und später sitzt B auf meinem Schoß und ich auf dem Badewannenrand, und sie putzt ihre Zähne, ich pule eingetrocknete Reiskörner aus meinem Bademantel, den sie zum Abendessen angelassen hatte und jetzt immer noch trägt, und du rufst aus der Küche: B, ich habe heute auf dem Weg in meinen Arbeitsraum einen ganz kleinen toten Fink gefunden, und ich bekomme Angst, dass du B auch erzählst, was du mir vorher sagtest, wie der Vogel, als du ihn in die Hand nahmst, ein letztes Mal seine kleinen Krallen öffnete und wieder schloss und wie du dann in seinen Augen sehen konntest, dass das Leben aus ihm entwich, aber du sagst nur, dass du ihn aufgehoben und an einen schönen Platz getragen hättest mit Blumen, die B auch gefallen hätten, und da liege er jetzt und ob B glaube, dass es ihm wohl sei dort, und B sagt: Ja, Mama, das glaube ich schon, und putzt weiter, konzentriert mit einem Handspiegel die Bewegungen der Bürste verfolgend, entlang der Backenzähne.

Und beim Blick vom Balkon in Brissago ragen die Dächer dicht an dicht wie Zinnen in mein Gesichtsfeld, das über Jahrhunderte gewachsene Kreuz und Quer von fest verwurzelten Egos und ihrem Bedürfnis, sich mit Stein zu ummauern am steilen Ufer über dem nebelverhangenen See, und die Blätter der Feigenbäume sind groß und grün, der Regen rauscht leise, ein Vogel singt.

Im nächsten Moment tritt B an den Tisch, an dem ich Notizen mache, legt Joschua, ihren weißen Stofftiger, vor mich und bittet mich, ihm das Hundegeschirr des Dackels deiner Eltern abzunehmen, sie möchte zwar gern mit dem Tiger Gassi gehen, im Haus, draußen regnet es ja, aber lieber mit dem weicheren, selbst gebundenen Halsband aus deinem Kaschmirschal.

Und dann fahren B, Z, deine Eltern und du mit unserem Auto nach Ascona zum Eisessen, ich bleibe alleine im Haus, habe also auf einmal Zeit für mich, und ich lege mich in die Liege und höre den Wind in den Palmen und im Windspiel des Nachbarn und esse eine Orange.

Und als ich meiner Schwester am Telefon für das Wochenende danach meinen Besuch in München ankündige und den als Frage gemeinten Aussagesatz *Wir umarmen uns wahrscheinlich nicht* aus mir herausklingen höre, habe ich plötzlich feuchte Augen und einen komischen Bauch.

Und dann sagt meine Schwester: Doch, doch, das würde ich nicht aushalten, wenn wir uns endlich einmal wiedersehen und uns dann nicht umarmen, und ich sage: Ja, ich auch nicht, und dann sage ich noch einmal: Klar umarmen wir uns, und sie sagt: Ja, klar.

Ich stehe mit Z in der Küche, ich halte sie so im Arm, dass wir in dieselbe Richtung schauen, auf die Illustration eines weitverzweigten Baumes, der die Beziehungen der indogermanischen Sprachen untereinander darstellt, und sie macht: Daga.

Das Bild mit dem Sprachbaum hast du letztes Jahr von einem Workshop mit Übersetzerinnen mitgebracht, und ich staune, mit welcher Selbstverständlichkeit einige Sprachen vertraut und beinahe allgegenwärtig wirken, andere dem Namen nach zwar bekannt sind, aber, soweit ich weiß, lange ausgestorben und wieder andere so fremd und obskur, dass ich mich frage, wie wir überhaupt annehmen können, dass es sie einmal gab.

Am Vorabend hatte B mich gefragt, wieso Pluto jetzt eigentlich doch kein Planet mehr sei und was es überhaupt heiße, ein Planet zu sein, und ich sagte, dass ich glaube, dass es irgendwie mit der Größe zusammenhängt oder der Umlaufbahn, und dass ich das nochmal nachlesen müsste, und sie sagte: Ja, stimmt, das hat ja sicher irgendwer irgendwo aufgeschrieben, und ich sagte: Ja, bestimmt.

Und während ich beim Blick auf die Nähe zwischen dem jiddischen und dem hochdeutschen Ast über den Zusammenhang zwischen dem gestern Geschriebenen und dem heute Gelebten nachdenke, beginnt Z, rhythmisch mit dem rechten Fuß gegen das Furnier der Schranktür zu treten, an der das Plakat mit dem Sprachbaum klebt, und als wäre ihr Ton ein Musikstück, setzt nach einigen, eine Art Groove herstellenden Schlägen auf einmal ein gleichmäßiges Kratzen ein, sie zieht ihre spitzen, scharfen, winzigen Fingernägel langsam übers Papier, und in mir steigen unzusammenhängende Worte auf, als ich von schräg oben ihren festen, entschiedenen Blick betrachte, Worte, die mit meiner Hoffnung zu tun haben, B und Z zu starken Frauen erziehen zu können, die gewappnet sind für eine Welt voller rücksichtsloser Männer, und sie haben außerdem damit zu tun, dass wir einen Sprachbaum betrachten, also etwas im weitesten Sinne Zivilisiertes tun, und damit, dass ich gerade Kaffee getrunken habe, etwas gegessen und vorher sechs Stunden am Stück geschlafen, und damit, dass Z nicht weint.

Und dann fällt mir wieder ein, wie seltsam erleichtert und froh ich mich fühlte am Ende des Telefonats mit S gestern, bei dem er mir anfangs stockend und schüchtern davon erzählte, dass er seine Frau seit einigen Monaten mit einer Kollegin betrogen hatte, und dann plötzlich mit fester Stimme ganz viel über die Zeit davor sprach, als zwischen ihnen ja alles schon ganz kaputt war, weswegen ihm überhaupt nur passieren konnte, was ihm passiert war, wofür es im Übrigen natürlich keine Entschuldigung geben könne, aber es sei nun einmal passiert, und zwar, weil es zwischen ihnen war, wie es war, und sie nicht gut kommunizieren konnten, und er wisse genau, dass ihm so etwas niemals wieder passieren werde, er wisse, wie schlimm es sei, was er getan habe, schließlich habe er sich selbst damit ebenfalls sehr verletzt.

Und dann las ich ihm, einfach weil das Buch genau vor mir lag, eine Stelle aus Antje Joels *Prügel* vor, die ich am Vortag gelesen hatte, in der die Autorin ein Gespräch mit ihrem Expartner schildert, der, als sie ihn auf seinen monatelangen Betrug ansprach, erwiderte, sie müsse sich fragen, was sie getan habe, um ihn dazu zu bringen, sie zu betrügen, wie überhaupt ein solcher Abstand zwischen ihnen hatte entstehen können, dass diese andere Frau da hineinpassen konnte, und dann sagte eine Weile keiner von uns beiden etwas, und als S nach ein paar gut hörbaren Atemzügen zugab, dass das, was ich gerade gelesen hatte, genauso von ihm hätte kommen können, und fragte, aus was für einem Buch das denn sei, begann ich, etwas verhalten vom graduellen Übergang zwischen emotionaler und physischer Gewalt zu reden und davon, ihn keinesfalls mit derartigen Exzessen in Verbindung bringen zu wollen, aber dass das Buch *Prügel* heiße und im Untertitel *Eine ganz normale Geschichte häuslicher Gewalt.*

Und er war überhaupt nicht erschrocken, als ich ihm sagte, in welchem Umfeld ich ein perfekt zu seiner Beziehung passendes Zitat gefunden hatte, im Gegenteil, er sagte: Ja, die Dynamiken sind sicher ähnlich, und dann sagte er: Habe ich dir das eigentlich erzählt, wie sie mich geschlagen hat?

Und ich lachte laut auf, merkte, dass das völlig unangebracht war, riss mich zusammen, sagte: Nein, erzähl, und er begann, mir das eine, nein, die beiden Male zu schildern, als ihn seine Frau geschlagen hatte, einmal nach seiner Aufforderung, ihre

Wut rauszulassen, und einmal, nachdem er ihr innerhalb von fünf Minuten erst die Trennung und dann eine offene Beziehung vorgeschlagen hatte, erst mit der flachen, dann mit der geschlossenen Hand.

Und meine Freude war unermesslich und vollkommen unmenschlich, aber deswegen nicht weniger real, auf einmal stimmte meine alte Wunschvorstellung vom Ehebruch als Ausdruck von Schwäche und Leere, du Loser hast von deiner Frau auf die Fresse bekommen, und ich spürte gleichzeitig Erleichterung, Freude, Zuversicht, Abscheu, Hass, Wollust, die Ablehnung von und Bereitschaft zu Gewalt, alles.

Und später, auf dem Heimweg von meinem Arbeitsraum, auf dem Fahrrad, finde ich die Welt, so wie sie ist, schön und mich in ihr okay, kurz nach dem Kreisverkehr am Stadion stauen sich die Autos wieder wie früher, vor der Pandemie, und ich sehe in ein paar von ihnen hinein, als ich die Badenerstrasse entlangfahre, sehe genervte Gesichter, den Schimmer der Smartphone-Displays hinter getönten Scheiben von deutschen Autos mit matten Lackfolien und Sportfelgen, Lieferwagen, Geländewagen, wenige Kleinwagen, das langsam rollende Blech wie die metallene Fortsetzung der Verschiedenheit der in ihnen fixierten Körper, und kurz vor dem Albisriederplatz biege ich links ein in den Durchgang zwischen Supermarkt und Architekturbüro, und dann öffnet sich vor mir ein großer grüner Platz mit Wiesen und Spielplätzen und Grillstellen, und er ist so voll mit den nur noch wenige Tage vorgeschriebenen Fünfergruppen, dass er beinahe wie eine einzige große Versammlung wirkt, vier Männer, die stehend Bier trinken und dabei wild gestikulieren, während die Frau in der Runde zuhört und einen

Kampfhund an der Leine hält, fünf junge Frauen auf einer Decke vor einer offenen Flasche Prosecco und Plastikgläsern, Männer mit Babys, Frauen mit Kleinkindern, Kinder ohne Eltern, Frauen ohne Kinder, Frauen mit Zigaretten, Frauen mit Tätowierungen, Frauen mit engen kurzen Kleidern, tiefen Ausschnitten und streng nach hinten gekämmten Haaren, die sich längliches rundes Wassereis tief in den Mund schieben, und noch während ich das Fahrrad abschließe, beginne ich, den Kopf zu schütteln über die Sinnlosigkeit der Frage, ob meine Wahrnehmung meine Sprache formt oder meine Sprache meine Wahrnehmung, und mit jedem Schritt die Treppe hinauf zu unserer Wohnung im 1. Stock werden die auf mich einstürzenden Bilder von fremden Körpern blasser und unwichtiger, und als ich die Tür öffne und das Essen rieche, bin ich fast wieder klar, und dann hänge ich den Helm an den Kleiderhaken und drehe mich um, und B schießt aus der Küche und springt, und ich fange sie auf und halte sie fest.

Und abends schauen wir unsere Serie über Frauenmorde in Finnland, und danach schaffe ich nur eine halbe Seite Sylvia Plath, dann fallen mir die Augen zu, und dann nimmst du noch einmal meine Hand und streichelst sie, und ich streichle dein Gesicht, und dann bin ich weg.

Und am nächsten Tag kann ich mich kaum wach halten am Schreibtisch, der schön leer ist und aufgeräumt, wie mein ganzer Arbeitsraum, ich habe gestern gesaugt und die Fenster geputzt und alles rausgetragen und auf den Gang gestellt, die Fotoalben, den zweiten Stuhl, meine Dissertation und das Manuskript meiner Mutter, weil drei große MDF-Platten geliefert wurden, die ich auf den hässlichen Spannteppich gelegt habe, und jetzt ist alles schön glatt und hellbraun, und es riecht neu und irgendwie auch nach Holz.

Und als ich noch müder werde, stehe ich auf und gehe zu einem Café in der Nähe und kaufe ein Stück Schokoladenkuchen zum Mitnehmen.

Und als ich beim Kuchenessen den Brief von Papst Johannes Paul II. an die Künstler lese, die auf die Genesis zurückgehende Aufforderung an alle Menschen, ihr Leben zu einem Kunstwerk, zu ihrem Meisterstück zu machen, breche ich bei folgenden Worten des verstorbenen Papstes plötzlich in Tränen aus: *An der Schwelle des dritten Jahrtausends wünsche ich euch allen, liebe Künstler, dass ihr mit besonderer Intensität von diesen schöpferischen Inspirationen erreicht werdet. Die Schönheit, die ihr an die Generationen von morgen weitergebt, möge so beschaffen sein, dass sie in ihnen das Staunen weckt! Angesichts der Heiligkeit des Lebens und des Menschen, angesichts der Wunder des Universums ist die einzig angemessene Haltung die des Staunens.*

Und ich denke zweimal, jetzt ist es vorbei, als ich doch wieder aufschluchze, und auf meinen hellgrauen Pulloverärmeln bilden sich dunkle Flecken, und plötzlich bereue ich, dass ich aus der Kirche ausgetreten bin, dass ich, weil irgendwelche Priester irgendwelche Kinder missbraucht haben, all die alten Rituale und Texte, die mich mit so vielen Menschen auf der ganzen Welt verbinden könnten, weggeworfen habe, und vielleicht weine ich aber auch aus einem ganz anderen Grund, vielleicht weine ich eher deswegen, weil mein Vater so alt ist und so weit weg und nicht mehr richtig gehen kann und weil ich es einfach nicht fertigbringe, mit meiner Mutter zu reden über das, was ihr passiert ist, als sie ein kleines Kind war, und weil Johannes Paul II. einen Tag nach meiner Geburt gewählt wurde, meine Mutter hat mir oft erzählt, wie sie den weißen Rauch über dem Vatikan sah in einem Fernseher in ihrem Krankenhauszimmer in Schwabing im Oktober 1978, und es fiel mir schon früher schwer, meine eigene Ergriffenheit von der meiner Eltern zu trennen, vor allem von der meines Vaters, zum Beispiel während der Karfreitagsliturgie in der Waldtruderinger Kirche Christi Himmelfahrt, wenn er am Ambo stand und die Lesung beendete mit den Worten: *Dann hauchte er seinen Geist aus*, und danach nahm er die Brille ab, in deren Gläsern sich Tränen gesammelt hatten, und zog sein Taschentuch hervor und begann, sich die Augen zu trocknen und die Brille zu putzen, während er vorsichtig die Stufen vom Altar wieder herabstieg und zu uns zurückkehrte in die Bank, wo er sofort niederkniete, um zu beten.

Und als ich einmal versuchte, in einer Diskussion bei dem Schweizer Radiosender SRF das wohlige Gefühl des Kindheitsglaubens zu beschreiben, und zugab, es manchmal zu vermissen, sagte eine junge, mir gut bekannte Autorenkollegin, dass sie eine derart frauenfeindliche und autoritäre Institution kein bisschen vermisse, woraufhin ich schnell in das allgemeine Gelächter des Studiopublikums hineinrief: Ich lehne die katholische Kirche ab.

Und als mir ein Kulturjournalist des Domradios in Köln latenten, in meinem dritten Roman jedoch unübersehbaren Katholizismus attestierte, versuchte ich, das entschieden von mir zu weisen.

Und als B mich wieder einmal fragte, ob die Geschichte von Jesus nun wahr sei oder nicht, sagte ich, dass es das, wovon sie handle, wirklich gebe, die Liebe, und dass diese Liebe stärker sei als alles andere, eine zwar ausweichende, aber keine vollkommen dumme Antwort, wie mir damals schien, aber eben auch kein Wagnis, keine Geschichte, kein Traum, keine wirkliche Hoffnung, nichts, was die kommende Generation staunen ließe.

Und als wir am nächsten Morgen den Nachbarn sehen, wie er mit seinem Sohn die Straße überquert, sind wir uns sofort einig, dass er einen unverwechselbaren Gang hat, interpretieren ihn aber jede anders, du springst, B macht Stechschritt, ich bleibe sitzen und sage etwas über seine Zeit bei der Bundeswehr, und dann beginnt ihr abwechselnd, die Art und Weise, wie ich gehe, zu imitieren, was ich natürlich einerseits sehr amüsant finde, aber andererseits auch etwas provozierend, vor allem deine Version, also springe ich auf, sage: Und du gehst so, und drehe mich in einem affektierten Flamenco-Schuhplattler-Polka-Mashup um mich selbst, breche in schallendes Lachen aus und falle zurück auf die Couch, woraufhin du sagst: Halt, jetzt hab ich's, du gehst natürlich in Wahrheit immer nur so, und dann stellst du dich leicht gebückt hin, mit hängenden Schultern, und erstarrst, und B und ich lachen laut auf.

Und 16 Stunden später sitzen du und ich auf dem Rand der Badewanne, halbnackt und mit überschlagenen Beinen, die Köpfe und Schultern aneinandergelehnt, und putzen mit großen, verträumten Augen Zähne, und mein ganzer Körper hallt noch nach von den Worten *So schön war es noch nie*, und von der ersten vorsichtigen Berührung auf dem Balkon bis zum letzten flüchtigen Händedruck vor dem Einschlafen sehe ich in deinem Blick genau das, was ich spüre, Staunen und Dankbarkeit, wieder mal staunen zu dürfen.

Und am Morgen schaut Z mit großen Augen zu den Lautsprechern im Bücherregal, aus denen *I know that my Redeemer liveth* kommt, ich halte sie vor meiner Brust so, dass wir in dieselbe Richtung blicken, und ich denke an die letzte Trauerfeier, auf der ich war, wo diese Arie gesungen wurde, und ich frage mich nur ganz kurz, ob es zwanghaft ist, sentimental oder einfach dumm, immer dann, wenn es mir besonders gut geht, freiwillig in traurigen Erinnerungen zu baden, und ob ich mich vielleicht unbewusst gegen irgendwelche Schicksalsschläge immunisieren möchte mit dieser vollkommen überspannten Melancholie, die aber auch immer nur dann schön ist, wenn sowieso alles schön ist, wenn ich wirklich traurig bin oder frustriert, fühle ich irgendwann nur noch Wut oder Ekel oder Langeweile, also entscheide ich, jetzt nicht vor lauter Glück traurig zu werden, suche stattdessen andere Musik, und dann lasse ich über das Smartphone auf YouTube einen französischen Rap-Song laufen, den ich gestern beim Abspülen im Radio gehört habe, *on a grandi dans la jungle,* singt ein Mann in einem weißen Jogginganzug vor grauen Hochhäusern und: *Ça fait longtemps qu'on fait avec,* und später trägt er einen braunen Jogginganzug und ist auf einer Party, und mit seiner rechten Hand berührt er beim Singen abwechselnd beinahe sein Geschlecht, oder er imitiert eine Pistole, und irgendwann heben zehn schwarz gekleidete Männer den linken Arm und rufen: *On y va*, und obwohl mir das Lied gefällt, lacht in mir etwas Düsteres, Überhebliches, Deutsches über die Einfallslosigkeit dieses französischen Rapmusikvideos, und das Lachen mischt sich, wie ich erschrocken feststelle, mit einem lange vergessenen, pubertären Stolz auf die Operation Sichelschnitt, aber ich habe ein Kind vor der Brust und die Melancholie abgewehrt, ich lasse mich jetzt nicht von ein bisschen Nationalismus aus der Ruhe bringen, ich reibe meine Fingerspitzen über Zs Rippen und kitzle sie mit dem Zeigefinger unter den Achseln, und sie macht Geräusche, die man durchaus als frühe Form von Lachen interpretieren könnte, ihr Gesicht sehe ich nicht, aber ich sehe ihr rechtes Bein zucken, das macht sie meistens, wenn sie aufgeregt ist oder zufrieden.

Und am nächsten Tag sehe ich eine Mahnung meines Mobilfunkanbieters, dem ich gestern vier verschiedene Beträge für verschiedene Rechnungen und Mahnungen für zwei Mobilfunkverträge und den einen Glasfaservertrag, den wir bei ihm haben, überwiesen habe, und weil ich so gern eine einzige Rechnung mit einem einzigen Betrag hätte, weswegen wir ja auch alles bei einem Anbieter haben, rufe ich direkt die Service-Hotline an, und nach der automatischen Ansage, dass dieses Gespräch aufgezeichnet werden kann, kommt Musik und dann die automatische Ansage, dass alle Leitungen belegt sind, dass sie mich aber zurückrufen können und dass ich dafür einfach die 1 drücken muss, und ich drücke die 1, und dann kommt eine automatische Ansage, die mich fragt, ob ich unter folgender Nummer angerufen werden möchte, und dann diktiert mir mein Mobilfunkanbieter meine Telefonnummer, und dann sagt er, wenn das korrekt ist, soll ich doch einfach die 1 drücken, also drücke ich nochmal die 1, und dann wirft man mich aus der Leitung.

Und später sitze ich in einem Restaurant und esse einen Burger, dessen Hackfleisch noch rot ist und seltsam vermengt mit dem Speck und dem Spiegelei, und das alles ist so schwer zu beißen und schlucken, dass ich den Vollkornbrotdeckel abnehme und zur Seite schiebe, und währenddessen lese ich auf dem iPhone einen Artikel von Sabrina Orah Mark über Märchen und über die vielen hundert Professorinnenstellen, auf die sie sich beworben hat und über die sie vergessen hat, warum sie das einmal wollte, und der Text ist überschrieben mit den Worten *Fuck the Bread. The Bread Is Over*, und dann ruft mich mein Mobilfunkanbieter zurück und verspricht mir, mir künftig nur noch eine Rechnung zu schicken, ich muss dafür nur die eine offene Mahnung bezahlen, und genau das mache ich jetzt.

Und während ich zum zweiten Mal in der Warteschleife hänge, weil ich die Zugangsdaten für meinen Online-Account bei meinem Mobilfunkanbieter nicht finde, man dort aber nur eingeloggt und mit Kreditkarte bezahlen kann, weil sie Rechnungen mit Referenznummern nur gegen Aufpreis verschicken, auch digital, frage ich mich, ob der Fragebogen über ADHS, den ich neulich online ausgefüllt habe und der keine eindeutige Diagnose anzeigte, möglicherweise fehlerhaft war, und dann schlägt die Beklemmung über meine irreversible Eingebundenheit in mir völlig unzugänglich und unverständlich ablaufende technologische Prozesse von einem vagen Magendruck um in ein Ohrenpfeifen, und die Klarheit und Eindeutigkeit des Tones sind von einer sich selbst herstellenden, von meinem Bewusstsein völlig unabhängigen Evidenz.

Und ich erinnere mich wieder an das Gefühl, das ich damals hatte gegenüber dem Screenshot jenes Grünewald-Altars auf dem Schreibtischhintergrund meines MacBooks in meinem Apartment in Brooklyn mit Blick auf die Williamsburg Bridge, die ich an jenem Tag nicht sah wegen des Schneesturms, ich sah nur eine weiße Wand vor dem großen Fenster des ehemaligen Industriegebäudes, in das mit Sperrholz Wände von Einzimmerwohnungen eingezogen worden waren, und das Gefühl hatte zu tun mit dem großen Zusammenhang innerhalb der immer kleinteiligeren Fragmentierung der Wirklichkeit, der Welt und des Selbst und mit der Schwierigkeit, ihn bewusst zu erfassen, gezielt die Aufmerksamkeit auf ihn zu richten, und in der Harmonie zwischen Herzschlag, Tinnitus und Warteschleifenmusik verstehe ich zum ersten Mal, was Uriah Kriegel meinte mit peripherem Gewahren, jenem flimmernden, leuchtenden Rand der Aufmerksamkeit, abseits vom gleißenden, Realität schmelzenden Mittelpunkt der Konzentration, und dass es dies Nebenbei ist, wo das Glück wohnt, das lose, durchlässige Netz zwischen allem und nichts.

Und als ich am nächsten Morgen Levin Westermann im Radio lesen höre, wie er mit dem Fahrrad über das Land fährt und *Kleine Katze* ruft, weil die kleine Katze, die wochenlang jeden Morgen auf seinen Schoß gekrochen ist, plötzlich nicht mehr da ist, kommen mir die Tränen, und obwohl ich weiß, dass das nur ein Text ist, dass ich nicht weiß, ob es überhaupt je eine kleine Katze gegeben hat im Leben von Levin Westermann, wünsche ich mir so sehr, dass er sie findet.

Und dann erzählt mir eine Freundin in La Tène am See im Schatten einer Buche, an der eine Ameisenstraße hinaufführt, geradewegs in Richtung Himmel, dass sie das Medikament gegen die Entzündungen in ihrer Gebärmutter absetzen konnte und dass sie und ihr Freund, da besagtes Medikament auch empfängnisverhütend wirkt, nun mal sehen wollen, was passiert, während Z vor mir auf meinem Schoß zappelt und *Dadagala* macht oder so ähnlich, und meine Freude über die Vorstellung, dass zwei so gute, offene Menschen Kinder bekommen, wird riesig, ebenso wie meine Angst, übergriffig zu wirken oder wie ein alberner, von Vatergefühlen trunkener Fortpflanzungsapologet, also sage ich: Ah, okay, und ich glaube, ich lächle dabei.

Und als kurz danach eine andere Freundin, die schon drei Kinder hat, mit ihrem Partner, der auch mein Freund ist, ans Seeufer kommt und erzählt, dass sie nicht geheiratet hätten, weil sie ihren Familiennamen gerne ihren Kindern weitergeben wollte, und dass es außer einem einzigen Menschen in Kanada und ihren drei Kindern und ihr auf der ganzen Welt niemanden mehr mit diesem Namen gebe, weil die gesamte Familie ihres Großvaters im KZ umgekommen sei, kommt mir mein schwarzer Pullover mit der Aufschrift *Norse Projects* auf einmal geschmacklos vor, ebenso meine schwarzen Socken und Schuhe, meine hellen Haare, meine Haut, mein Gesicht, alles an mir sagt Deutschland, denke ich plötzlich, und meine Dankbarkeit über die Tatsache, dass sie mir diese Geschichte erzählt, obwohl sie weiß, wo ich herkomme, überlagert nur langsam und nach und nach meine reflexhafte Suche nach Merkmalen für ihre Herkunft in ihrem Gesicht oder für meine in meinem, Merkmale, die es natürlich nicht gibt, während sie davon spricht, wie ihr Großvater bei der Befreiung Roms mitgekämpft hat und vorher mit der Résistance in Frankreich, unmittelbar nachdem er aus dem Konzentrationslager Dachau hatte entkommen können, keine 20 Kilometer entfernt vom Schwabinger Krankenhaus, wo ich etwas mehr als 30 Jahre später zur Welt kam.

Und als ich höre, dass ihr Freund, der neben ihr am Seeufer sitzt, sich kurz vor unserem Treffen auf das neue Coronavirus hat testen lassen, sind meine Halsschmerzen schlagartig stärker, der Husten ist trockener, ein Gefühl von Schlappheit und möglicherweise Fieber breitet sich in mir aus auf der Autobahn während der Rückfahrt nach Zürich.

Und als ich am nächsten Morgen erfahre, dass sein Test negativ war, geht es mir schlagartig besser.

Und am Abend erzählt mir mein Bruder am Telefon, dass ein Freund von ihm jetzt aufgrund der Krise Hartz IV bezieht, und dann, dass er, also mein Bruder, sich eine Klimaanlage in seine Dachwohnung einbauen lässt, für 14.000 Euro, und ich weiß auch, dass mein Bruder ohne eine Klimaanlage nicht arbeiten kann im Sommer in seiner Dachwohnung und dass man einem Freund nicht einfach so 14.000 Euro gibt, zumal wenn er sparsam lebt und zufrieden ist mit Hartz IV, wie mein Bruder sagt, aber hier zeigt sich, wie ich finde, eine unheimliche Disparität zwischen zwei nahen, eigentlich eng verflochtenen Leben, und man könnte nun entweder argumentieren, dass Geld eben nicht real ist, so real wie gemeinsam getrunkenes Bier, überhaupt alles, was mit physischer Nähe zu tun hat, oder, dass menschliche Leben nun mal die Tendenz haben, sich mit zunehmender Dauer voneinander zu entfernen und zu manifestieren in Häusern, Fahrzeugen, Klimaanlagen.

Und als ich am Morgen einen Text über Gottfried Keller lese, springt mir die Formulierung von der Verdinglichung unserer Ideale als Immobilien ins Auge sowie die vom damaligen Zustand des ungeregelten Kapitalismus und dem dafür konstitutiven Element der permanenten Todesfurcht, im Jahr 1850, und ich frage mich, wie viel meine Sehnsucht nach einem Haus in Schweden am Meer mit dem Wirtschaftssystem zu tun hat, mit der Neigung, Ängste in Besitztitel zu übersetzen, in meinem Fall die normale Existenzangst, die sich ein Dach wünscht, Mauern, einen Kamin, und die gleichzeitige, eigentlich diametral entgegengesetzte Sehnsucht nach Freiheit und Raum, daher Meer, auch wenn es laut Amitav Ghosh nicht nur historisch beispiellos neu ist, in Zeiten steigender Meeresspiegel nahe am Wasser zu wohnen, sondern ganz offensichtlich auch idiotisch.

Andererseits ist ein Untergang, wenn er denn kommen muss, möglicherweise leichter zu ertragen auf der eigenen Veranda, unter mir der Eichenholzboden, hinter mir die Bibliothek, vor mir die eigene Wiese, diese Wiese, die mein ist, ein Stück Erdoberfläche kraft Gesetzes untrennbar verbunden mit meinem Namen, und am Rand windschiefe Kiefern und Birken und vorne, jenseits der Dünen, die unaufhaltsam näher kommende See.

Und als ich Z den Schlafanzug mit dem Batikdruck und dem Logo des Feministischen Autorinnenkollektivs, mit dem du für zwei Nächte verreist bist, ausziehe, uriniert sie einmal quer über den ganzen Wickeltisch, also natürlich nicht über den ganzen, aber die Bastauflage ist jedenfalls gut durchtränkt, ich putze Z, ziehe ihr eine Windel an und lege sie in ihren Laufstall, dann gehe ich mit der tropfenden Wickeltischauflage zur Badewanne, lege sie rein, stelle die Dusche an, schütte etwas Handseife darauf und staune, wie dunkel das Wasser wird, als ich den Bast auswringe, die Badewanne wirkt gleich viel dunkler, das ganze Bad eigentlich, und mir fällt ein, dass ich es heute noch putzen muss, das ist mit dir abgemacht, aber erst muss ich B wecken und halbwegs gut gelaunt in die Schule schicken.

Und vielleicht ist Liebe das Oszillieren zwischen Unterwerfung und Durchsetzung, und es leuchtet schon ein, dass das Konzept komplexer wird, wenn es nicht nur eine Seite ist, die sich permanent unterwirft, sondern wenn alle in einer Partnerschaft Rechte haben und durchsetzen, idealerweise abwechselnd, und sich natürlich auch abwechselnd unterwerfen.

Und dann hat der Kindergarten Pause, und die Stille im Hof, die ich nutzen wollte, solange Z noch im Wagen schläft, löst sich schlagartig auf, und jetzt öffnet Z die Augen, hebt den Kopf, ruft, sieht, dass ich gegenübersitze, auf der Bank unter der kleinsten der vier Blutbuchen, der einzigen, die den in drei Jahren geplanten Abriss dieser Siedlung nicht überleben wird, nur die größeren Bäume lassen sie stehen, aber noch ist sie hier, fest ausgreifend in den mit Büschen und Laub bedeckten Boden, die Rinde vernarbt und dick, stark, unverwüstlich und alt.

Und es gelingt mir nicht, die Vorstellung einer sich langsam nähernden Kettensäge fernzuhalten von meinem Bewusstsein, in meinem Bewusstsein liegt immer irgendwo eine Kettensäge bereit, ich stelle mir das Geräusch vor, wenn sie ansetzt, den Staub, die Schutzkleidung, Helm, Handschuhe, Atemmaske, darunter ein Mensch.

Und als ich am Tag darauf in der Bäckeranlage unter einer Platane sitze und an meinem großen Zeh sauge, frage ich mich, ob es mein Fuß ist, der so scheiße schmeckt, oder das Gift der Biene, die halb zerquetscht von meiner Haut baumelte, als ich nachsah, was da so stach, während vor mir B und zwei Freundinnen in der Hängematte lagen und hinter mir Z im Gras saß, und ich hatte mich langsam nach vorne gearbeitet, um die Zigarettenstummel zu entfernen, die irgendwer hier liegen gelassen hatte in der Wiese neben dem Kinderspielplatz, und als ich die Biene sah, hörte ich mich laut Scheiße rufen, und B fragte: Was ist los?, und ich sagte: Mich hat eine Biene gestochen, und sie fragte: Und wieso sagst du dann Scheiße?, und erst jetzt fällt mir auf, dass ein Bienenstich keine Infektion mit einem unbekannten, nicht behandelbaren Virus ist, das sich derzeit überall auf der Welt schnell verbreitet, seit ein paar Tagen steigen die Zahlen auch hier wieder, und ich muss mir in Gedanken gut zureden und mich daran erinnern, dass ich weder allergisch bin noch jemals eine schlimme Schwellung oder sonst etwas von einem Bienenstich davongetragen habe, offenbar haben die vergangenen Monate mit ihren Infektions-Vermeidungsmaßnahmen meine Sensibilität gegenüber dem Eindringen unerwünschter Substanzen in meinen Körper ins Irrationale gesteigert, und ich seufze und sauge und spucke theatralisch aus, mittlerweile schmeckt es nur noch nach Fuß.

Und ich erinnere mich an meinen Vater, der das auch immer so gemacht hat, und meine Mutter, jeder Stich wurde erst beängstigend durch ihre herbeieilenden, saugenden und dann ausspuckenden Münder, und jetzt erst realisiere ich, was hätte passieren können, wenn nicht mein Zeh diese Biene zerquetscht hätte beim Kippenwegräumen vor der durch das Gras robbenden Z, sondern wenn sie sie mit ihren kleinen Fäusten genommen und in ihren kleinen Mund gesteckt hätte, und ich ziehe mein Hemd aus und breite es aus und lege Z in die Mitte und sauge noch ein letztes Mal an meinem Zeh, während sie sich zweimal um ihre Längsachse rollt, sie kann noch nicht krabbeln, trotzdem liegt sie jetzt schon wieder im Gras.

Und natürlich ist es meine eigene Wehleidigkeit, die mich so aggressiv macht, wenn ich sie in B sehe, dein Rumgeheule regt mich dermaßen auf, habe ich ihr gestern gesagt, nein, nicht gesagt, angeschrien habe ich sie, weil sie auf den leeren Hof gezeigt und schluchzend gerufen hatte: Alle spielen draußen, nur ich muss mit euch nach Biel; dabei hatte ich ihr bereits eine Viertelstunde gut zugeredet und die Vorzüge eines Familienausflugs in die Westschweiz betont, bei dem wir auch dich, die in der Vornacht schmerzlich von ihr vermisst wurde, unterwegs abholen würden, von dem Ferienhaus eines SVP-Nationalrats, in dem du mit deinem Feministischen Autorinnenkollektiv zwei Nächte verbracht hattest, weil eine der Feministinnen mit dem Sohn des Nationalrats liiert ist, und als ich dich erwähnte, heulte B nur noch mehr auf: Ich vermisse die Mama, und ich sagte: Ja, das verstehe ich, deswegen holen wir sie ja auch gleich ab, und dann sagte B: Nein, ich will nicht wegfahren, und ich sagte: Aber du vermisst doch die Mama, und dann sagte sie: Ja, ich vermisse die Mama, und heulte, und dann kam das mit den angeblich im Hof spielenden Freundinnen, und dann sagte ich: Du gehst jetzt sofort ins Bett, du bist hundemüde, und sie kreischte und sagte: Du hast keine Ahnung, und ich schrie irgendwas von wegen, dass ich über 40 Jahre auf der Erde wäre und wüsste, dass Kinder manchmal Schlaf brauchen, und sie schrie: Ich nicht, ich schrie: Doch, sie schrie: Du hast keine Ahnung, wie es ist, ich zu sein, und ich schrie nur noch: Leg dich ins Bett, und sie: Mama, und ich: Leg dich ins Bett, und sie: Mama, und ich schloss, während sie schrie, die Läden und ging aus dem dunklen Raum, in dem B jetzt nur noch Mama, Mama, Mama rief, heiser und tief, wie ein verletztes Tier, und als wir elf Stunden später alle zusammen wieder die Wohnung betreten, kotzt du erst mal in die Toilette.

Und ab dem Moment, als Z, B und ich im Auto saßen, war die Stimmung viel besser, irgendwo im Aargauer Hinterland fanden wir dich, inmitten deines leicht verkaterten Kollektivs, man sah euch an, dass ihr bis sechs am Morgen getrunken hattet, und obwohl ich zwei kleine Mädchen dabeihatte und nichts sagte, kam ich mir natürlich wie ein Eindringling vor, aber dann sollte ein Gruppenfoto gemacht werden, dafür kam ich wie gerufen, und dann fuhren wir auch schon weiter, an den Bielersee, wo wir unsere alten Freunde aus der Studienzeit trafen, und wir saßen im Kreis auf der Wiese wie zehn Jahre zuvor, als wir gemeinsam anfingen, zu schreiben, und jetzt saßen und lagen hier auch noch B und Z, unglaublich und natürlich auch ganz normal.

Und gestern war seit Langem ein Tag, an dem ich keinerlei Sehnsucht hatte nach etwas Fernem, Anderem, nicht Vorhandenem, ich denke, es lag an der Art und Weise, wie mir das, was ich tat, gelang, also wie mir gelang, zu beginnen, es zu tun, ehe all die Fragen und Zweifel und alternativen Bedeutungsuniversen über mich kamen, ich fütterte Z, ging in die Dusche, packte ihre Tasche, zog mich an, verließ die Wohnung, machte mit ihr am Auto Station, um den Kinderwagenregenschutz aus dem Kofferraum zu holen, ging weiter, zog ihn über, als es zu regnen begann, spannte den Schirm auf, an den ich gedacht hatte, um auch selbst trocken zu bleiben, marschierte durch den strömenden Regen über die Hardbrücke in den Kreis 5, trug den Wagen die Treppe hinauf zur Zahnarztpraxis, gab Z, als ich drankam, wie geplant eine Karotte, sie blieb wie geplant friedlich, während die Ärztin feststellte, dass der rechte obere Weisheitszahn schon viel zu weit herausgewachsen war und nun auch der rechte untere durchbrach, ich stellte genaue Fragen, bekam klare Antworten, kündigte meine Entscheidung über einen Eingriff vor den Sommerferien für den späteren Nachmittag an, marschierte zurück über die Hardbrücke in den Kreis 4, kaufte Bs Lieblingsmittagessen, fütterte Z, legte sie schlafen, und als B von der Schule zurückkam, umarmte ich sie ganz lang.

Und vielleicht meint Gelingen genau das, Dinge tun, ohne sich überlegt zu haben, sie zu tun, nicht ohne zu wissen, warum, aber ohne zu denken, warum, und es muss das sein, was den Reiz des Militärs ausmacht oder eines totalitären Regimes, die Erlaubnis, das Gehirn auszuschalten, egal, ob beim Yoga, beim Spazierengehen oder bei einer Massenhinrichtung in einem Stadion, und ich weiß auch, dass es natürlich nicht egal ist, moralisch, ich meine ja auch nur funktional, zerebral, gehirnmäßig eben, und jetzt, genau hier, auf meinem Spaziergang durch meinen Kopf, den ich genau jetzt auch wieder beende, ehe Sachen erwachen, mit denen ich nichts zu tun haben will.

Aber es war eine völlig andere Freiheit von schlechtem Denkzwang, es begann schon mit dem Licht, gestern, einem sanften Grau, und es waren keine Reihungen nötig wie Yoga, Spaziergang, Erschießung, weil es keine so klar abgegrenzten Einzelgegebenheiten gab, Kindzahnarztundregen gingen ineinander über, die Brücke und das Telefongespräch mit meiner Mutter, das kurze Unterschlupfsuchen während eines heftigeren Schauers mit einem weiteren, organisatorischen Telefonat, und als der Regen wieder ein mir angenehmes Maß erreichte, war alles erledigt, und Z und ich liefen durch eine freundlich feucht schimmernde Stadt, und ich hatte zum ersten Mal seit Langem nicht das Gefühl, eigentlich nirgends zu Hause zu sein, nicht so sehr, weil ich irgendwo angekommen war und sich meine Fantasien von Birken und Kiefern an Sandstränden im Norden endgültig verflüchtigt hätten, sondern einfach, weil ich mir keine Fragen stellte in dieser Richtung, weil ich kein Gefühl vermisste in Bezug auf Zugehörigkeit oder Verwurzelung oder unkomplizierten Sex mit fremden Frauen, sondern weil ich voll und ganz der war, der tat, was ich tat, weil ich nur das tat und nichts anderes.

Und dann haben die Salzkartoffeln genau die richtige Konsistenz in genau dem Moment, als es an der Tür klingelt, und ich ziehe die Gabel heraus, lasse B herein, rufe: Essen, höre dein Ja, und Z saugt immer noch mehr oder weniger glücklich an einem Gurkenstück, und der Lachs ist noch warm und nicht zu sehr durch oder roh und der Brokkoli bissfest gedünstet, und sogar einen Kopfsalat konnte ich rechtzeitig waschen und einige Blätter abreißen und bereitstellen in einer Schüssel, und im nächsten Moment sitzen wir um unseren Küchentisch und kauen und summen und reden und machen, Mann, das schmeckt aber gut, und B isst sogar richtig viel Brokkoli, und ich denke, es ist die kindliche Selbstverständlichkeit, mit der das Vorhandensein eines warmen Essens Punkt sieben Minuten nach zwölf vorausgesetzt wird, die mich die Wirklichkeit so intensiv spüren lässt wie nichts sonst, das völlige Fehlen des Bewusstseins, dass alles auch völlig anders sein könnte, und das Zischen des SodaStream-Automaten wird leiser und leiser, die CO_2-Kartusche ist beinahe leer.

Und ich denke, es geht darum, die Ereignislosigkeit auszuhalten, ja mehr noch, sogar etwas wie Glück zu finden in ihr, und am Abend, nachdem du mir auf dem Balkon bei einem Glas Wein von der gelegentlichen Rückständigkeit eines Freundes in feministischen Fragen berichtet hast und von deinem Verständnis für Angehörige der LGBTIQ-Community, die keine Lust haben, mit Leuten zu diskutieren, die ihnen ihr Existenzrecht absprechen, fällt mir das Telefonat mit meiner Mutter wieder ein, bei dem sie mir von einem Treffen mit einem auf autobiografische Missbrauchsberichte spezialisierten Verleger erzählte und wie sie sich dort irgendwie unwohl gefühlt hat trotz des herzlichen Empfangs und des Abendessens mit der Frau des Verlegers, ebenfalls geheiltes Missbrauchsopfer, und als ich dir sage, wie sie mir sagte, dass der Verleger zwar Großes leiste für Frauen mit schrecklichem Schicksal, aber die literarische Qualität ihres Textes offenbar übersah, wird meine Stimme ein wenig lauter, und ich wundere mich erst darüber, spüre dann ein flaues Gefühl im Magen, als wäre ich plötzlich nervös wie vor einem Auftritt, als wäre das, was gleich kommt, sehr wichtig und als wäre es sehr wichtig, es richtig zu sagen, und dann sage ich, dass meine Mutter gesagt hat, sie sei fehl am Platz unter den zahlreichen Autorinnen, die von ihren Schrecken berichten, diese hätten den Missbrauch zu ih-

rer Identität gemacht, das liege ihr fern, der Missbrauch wäre
zwar ihr Schicksal, aber sie sei jetzt jemand anderes, ihre Identität frei von dem Leid und der Gewalt, ihr Text eine künstlerische Bearbeitung und keine sprachliche Wiederholung und sie
werde ihm ihr Manuskript nicht geben und schreibe jetzt etwas
anderes, und ich sehe in deinem Gesicht, wie etwas Schweres
abfällt von dir, und in dem Moment fällt es auch ab von mir, und
wir schenken uns nach und lächeln und atmen tief durch, so
tief und befreit, dass ich beschließe, wieder mit dem Rauchen
anzufangen, meine Erkältung ist jetzt ja auch schon wieder ungefähr fünf Tage vorbei, und dann trinken wir noch ein Glas
und dann noch eins, und dann ist die Flasche leer.

Und in der Nacht hat Z einen trockenen Husten, und sie spuckt
den Schnuller aus, und wir suchen ihn im dunklen Stubenwagen neben und unter ihr, finden ihn, stecken ihn ihr vorsichtig
in den Mund, streicheln sanft über ihren Kopf mit der einen
Hand, beginnen mit der anderen, den Stubenwagen langsam
vor- und zurückzuschieben, sie dreht den Kopf zur Seite, spuckt
den Schnuller wieder aus, wir suchen ihn, finden ihn, neben
oder unter ihr, stecken ihn ihr behutsam wieder in den Mund,
streicheln die Wange mit der einen Hand, während die andere
weiter den Wagen vor- und zurückschiebt, jetzt etwas weniger
vorsichtig, sie dreht den Kopf erst nach links, dann nach rechts,
dann nach links, spuckt den Schnuller aus, schreit laut auf, hält
inne, als wäre sie über etwas erschrocken, schreit dann noch
mehr, hustet noch mehr, dreht sich auf den Bauch, und wir
legen sie auf den Rücken und drücken ihr den Schnuller in den
Mund und halten ihn fest, und sie bäumt sich auf und schreit,
so laut sie kann, am Schnuller vorbei, und wir lassen entnervt
los und schieben den Wagen schnell vor und noch schneller

zurück und vor und zurück, und dann ist sie still, und ich frage mich, ob ein achtmonatiges Kind unterscheiden kann zwischen Überraschung und Schrecken, und erst als sie still bleibt, aber nicht schläft und den Schnuller, auch als wir uns beruhigt haben, noch immer nicht will und auf unsere Versuche, ihn ihr aufzuzwingen, wieder mit panischem Geschrei, Gehuste und Gekreische reagiert, erst dann dämmert uns, dass ihre Nase wahrscheinlich verstopft ist, und wir nehmen sie aus dem Stubenwagen und tragen sie auf den Wickeltisch und tropfen ihr Salzwasser in die Nasenlöcher, und sie gluckst zufrieden und schiebt wieder einmal den kleinen Mülleimer mit den vollen Windeln vom Tisch, er fällt krachend zu Boden.

Und als ich um Viertel vor sechs aufstehe, habe ich Kopfschmerzen, also gehe ich runter und hole die Post, und im Briefkasten sehe ich Leslie Jamisons *Klarheit* liegen, über Alkohol, Sucht und Heilung, eine Überraschung von einem Freund.

Und später sitze ich mit B, Z und dir im Außenbereich des Cafés Lochergut, wir essen zu Abend, und du und ich trinken Bier, und links von uns reden zwei Männer griechisch, und rechts staunen zwei Frauen über die Niedlichkeit Zs, und mein Chicken Shawarma schmeckt so gut, dass ich mich kaum einkriege, und dein Rindsburger ist auch sehr gut, nur etwas viel, und B schafft ihre ganze Erwachsenenportion Pangasiusknusperli mit Pommes frites, und dann gehen wir zum Brupbacherplatz und sehen schon von Weitem die Schlange vor der Gelateria di Berna, ich will aber eh kein Eis, lieber noch ein Bier, und dann kommen E, T und der sieben Monate alte W, der aussieht wie Eminem, und du holst mit B ein Eis, E holt Bier, T und ich tauschen uns aus über freie Kitaplätze in der Nähe, Z schläft mittlerweile, und ich hebe alle zwei Sätze Ws Holzrassel auf, die er immer wieder in den Kies fallen lässt.

Und dann kommt E mit dem Bier, du und er dreht euch Zigaretten, T öffnet ihr Alkoholfreies, und ich lege mich flach auf den Boden, um nach Bs Wunsch das iPhone so in den Kies zu stellen und an meinen danebenliegenden Hut zu lehnen, dass sie im Bild ist und hinter ihr die in der Abenddämmerung fast schwarzen Blätter des Baumes vor dem schnell dunkler werdenden Himmel, und dann drücke ich auf den roten Punkt und erhebe mich, und B beginnt auf dem mit Eis essenden Erwachsenen gefüllten Platz komplizierte Hip-Hop-Tanzschritte zu machen vor dem iPhone im Kies in der Dämmerung ohne Musik.

Am nächsten Tag sitze ich im SWR-Studio in Freiburg und lese *Ich liebe dich sehr, wenn es regnet*, die Stelle über das Mobile, die Fische aus Holz, die ich an der Decke aufhänge, auf dem Wickeltisch stehend, mit Bohrmaschine und Staubsauger in den Händen, und dann fragt die Regie, ob vielleicht etwas mehr Vorfreude denkbar wäre in meinem Vortrag, immerhin geschehe das Beschriebene ja in Erwartung des zweiten Kindes: Was soll Ihre Frau denken, wenn sie das hört?, und ich sage: Meine Frau hat mit all dem überhaupt nichts zu tun, und wir lachen komplizenhaft, zwei Eingeweihte des Literaturbetriebs, Verteidiger der heiligen Lüge, dass die Wahrheit in Wahrheit eine Erfindung ist.

Und ich lese dennoch ein wenig wärmer beim zweiten Mal und auch beim dritten, vierten, fünften Mal, so oft und warm wie nötig für eine Aufnahme ohne die störenden Nebengeräusche meines Magens, seltsame, urzeitliche Einwände gegen die Behauptung, hier werde einfach nur eine Geschichte erzählt, genau so, hier und jetzt, nur ein einziges Mal.

Und am nächsten Morgen läuft ein indisch aussehender Mann mit einem Google-T-Shirt vor dem Café vorbei, in dem ich sitze, und als sich unsere Blicke treffen, klingelt die Straßenbahn und überfährt um ein Haar einen anderen Mann mit Mundschutz.

Und es wurde schon oft gesagt, dass auch, was nicht passiert, passiert, wenn es gedacht wird, geschrieben, gelesen und wieder gedacht, und der Wunsch, die Wirklichkeit zu beschreiben, also in Sprache zu fassen, was gerade gedacht wird, während es gedacht wird, hat vielleicht mit dem Gefühl zu tun, dass die Welt voll genug ist, dass es eigentlich unnötig ist, ihr noch irgendetwas hinzuzufügen, innerhalb oder außerhalb eines Kopfes.

Und als ich am Nachmittag trotz der Betäubung die Zange der Zahnärztin spüre, als mein Kopf im Rhythmus ihrer Bewegungen hin- und herrutscht auf dem Einweghandtuch über der Liege, während sie meinen rechten oberen Weisheitszahn, der wider Erwarten doch eine vollkommen verbogene, krumme Wurzel hat, aus dem Kiefer löst, frage ich mich, was diese Gewalt gegen einen an sich gesunden Teil meines Körpers bedeutet, wenn man ein panpsychistisches Verständnis von Bewusstsein annimmt; wenn wirklich jedes Elementarteil meines Körpers dazu beiträgt, meine Erfahrung zu genau dieser zu machen, dann wird mir der Zahn fehlen, den ich jetzt klackend auf das Tablett über meiner Brust fallen höre, und ich entscheide, später darum zu bitten, ihn nach Hause mitnehmen zu dürfen, und merke im selben Moment, dass die Frage seltsam ist, natürlich ist dieser Zahn immer noch meiner, viel mehr als die Kleider, die ich trage, oder das Fahrrad unten vor dem Eingang zur Praxis, und die Ärztin wird später sagen, dass ich ihn bei der nächsten Kontrolle gerne bekommen kann, erst müssten sie ihn noch einlegen in Alkohol und mein Blut abwaschen, und dann macht sie sich an den anderen Zahn, den größeren, tiefer im Fleisch verborgenen, rechts unten, den sie mir nicht geben wird, weil er sich nur in ungeordneten Trümmern aus meinem Kiefer hebeln lässt, sie beginnt, ihn zu zerteilen, der Bohrer summt, mein Kopf dröhnt, und ich beschließe, wenn das hier vorbei ist, für immer dankbar und zufrieden zu sein mit meinem kleinen Leben, zusammen mit Z, B und dir.

Und am Tag darauf setzt mein Geruchssinn aus, und ich denke natürlich sofort an eine ganz bestimmte Krankheit, als die Pizza, die wir uns in den Hof liefern lassen, nur wie ein warmer Brotbrei schmeckt, der auf meiner linken Backenzahnseite zermahlen wird, rechts traue ich mich noch nicht, zuzubeißen, wegen der frischen Wunden über den leeren Stellen im Fleisch, und dann denke ich nicht mehr an jene Krankheit, sondern an das mühsam konstruierte Gleichgewicht zwischen chronischer Sinusitis, erhöhtem Speichelfluss, Karies und gelegentlichen Zigaretten, das die Schleimbildung in meinen Stirnhöhlen zuletzt akzeptabel gehalten hatte und das jetzt durch den zahnmedizinischen Eingriff zweifellos kollabiert ist, und an die Halsschmerzen, die Kopfschmerzen, die verstopfte Nase, und dann nehme ich das letzte Gletscherminze-Bonbon in den Mund und realisiere, dass möglicherweise auch der Konsum einer ganzen Packung Hustenbonbons innerhalb weniger Stunden einen Einfluss darauf hat, was man schmeckt oder nicht oder was man riecht, und gegen Mitternacht schlafe ich ein.

Und zwei Tage, 346 Kilometer und zwölf Packungen Papiertaschentücher später erwache ich im Wohnzimmer meiner Schwester, B und Z schlafen noch, ich habe zum Glück die Jalousie vor dem großen Fenster am Vorabend heruntergelassen, und ich beschließe, dass ich gesund bin.

Und ich beschließe, dass auch Z gesund ist, die nur zweimal etwas trocken hustet und dann selbst ihren Schnuller findet und weiterschläft in dem herausfallsicheren Rechteck aus Sesseln und Sofakissen, auf der Matratze mit dem flüssigkeitsabweisenden Bezug.

Und ich denke daran, wie wir vor zwei Wochen beschlossen, dass B gesund ist, ihr Kleinkindasthma endgültig rausgewachsen, wie der Kinderarzt sagte, und dass das doch ein Grund für ein Fest sei, was wir auch machen werden, wenn wir dann nächste Woche an der Ostsee sind, ein kleines, geheimes Fest für B, wir verraten niemandem, was wir feiern, B spricht nicht gern über ihren einstigen Husten, und dann tanzen wir zu Luca Hänni und Drake.

Und als ich am nächsten Tag meine Mutter frage, wieso sie so aufgebracht ist über die Maskenpflicht und sich nur mit einem Schal verhüllt, weil ich es einfach nicht verstehen kann, dass jemand diese einfache, einleuchtende Methode zur Eindämmung des Virus und zum Schutz der Allgemeinheit als derart massiven Eingriff in die persönliche Freiheit und also als Zumutung empfindet, erklärt sie mir, dass sie eine frühkindliche traumatische Erfahrung gemacht habe, bei der Männer mit Masken eine Rolle spielten, und seitdem empfinde sie jemanden mit einer Maske sofort als Bedrohung, und ich sage: Das verstehe ich, und wir wechseln das Thema.

Und am nächsten Abend erzählt mir C, der in einer Wohnung in der Thierschstraße im Lehel darauf wartet, ob er wieder nach China einreisen darf, um seine Tätigkeit bei einer großen deutschen Investmentbank wieder aufzunehmen, dass die Prinzlinge, also die Abkömmlinge hoher kommunistischer Kader, alle an amerikanischen Elite-Universitäten studieren würden und anschließend bei Goldman Sachs arbeiten oder bei anderen Banken und dass gemäß der Schuldenzyklen Ray Dalios eine Ab- oder Umwertung unmittelbar bevorstehe, man müsse jetzt Gold kaufen, sagt C, und Silber, außerdem Kryptowährungen und ETFs, und ich sehe die dichten Baumkronen von oben, von dem Balkon im vierten Stock, und nehme noch einen Schluck Muscadet und sage: Den haben wir damals in New York getrunken, in dieser Brasserie im Meatpacking District, und dazu gab es Austern.

Vor allem aber, fährt C fort, müsse man China aufhalten und die amerikanische Außenpolitik sei eigentlich gar nicht so schlecht, natürlich sei es unklug, dass sie europäische Verbündete verprellt habe, aber die würden sich China ja unterordnen, allen voran Deutschland, die dort ihre Autos verkaufen wollen, und deswegen krieche die ganze EU vor der KP und das sei nun mal eine marxistisch-leninistische totalitäre Partei und obwohl alle westlichen Mächte seit Jahrzehnten auf die Öffnung dieses Landes warteten, habe es sich nur immer mehr radikalisiert, die Stimmung dort sei so was von nationalistisch besoffen von neuer Größe, seit den neunziger Jahren hätten sich auch die Lehrpläne geändert und der Ruhm Chinas und die Notwendigkeit, diesem Reich seinen rechtmäßigen Platz in der Welt zu erobern, seien in allen jungen Köpfen fest verankert, mit den jungen Leuten da könne man gut einen Krieg führen, habe er sich gedacht, kurz bevor alles geschlossen wurde wegen des Virus und er mit einem der letzten Flieger rauskam, erst nach Dubai und von da aus dann nach Europa.

Und er glaube auch fest daran, dass es zu einem Krieg kommen werde zwischen China und den USA, keinem Atomkrieg, aber einem begrenzten, lokalen Konflikt bei Taiwan oder im Südchinesischen Meer, und dann sprechen wir noch ein wenig über Gesellschaftspolitik, über neurechte Netzwerke und Feminismus, und er erklärt auf meinen Scherz hin, dass ich den Rat eines berühmten Antifeministen, gerade zu stehen und die Schultern zurückzudrücken, ab und zu befolgen würde, dass er selber es manchmal übertreibe, seine Schultern schmerzten ein wenig, wahrscheinlich drücke er sie zu fest zurück, aber die Frage, wann denn der Punkt erreicht sei, an dem die Linke ihre Forderungen erfüllt sieht, treibe ihn wirklich um, weil es ja letzten Endes zu Sprachverboten führe und somit zum Totalitarismus, und ich sage, gleiche Bezahlung für alle Geschlechter wäre zum Beispiel so ein Punkt und dass es ja nicht Verbote sein müssten, ich selbst hätte zum Beispiel aufgehört, das Wort schwul als Schimpfwort zu gebrauchen, einfach so, und würde das nicht als Einschränkung empfinden, und er sagt ja, das verstehe er, er sage auch nicht mehr so oft schwul im abwertenden Sinne, aber er wolle zum Beispiel schon noch Fotze sagen dürfen ab und zu, ob er das jetzt etwa nicht mehr dürfe, und ich sage, er dürfe natürlich immer alles sagen, aber vielleicht gäbe es Momente, in denen er es nicht mehr so sehr wolle, und ich weiß auch nicht, ob das der Beginn ist von Selbstzensur oder wie wichtig es ist für die Freiheitliche demokratische Grundordnung, immer und überall Fotze sagen zu dürfen, und vielleicht ist die eigentliche Frage eher, wo individuelle, persönliche Entfaltung mit Rücksichtnahme kollidiert und was schwerer wiegt, der Schmerz der anderen oder die Freude an der eigenen Unverschämtheit.

Und dann fahren wir ungefähr tausend Kilometer nach Norden, tanken zweimal nach und lassen B über Wiesen neben Treibstofflagern galoppieren und wickeln Z und küssen und kitzeln sie und drücken sie ganz fest an uns, ehe wir sie wieder im Kindersitz festschnallen und weiterfahren.

Und beim Abendessen, junge Kartoffeln aus dem Garten auf dem Hof in Holstein, auf dem unsere Freundin A aufgewachsen ist, erklärt der Mann ihrer hochschwangeren Schwester, dass die hiesige Bucht unterhalb von acht Metern tot sei, es gebe dort keinen Sauerstoff mehr im Wasser und also auch keine Fische, Algen oder sonstiges Leben, und ab und zu, wenn der Wind entsprechend stehe und das sauerstoffhaltige Oberflächenwasser ins offene Meer hinausdrücke, könne man es nicht mehr aushalten am Strand, es stinke dann entsetzlich nach Schwefel und Ammoniak, wie eine Stinkbombe, der Tourismus, einer der wichtigsten Wirtschaftszweige Schleswig-Holsteins, ahne noch nicht, was ihm da bevorstehe, da nützten auch die saubersten Klärwerke nichts, wenn Industrie und Landwirtschaft immer mehr Schadstoffe über die Flüsse ins Meer einleiteten, schon 30 Prozent des Grundwassers seien nitratbelastet, ein Drittel, das müsse man sich mal vorstellen, von der Landwirtschaft und ihren Düngemitteln, einem Industriezweig, der nur ein einziges Prozent der schleswig-holsteinischen Bruttowertschöpfung ausmache, aber die meisten Subventionen bekomme, EU, sagt er, so geht es nicht weiter, wahrscheinlich ist Corona nur eine Ablenkung, und im Hintergrund baut jemand das Finanzsystem um, und ich denke kurz an China und C, an O und an K, bei denen wir schliefen, zwischen den Aufenthalten bei meiner Mutter und meiner Schwester, und mit denen wir im Rosengarten lagen hinter dem Schyrenbad, ehe die Feier zum 86. Geburtstag meines Vaters losging, und daran, wie friedlich das war, Z rollte K immer wieder gegen das Knie, O beobachtete sie, B schob ihren Roller langsam durchs Gras, und du sahst einem angespannten Familienvater zu, der einen Sonnenschirm aufstellte, dann noch einen, einen Tisch, eine Bank, Getränkekästen brachte und bunte Girlanden und Wimpel aufhängte für einen Kindergeburtstag, während zwei gelangweilte Zehnjährige in Liegestühlen stumm vor sich hin starrten, als vermissten sie ihre Smartphones.

Und als es Nachtisch gibt, muss ich an Jean Rhys denken, die von Jamison zitiert wird mit ihren einzigen beiden Sehnsüchten, geliebt zu werden und immer allein zu sein, und an Charles Jackson, der auch in *Klarheit* zu Wort kommt als Schöpfer eines ungewöhnlich ehrlichen Romans über Trunkenheit und Sucht, dessen Pointe darin besteht, dass dem Redundanten, Selbstzerstörerischen, Rücksichtslosen und Egomanen jede Bedeutung entrissen wird, die Möglichkeit der metaphorischen Überhöhung, das alles bedeutet nichts, da ist einfach einer, der trinkt, der trinken muss, so wie ich über mich nachdenken muss, dabei müsste ich mich doch eigentlich vor allem mehr bewegen, weil ich mich sonst irgendwann gar nicht mehr bewegen kann, und immer wenn ich wieder einmal Schmerzen habe nach drei

Wochen Rumliegen oder zehn Stunden auf der deutschen Autobahn, bekomme ich Angst, dass die Morbus-Bechterew-Diagnose des alten Arztes in München 2003 vielleicht doch zutrifft und dass der jüngere Arzt, der mir später sagte, dass der alte sich irrt und ich einfach ab und zu ein paar Schmerztabletten nehmen sollte und Sport treiben, nicht vielleicht doch falschlag, und obwohl ich sie alle verachte, die selbstgerechten Rauner, Verschwörer und Skeptiker, betreibe ich privat natürlich genau die gleiche Triumph-des-Willens-Küchenpsychologie in Bezug auf meine eigene Gesundheit, und dann gebe ich wieder einmal *Corona-Symptome* bei Google ein, dann *Krankheitsverläufe*, dann *Testzentrum*, gehe Fahrradfahren, komme zurück mit etwas weniger Schmerzen und vagen Erinnerungen an eine Amerikanerin mit armenischen Wurzeln, die nur mit High Heels und einer Goldkette bekleidet vor mir einen Hotelflur entlanglief in Newport Beach.

Und natürlich ist das alles vollkommen irrelevant, und ich kann mir keinen Grund vorstellen, diesen Gedanken weiterzuverfolgen, außer den, dass ich hoffe, in einem Moment mit dem Schreiben aufzuhören, in dem ich eine Meinung habe, die möglichst wenig Leid erzeugt, denn was Wahrheit sein soll, weiß ich nicht genau, aber wenn sie zugänglich ist, sollte alles dafür getan werden, zu ihr zu gelangen, nur Schmerzen sind unbedingt zu vermeiden, glaube ich ganz, ganz fest.

Und in der Nacht wache ich auf vor Schmerzen, und dann habe ich Angst vor Covid, Krebs oder Rheuma, und du sagst: Steh auf, mach ein paar Dehnübungen, und dann komm schnell zurück zu mir ins Bett, und ich nicke, gehe ins dunkle Wohnzimmer, versuche Liegestütze, schaffe sie nicht, sage mir, dass dieser Schmerz nur eine Muskelreizung ist, die von meinen unaufgewärmten, hastigen Zügen kommt vorgestern in der 16 Grad kalten Ostsee, also probiere ich die Liegestütze auf den Knien, es tut weniger weh, aber immer noch viel zu sehr, um überhaupt hoffen zu dürfen, durch diese Bewegung ließe der Schmerz irgendwann nach, und dann muss ich husten, und natürlich schmerzt die Brust, und es fühlt sich alles eng an und eingeklemmt, aber das hier ist keine Atemnot, verdammt nochmal, ich kann gut atmen, und ich denke an einen Text aus der *New York Times*, in dem Leute ganz entspannt ankommen in der Notaufnahme und mit dem Smartphone spielen und 30 Minuten später im künstlichen Koma liegen und intubiert werden, obwohl das oftmals genau das Falsche war, am Anfang der Pandemie aber natürlich als einzig wirksames Mittel gesehen wurde zur Stabilisierung des Körpers im Abwehrkampf ohne chemische Unterstützung.

Und ich hoffe, wenn ich einmal in so eine Lage komme, an den richtigen Arzt zu geraten, und sofort stelle ich mir eine dramatische Filmszene vor, in der ich sage: Ich habe zwei kleine Kinder, helfen Sie mir, und den Arzt antworten höre: Wir helfen auch Menschen, die keine Kinder haben, und irgendwie tröstet mich das.

Und dann finde ich eine Übung, die nicht schmerzt und sogar guttut, ich stehe aufrecht, lasse die Hüfte kreisen, recke die Hände zum Himmel, drehe mich wie eine Bauchtänzerin, und die Freude über die schmerzfreie Bewegung überlagert das Bewusstsein des lächerlichen Anblicks, den ich bieten muss, und außerdem ist es ja dunkel, also mache ich weiter, und dann schlucke ich noch eine halbe Ibuprofen mit etwas Milch und gehe zurück ins Bett, und dann weckt mich Z, und ich gebe ihr Milch, und dann kommt B, und ich mache ihr Müsli, und dann macht A einen Kaffee, den ich dir bringe, und dann fahre ich mit As Mutter und B die Kätzchen impfen, und dann leihe ich mir das Elektrofahrrad von As Vater, und kurz darauf gleite ich zwischen Feldern, Hügeln und Bäumen entlang bis zur kleinen Feuerwache in Vinzier, dort gibt es eine Sitzbank und einen Tisch, und ich stelle das Rad ab, setze mich, hole Notizbuch und Stift aus der Tasche, und der Wind zerrt an den Blättern, die ich fülle, und ich empfinde nichts als Freude daran, dass er kühl ist und unberechenbar und dass mir nichts weh tut, überhaupt nichts, und ich glaube ganz fest an die Möglichkeit von Verständnis und Anteilnahme auf Basis des ewigen Kreislaufs aus Selbsthass, Selbstmitleid, Hoffnung, Zuversicht, Liebe, Mut, Neubeginn, Tag für Tag.

Und am Morgen zwei Tage später denke ich seit Langem wieder einmal, dass ich das alles nicht will, dieses Leben, und dass du mich eigentlich gar nicht magst, kennst, siehst, respektierst, es begann gestern, als ich am Strand wieder Hüftübungen machte, Kreisbewegungen, um den aufkommenden Rückenschmerz zu lindern, weil ich am Morgen nicht Fahrrad fahren gewesen war, weil es geregnet hatte, und ich stand so zwischen den Strandkörben, dass nur du mich sehen konntest, und dann fragtest du gut hörbar und ganz entgeistert vor allen anderen, was ich da mache, als hätten wir nicht schon ungefähr dreitausendmal über die Notwendigkeit von Rückenübungen gesprochen und als wärst nicht du es gewesen, die in der Nacht zuvor Dehnübungen vorgeschlagen hatte, und ich schämte mich, vor dir und vor den anderen, und dann schämte ich mich noch viel mehr, darüber, dass ich mich schämte, und so weiter, und jetzt kommst du zu mir ins Zimmer und erklärst mir alles, dass du nämlich eigentlich sagen wolltest, dass du mich liebst, es aber nicht vor allen tun wolltest, und jetzt verstehe ich und schäme mich nicht mehr und bin plötzlich wieder da und will leben und mit dir sein und mit dir zusammen alt werden jetzt sofort.

Und ehe du mir alles erklärtest, gerade, fragtest du: Schreibst du jetzt auf, wie blöd ich bin?, und obwohl ich natürlich genau das tat, leugnete ich es und redete vom ganz grundsätzlichen Versuch, mithilfe der regelmäßigen schriftlichen Dokumentation meines Erlebens zu verstehen, was hier eigentlich so passiert.

Und dann lese ich bei Jamison, wie sie bei der Überarbeitung ihres ersten Romans über eine Trinkerin auf Anraten ihrer Lektorin überlegt, eine Phase der Abstinenz einzubauen in genau dem Moment, als es ihr nicht gelingt, während der Einnahme von Betablockern für ihr überlastetes Herz einige Wochen mit dem Trinken aufzuhören, und dann lese ich ebenda über Malcolm Lowrys Tragödie der fehlenden Tragik im Leben seines Trinkers und über dessen permanente Bereitschaft zum Leid und zur Katastrophe, eine Bereitschaft, die langsam in eine Sehnsucht auszubluten scheint.

Und dann kommt meine Schwester hier an, und ich spüre, wie sich allein durch ihre schweigsame, mich nicht hinterfragende Anwesenheit erst meine Wirbelsäule stabilisiert und dann mein Bewusstseinsstrom, vielleicht hat es auch mit den Fahrradtouren zu tun, die wir ab jetzt zu zweit machen, über die Dörfer, Griebel, Groß Meinsdorf, Gothendorf, und manchmal sagt jemand: Schön, diese Blumen am Feldrand, oder: Ich habe Backstein so gern, und als wir das Schild zur 850-Jahr-Feier von Bockholt passieren, schalte ich die Unterstützung des E-Bikes aus und beschließe, die verbleibenden sieben Kilometer mit reiner Muskelkraft zu fahren, und mit jedem Tritt werden meine Oberschenkel heißer, wird mein Atem tiefer, nehme ich intensiver teil an der Welt.

Und dann sagt meine Schwester: Komm, wir fahren nach Dänemark, und das machen wir dann, am nächsten Tag, wir stehen früh auf und steigen ins Auto und fahren los und fahren fünf Stunden nach Norden und besichtigen dort das allein stehende Haus einer alten Frau in der Gegend von Vestervig, das für 650.000 Dänische Kronen zu kaufen ist, und die alte Frau ist sehr freundlich, sie winkt uns herein und blickt dann wieder zu ihrem Flachbildfernseher, auf dem sich zwei junge Frauen die Haare blau färben, und das Haus ist schon gemütlich, aber auch ein bisschen verfallen, und es riecht etwas komisch, und außerdem ist es wirklich weit weg, und anschließend sitzen wir noch ein bisschen mit dem sympathischen Makler in dessen Büro in Hurup Thy, er zeigt uns verschiedene andere, günstige Objekte in einem Prospekt und schenkt uns angenehm milden Filterkaffee nach, während der aus dem überraschend dunklen Julihimmel fallende Regen gegen die Fenster prasselt, und dann fragt er, ob wir uns denn wirklich hier niederlassen wollten, und wir sagen: Eigentlich nicht, und dann sagt er, dass es sehr kompliziert sei, ein Haus in Dänemark zu kaufen, wenn man im Ausland lebe, also eigentlich fast unmöglich, und wir sagen: Ach so, und bedanken uns und gehen, und als wir im Auto sitzen, sagen wir: Jetzt fahren wir aber noch kurz ans Meer.

Und als wir bei Agger aus den Dünen treten, sind meine Schwester und ich nach fünf Minuten völlig durchnässt, obwohl es gar nicht mehr regnet, die Gischt aus der hellgrauen Wand über den dunkelgrünen, regelmäßig niederkrachenden Wellen durchdringt unsere Kleidung ganz sanft, unmerklich wie der erstaunlich milde Westwind vom offenen Meer, und ich will ein Foto machen von diesem unglaublich breiten, steilen, leeren, gewaltigen Strand, finde mein Telefon nicht, es muss im Auto sein, frage meine Schwester, sie gibt mir ihrs, und während ich filme, wie sich links das beige Band zwischen Dünen und Wasser im Nebel verliert, wie sich die Wellen wie grün-weiße Stufen auftürmen vor uns und wie es rechts wieder nichts gibt als Sand, denke ich, das ist der schönste Strand, den ich je gesehen habe, und dann sagt meine Schwester: Komm, wir gehen, es ist zu nass und zu kalt, und ich sage: Ja, lass uns gehen, und erst im Auto entdecke ich die Frau mit der Kapuze, die barfuß durchs Bild meines Videos läuft, und ich frage mich, wieso ich sie nicht schon am Strand gesehen habe und ob wir uns, wenn ich sie gesehen hätte, vielleicht gegrüßt hätten, uns vielleicht sogar kurz unterhalten, ob wir einander anziehend gefunden hätten, freundlich, lustig, gütig, ob das Leben schön gewesen wäre mit ihr in einem Haus in den Dünen im Regen von Thy.

Und weil ich, auch um mir selbst gegenüber die Lächerlichkeit dieser Gedanken zu unterstreichen, dir dieses Video schicken will, frage ich meine Schwester, ob sie es mir schickt, und sie sagt: Ja, klar, aber erst zu Hause, im WLAN, sie wisse nicht, wie viel Datenvolumen sie noch habe, und außerdem seien wir ja in einem ausländischen Netz, und dann fahren wir zurück, und mein Reisegruß trifft erst fünf Stunden später bei dir ein, kurz nach uns selbst, und ich bin darüber aber ganz dankbar, weil ich in der Dämmerung im Raum Kiel mit Blick auf den tief stehenden Vollmond, als die Autobahn endet und die hellen Lichter des Gegenverkehrs wieder näher kommen, nicht denken muss: Wenn ich jetzt einen Fehler mache, ist das Letzte, was du von mir bekommen hast, das Video einer fremden Frau an einem dänischen Strand.

Und ich denke, in dem Maße, wie ich mich physisch und psychisch von dem Ich, das früher manchmal zu viel Pornografie konsumierte, entferne und in dem die Bilder übergroßer und dicker in Mündern, Vulven und Ani verschwindender Schwänze verblassen, verwischt auch die Eindeutigkeit meines Verlangens und meiner Fantasie sowie die Vorstellung von meinen eigenen Geschlechtsteilen und wie sich eine Berührung und mögliche Interaktion mit den Geschlechtsteilen fremder Menschen darstellen würde, wie man überhaupt in so eine Lage käme, was man wohl vorher würde sagen müssen und nachher und tun und ob sich das alles überhaupt lohnt, und ich weiß, natürlich, wie autosuggestiv diese ganze Scheiße ist, aber sie funktioniert: Wenn das Ziel ist, weniger zu wollen von dem, was man aus organisatorischen und emotionalen Gründen besser nicht wollen sollte, kann ich bestätigen, dass es wirkt.

Und als du und ich zehn Tage, 2000 Kilometer und 25 Autostunden später wieder zu Hause in Zürich im Bett liegen, habe ich den schönsten Orgasmus, an den ich mich erinnern kann, sicher auch, weil ich eine Weile keinen mehr hatte, weil ich versuche, mich nicht mehr selbst zu befriedigen, aber auch, weil wir erholt sind und erleichtert, dass wir zu Hause sind und endlich mal wieder zu zweit, die Kinder schlafen, und das Bett ist frisch bezogen, und vorher rauchten wir auf dem Balkon.

Und dann lese ich bei Sarah Manguso: *Our fucking is intimate, but I still don't know what he's thinking about*, und: *The trick is to train yourself to value the marriage above yourself, to feel as if you win when the marriage wins*, und: *Marriage is a machine that deforms whatever self you once were into an accommodating engine*, und ich weiß, dass ich genau das immer schon war.

Und wenn ich etwas weniger Freizeit hätte, weniger Geld, Freiheit, Glück, würde die Hitze mir vielleicht nicht so zusetzen, es sind über 30 Grad, vielleicht wäre ich aber auch einfach verloren.

Und im Halbschlaf scrolle ich durch Immobilienangebote in Norddeutschland, während der Schweiß durch mein T-Shirt ins Sofa sickert, und Z ruft, und ich reagiere nicht, schließe die Augen, will schlafen, sie ruft lauter, aus Bs Zimmer kommt ein dumpfer Schlag, jetzt haben die tatsächlich das Hochbett umgekippt, ein Freund ist zu Besuch, sie spielen Tiergehege, der Rost ist das Gitter, Z ruft lauter, ich will schlafen, will seit Wochen zum ersten Mal wieder nichts als nur schlafen, und dann denke ich: später, und stehe auf und nehme Z aus dem Bett und wärme einen Brei auf, den sie dann aber nicht will, also gehe ich mit ihr im Arm durch die Wohnung, bis sie fast an mir klebt, und dann gehen wir ins Bad, ich lege sie auf den Boden, ziehe mich aus, steige in die Dusche, lächle ins kalte Wasser, als wäre ich gläubig und über mir Gott, und dann steckt Z plötzlich fest im engen Spalt zwischen Toilette und Wand und ruft und rüttelt an der WC-Bürste, und ich springe aus der Dusche und hole sie schnell hervor und lege sie auf den Badezimmerteppich und stelle mich wieder unter das Wasser, und als ich es kurz darauf zufrieden abstelle und den Duschvorhang zur Seite ziehe, liegt sie neben dem Teppich auf den nassen Fliesen und leckt die Pfützen auf, die ich hinterlassen habe.

Und am Abend auf dem Balkon, als die Kinder schlafen, reden wir über das offiziell als Katastrophe bezeichnete Massaker in der Lübecker Bucht, wo britische Kampfflugzeuge zwei mit KZ-Häftlingen besetzte Passagierschiffe versenkten, nachdem in den Stunden zuvor schon einige hundert ehemalige Lagerinsassen aus dem Danziger Raum am Strand von Neustadt erschossen worden waren, Greise, Frauen und Kinder, von Volkssturm, Marinesoldaten, Angehörigen einer Versehrteneinheit und aufgeschreckten Neustädter Bürgern, weswegen der britische Kommandant seinen vorrückenden Truppen die Stadt zur Plünderung freigab, und dann höre ich mich zwischen zwei Zügen an der ersten Zigarette des Tages sagen, dass die vielen Tausend, die sterben, ja nur die eine Seite der Rätselhaftigkeit und Faszination des Phänomens Krieg ausmachen, die andere seien die vielen, vielen Tausend, die die Gelegenheit nutzen, um endlich einmal zu töten, und sich dabei im Recht fühlen, das Blut vollkommen wehrloser, kranker, ausgestoßener Menschen im Sand versickern zu sehen, an derselben Bucht, an der wir 70 Jahre später ungeduldig warten, dass T und E endlich kommen, mit acht Portionen Pommes zum Mitnehmen vom Ostseeblick vorne in Haffkrug, sieben Alster und einer Cola, und dass die Sonne sinkt, damit wir im Schatten der Klippen essen können und dann weiterdösen, diese Hitze ist ja nicht auszuhalten, vielleicht gehen wir später nochmal ins Wasser, vielleicht aber auch nicht, zu spät sollten wir nicht nach Hause kommen, die Lammkeule ist schon seit sechs Stunden im Ofen, bei 50 Grad zwar nur, aber irgendwann ist sie gar.

Und dann lese ich bei Daniel Ryser im Porträt eines zum Rechtspopulisten gewordenen, mit einer Vietnamesin verheirateten, ehemaligen linken Kulturjournalisten den Satz: *Mein Leben ist der permanente Versuch, sich klar darüber zu werden, was da draußen abgeht,* und natürlich ist der Selbstmord der Mutter des Populisten relevant für seine Ablehnung des Sozialstaats oder die eigene Abstammung von Geflüchteten aus Ostpreußen für seine radikalen Aussagen über private Seenotrettungsinitiativen im Mittelmeer, aber es ist doch seltsam, dass trotz der Detailtreue und Empathie Rysers bei mir bisher nur das Gefühl hängen bleibt, dass es eben Zufall ist, wer man wird, und scheiße kompliziert und dass die unterschiedlichen Grade von Arschlochigkeit und Rücksichtslosigkeit und Geldgeilheit unterschiedlich starke reale Konsequenzen haben für unschuldige Menschen, und irgendwie ist es zwar tröstend, dass ich ein anderes Frauenbild habe als all diese rechten Ur- und Naturzustandsnostalgiker oder zu haben glaube und einigermaßen viel Aufwand betreibe, mental ein okayer Typ zu sein, meiner Frau zuliebe und meinen Töchtern, und dass ich glücklicher und ausgewogener zu sein meine, seit ich weniger Pornografie konsumiere und kaum mehr onaniere, vier Wochen ist es jetzt her, das habe ich seit meinem zwölften Lebensjahr nicht geschafft, und gestern war ich sogar beim Yoga, und du sagtest, dass du sehen konntest, wie gut mir das tat, angeblich bewegte ich mich ganz anders, und ich fühlte mich so wohl in meinem Körper, dass wir in der Nacht genau den Sex hatten, den ich mir immer vorstelle, wenn ich mir einreden will, ich sei unzufrieden oder würde zu kurz kommen, aber trotzdem kann ich am nächsten Tag nur eine gespielte Empörung erkennen im Blick der Frau, der das Kleid hochweht beim Aussteigen aus der Straßenbahn, als nach der Hitze des Sommertags am frühen Abend endlich ein Gewitter kommt, und sie sieht, dass ich sehe, wie sie den Stoff wieder nach unten streicht über ihr Gesäß.

Und dann wache ich seit Langem wieder einmal um halb fünf
Uhr morgens auf und suche im Internet nach der Amerikanerin
mit armenischen Wurzeln, die bei unserem dritten Treffen in
einem Hotel in Newport Beach nach einem kurzen Kuss auf die
Knie ging und mein Glied in den Mund nahm im Badezimmer,
wohin wir gegangen waren, um Handtücher zu holen, um sie
unterzulegen auf dem Kingsize-Bett vor dem geplanten Koi-
tus, sie hatte nämlich ihre Tage, ich den Flug von München
nach L.A. aber nicht umbuchen können, weil es Neujahr war,
2005, und als ich von ihr keine Bilder finde, suche ich nach der
Südafrikanerin mit deutschen Wurzeln, die mir für immer im
Gedächtnis bleiben wird wegen der Art und Weise, wie sie meinen erschlaffenden Penis theatralisch auf meinen Bauch warf
nach meinem Orgasmus in ihrem Mund und wie ihr schelmi-
scher Ausdruck beim Schlucken mir ein wenig zu einstudiert
schien und wie ihre hoch nach oben aufragenden Beine nach-
schwangen in der Nacht davor, als ich mich nach einem wegen
zu vielen, zu starken Wodka-Longdrinks in einem Münchner
Club verzögerten und dann mit letzter Kraft herbeigeführten
Orgasmus über ihre rasierte Vulva verbreitete und über ihren
Bauch, aber auch von ihr gibt es keine Bilder im Netz, nur von
einem Missionar aus der Kolonialzeit mit ähnlichem Nachnamen, dessen Biografie mich zu einem Mystiker aus der Antike

führt und der wiederum zu einer zeitgenössischen Philosophin, die, wie ich feststelle, im selben Jahr geboren wurde wie ich und von deren Werkliste ich zu einem Interview mit ihr in der *FAZ* komme, von dem mir vor allem die Überschrift in Erinnerung bleibt: *Sex als Gebet*.

Und später, beim Duschen, kann ich mich nicht mehr beherrschen; nachdem ich mich vergewissert habe, dass das eine Kind fernsieht und das andere schläft, lege ich Hand an und ejakuliere so schnell, dass mein Penis gar keine Zeit hat, richtig hart zu werden, und ich muss an den Priester aus Claude Lanzmanns Bericht über den Mordprozess von Uruffe denken, der angeblich innerhalb weniger Sekunden ejakulieren konnte, und dann lassen die Lust und das Interesse an Körpern und Wegen in sie hinein in einem so erstaunlichen Tempo nach, dass ich unter der Dusche zu lachen beginne, mit Selbstbefriedigung hatte das nichts zu tun, eher mit einer flüchtigen Waschung, als hätte ich mir etwas Störendes, Fremdes, in Wahrheit nicht zu mir Gehörendes abgerieben von der Innenseite meiner Haut durch gleichmäßigen Druck von außen, offenbar bin ich anders drauf als der Freund von Sarah Manguso, der sich einen halben Tag lang aufs Onanieren vorbereitet: *I like to get to know myself, to pay attention, […] block off a couple of hours for the seduction*, und der sich, 14 Jahre nachdem die Ich-Erzählerin in *Perfection* ihn kennenlernt, das Leben nimmt, den *point of no return* aber vielleicht schon passiert hatte, ehe sie sich zum ersten Mal trafen, wie die Erzählerin glaubt.

Und als sie vorgestern aufgestanden ist im Stubenwagen, fiel Z mit der Stirn voran auf den Wohnzimmerteppich, weswegen wir den Stubenwagen sofort auf den Dachboden brachten, und deswegen schläft sie jetzt auch neben uns auf einer Matratze auf dem Boden, und um halb vier steht sie an unserem Bett und jauchzt und lacht und findet das alles total abgefahren, unglaublich, sie ist begeistert davon, dass sie aufstehen kann und dass sie dann uns auf dem Bett liegen sieht und dass sie nur ein wenig rufen, schnauben, mit der Zunge schnalzen und mit den Händen auf die Matratze trommeln muss, schon bewegen wir uns, langsam und ungläubig erst, aber dann steht sogar jemand auf, ich, diesmal, und in den nächsten zwei Stunden werden wir ungefähr zwölfmal die Spieluhr aufziehen, achtundzwanzigmal den Schnuller aus dem Spalt zwischen Zs Matratze und der Europalette, auf der unsere liegt, fischen, ihn ihr in den Mund stecken, sie zwölfmal auf den Arm nehmen, streicheln, an uns drücken, ein paar Schritte im dunklen Wohnzimmer machen oder im Gang, im Kreis oder nur hin und her, wie ein geheimer, schüchterner Tanz, und sie ebenso oft wieder hinlegen, vorsichtig, sanft, bereits nach einer Sekunde wissend, ob es ihr diesmal gelingen wird, einzuschlafen, und gegen sechs, nach der zweiten Milchflasche wird sie plötzlich schwer, eine körperliche Veränderung findet in ihr statt, etwas, auf das keine Berührung, keine Atmung, keine Melodie Einfluss nehmen kann, und dann lege ich sie ab, und sie dreht sich zufrieden zur Seite und schläft, und eine Stunde später geht mein Wecker, und ich stehe auf, um B zu wecken, und als sie nicht reagiert, schlafe ich fast ein im Stehen, angelehnt an ihr Hochbett, aber dann klettert sie plötzlich runter, und wir essen Haferflocken mit Honig, und ich lege einen Müsliriegel und ein paar Datteltomaten in eine Plastikbox und die Plastikbox und ihren Turnbeutel und ihre Mappe in ihren Ranzen und helfe ihr noch beim Sockenanziehen, während sie Zähne putzt, und sage, dass die rot-blauen Streifen auf ihren Strümpfen hervorragend zu den Streifen auf ihrem neuen Overall passen, auf dem *à la mer* steht, und sie lächelt, und ich kämme ihr noch ganz kurz die Haare, und dann geht sie los, und ich winke ihr nach vom Balkon.

Und dann nehme ich meinen Laptop und gehe auf die Toilette und sehe mir Strandhäuser auf der dänischen Landzunge an, auf der auch der Ort Hvide Sande liegt, weißer Sand, während braune Überreste der Grillwürste, Linsen und Brombeeren aus mir herausfallen, die wir am Vorabend im Schrebergarten mit deinen Eltern gegessen haben, und meine Müdigkeit ist wie eine warme Wolke, und ich weiß nicht, wie lange ich so sitze, aber es gibt viele Immobilienangebote bei Hvide Sande, und irgendwann habe ich alle gesehen, also lege ich den Laptop weg, stehe auf, putze mich ab, spüle, steige in die Dusche, und unter der Dusche denke ich, dass es eine ähnliche Müdigkeit gewesen sein muss gestern Nachmittag im Arbeitsraum, als ich nach dem dritten Sekundenschlaf über meinem Antikriegsmanuskript wie ferngesteuert Opera öffnete, wegen des integrierten VPNs, und Redtube und in einer Art Trance-Zustand einer Cum-Kissing-Compilation zusah, ich weiß nicht, ob es 15 oder 20 Frauenpaare waren, die sich, nachdem ihre Zungen, Münder oder Gesichter von einem Penis mit Sperma benetzt wurden, die weiße Substanz gegenseitig von der Haut leckten, von Hals, Ohrläppchen, Augenlidern und Kinn, bis beide den Samen des ansonsten nicht weiter vorkommenden Mannes in ihren Mündern gesammelt hatten, die sie anschließend geöffnet aufeinander zubewegten, um das verteilte, verspritzte Ejakulat mit sanften Zungenschlägen in einem langen, zärtlichen Kuss wieder zu vereinen.

Und vielleicht ist das Fiktive an einer Autobiografie, dass eine Linearität behauptet wird, durch den Akt des Schreibens, die mit dem Leben selbst gar nichts zu tun hat, es ist ja auch nicht möglich, viel zu erleben, während man etwas notiert, außer vielleicht einen Schokoladenkuchen essen und merken, welche Wirkung er auf die Art und Weise hat, wie ich die Welt und die Menschen um mich herum wahrnehme, die beiden grauhaarigen Männer mit Brillen mit Bändern daran zum Umhängen, die junge blonde Mutter mit Bluetooth-Kopfhörern im Ohr und einem Baby im Kinderwagen, den Autofahrer, der fast zwei Schuljungen überfährt, weil sie drei Meter vor dem Zebrastreifen über die Straße wollen, die beiden schwarzhaarigen Muskelprotze mit ausrasierten Nacken, die ihre Smartphones halten, als wären es Spielkarten, die Dame mit dem Leopardentuch und dem Dutt und den rotweißen Pailletten-Pumps, die Schwarze im Sakko am Nebentisch, die zwei Rentnerinnen, die gebrochen miteinander englisch reden, aber sich so euphorisch begrüßen, als würden sie sich schon immer kennen, den arabischen Obdachlosenzeitungsverkäufer vorm Supermarkteingang, die farbenfroh gekleideten Nigerianer vorm Handyhüllenshop, den rundlichen Alki mit den langen Haaren, der seinen beiden italienischsprachigen Saufkumpanen immer auf Sächsisch antwortet, den Chef de Service vom Grand Café Lochergut, der einen Wiener Einschlag hat, und dass ich hier jetzt die Möglichkeit habe, ein libanesisches Bier und ein Shawarma mit Aufpreis zu bestellen, um so Geld zu spenden für die Opfer einer Ammoniumnitrat-Explosion im Hafen von Beirut: irgendwie ganz okay.

Aus den Boxen im Wohnzimmer kommt *Repeat* von J Hus und Koffee, ich drehe auf volle Lautstärke, der Bass rüttelt am Bücherregal, und dann nehme ich Z, die ich im linken Arm halte, nach vorne, vor die Brust, halte sie jetzt mit beiden Armen und beginne, zu tanzen, bewege Beine, Schultern und Hüfte abwechselnd weich und geschmeidig und dann zackig und schnell, spüre dem leichten Ziehen in der Wirbelsäule nach, das die kreisende Hüfte auslöst, spüre, wie es die Wirbel hinaufklettert, in die Brust, die sich jetzt nach vorne wölbt, wie viel Platz es plötzlich gibt zum Atmen, die Schultern schieben sich wie von selbst nach hinten und zur Seite, ich sehe an die Decke, denke, dass ich eigentlich doch gerne wieder an Gott glauben würde, genau jetzt, Z lacht, gluckst, jauchzt.

Und ich beschließe, dass das jetzt eine neue Zeit ist, die Zeit, in der ich alleine tanze oder mit Z, die ja noch so klein ist, dass ich nicht darüber nachdenke, wie das aussieht, was ich hier tue mit meinen langen Beinen, meinen schmalen Schultern und meinem gar nicht mehr so kleinen Arsch, und ich spüre die Kraft der neuen Bewegungen, die Kontraktionen von vergessenen Muskeln, das Strecken und Beugen der Glieder und das gleichmäßige Wippen meines Kopfes, und ich sehe dabei Ashton Sands vor mir, wie er in seinem Tanzstudio neben einer jungen Frau ein Loch in die Decke schießt mit dem Finger in einer dermaßen synchronen Choreo, und ich stelle mir vor, es ist eine Party mit meinen Münchner Freunden, vielleicht eine Hochzeit, und du und ich trainieren ein Jahr lang, und dann kommt *Repeat* auf der Party, und wir fangen ganz beiläufig mit unserer Choreo an, und plötzlich merken alle, was wir da machen, und dann bilden sie einen Kreis um uns und jubeln und johlen und freuen sich durch uns und mit uns und in uns.

Und als mich D auf Ps Apéro fragt, ob ich mit dem Turmbau zu Babel vertraut sei, und dann, ob ich Christ sei, sage ich: Nicht mehr so sehr, und er erzählt mir von einem Projekt, das er mit einem Freund aus St. Petersburg angefangen hat, eine multiperspektivische, mehrsprachige Videoperformance auf Basis von *Le Petit Prince*, es wird Russisch, Französisch, Hebräisch gesprochen und etwas Deutsch natürlich, der Pilot, der Saint-Exupéry abschießt, kommt auch vor, und W kommt dazu und erklärt, dass er die Aufgabe habe, die einzelnen Sprachen miteinander zu koordinieren, was nicht ganz leicht sei, da er zum Beispiel gar kein Hebräisch spreche und nur sehr wenig Deutsch.

Und dann sagt der Mongole mit der Gitarre rechts von mir, dass er neben Russisch, Mongolisch, Englisch und Deutsch auch ein wenig Chinesisch könne, und dann taucht eine Perserkatze auf, und D ruft: Katzensong!, und der Mongole haut in die Saiten und ruft: Miau, miau, miau, da geht eine Katze, sie sucht sich eine Platze, und ich sage zu D, dass es vielleicht ganz schön sei, wenn man nicht alles genau verstehe beim kleinen Prinzen, und er scheint nicht überzeugt, steht auf und filmt T, der den Samowar anheizt mit einem Schweißbrenner.

Und ich nehme mir noch eine Handvoll Chips und eine Scheibe Salami, als sich da, wo eben noch D war, ein Ehepaar um die 60 in den Stuhlkreis um den reich gedeckten Tisch einfügt, sie kämen gerade aus ihrem Ferienhaus im Elsass, sagt er, und dass er beim Steueramt arbeite, und seine Frau sagt, sie arbeite seit acht Jahren an einem neuen Modell des Gehirns, es sei eine Schande, was die Mainstreamforschung da abliefere, seit alles von der MRI-Technologie dominiert wäre, würden wir immer weniger über das Hirn verstehen, wie auch, in der höchstmöglichen Auflösung des besten bildgebenden Verfahrens kämen auf ein Pixel immer noch 5 Millionen Neuronen oder 500 000, auf jeden Fall viel, und dann sage ich, dass ich einen Freund an der Uni Luxemburg habe, der sei Psychoneuroendokrinologe und der sage auch, dass wir eigentlich keine Ahnung haben, wie das Gehirn funktioniert.

Mittlerweile ist eine Frau in weiten Gewändern aufgetaucht und hat die langhaarige Perserkatze auf den Arm genommen, als wollte sie sie schützen vor der Musik des Mongolen und vor seinen Miaus, aber der erhöht nur das Tempo, wechselt die Tonart, singt jetzt aus vollem Hals: Gib mir meine Katze zurück, ich brauche doch meine Katze, und als das allgemeine Gelächter etwas abgeebbt ist und die Frau mit der Katze in der Dunkelheit hinter der Hecke verschwunden, sage ich, dass ich mich jetzt verabschieden würde, ich müsse nach Hause, meine Kinder, meine Frau, und die alte Frau sagt: Versuchen Sie nicht, mich zu finden im Internet, meine ehemaligen Kollegen haben mir schon mehrfach die Identität geklaut, die wollen an meine Forschung, aber ich weigere mich, also sorgen sie dafür, dass mich niemand findet im Internet, mein Mann und ich haben schon mehrere 10.000 Franken dafür ausgegeben, eine neue

Online-Identität für mich zu bekommen, aber nichts zu machen, und dann sagt sie noch, die Schweiz habe nur sechs Cyber-Polizisten für acht Millionen Einwohner und im Übrigen sei der Kortex total überschätzt, der könne nichts selbst herstellen, sondern nur zeigen, spiegeln, darstellen wie eine Bühne, auf der wir uns unser Leben anschauen, und der eigentlich interessante Teil der Arbeit des Gehirns werde im Hirnstamm gemacht und, ja, auch im Bewegungsapparat, den Extremitäten, Muskeln, Knochen, den Gelenken, der Haut.

Und weil ich nicht einfach so gehen will, ohne noch etwas zu sagen, sage ich: Dann ist das Gehirn vielleicht nur eine leere Struktur, die wir füllen müssen mit konkreter Erfahrung, die wir mit unseren Körpern machen, und sie sagt: Nein, es ist ganz anders, aber ich kann Ihnen das nicht verraten, Sie würden das ja doch nur klauen und in einem Buch verwenden oder so, und dann sage ich, dass ich jetzt wirklich gehen müsse, stehe auf, winke in die Runde, sage Danke und Tschüss, und T sagt: Du machst das ganz falsch, du sollst nicht gehen, du sollst Wodka trinken.

Und zwei Tage später sitze ich morgens vor dem Café Hubertus und denke darüber nach, ob ich mehr über nationale Eigenarten schreiben soll, obwohl ich die Nation doch so gern überwinden will, über das genuin Seltsame, das Czesław Miłosz dem russischen Volk bereits in den frühen fünfziger Jahren attestierte, oder doch lieber über das vollkommen Andere, nicht weniger Seltsame, das so passiert in den USA.

Und all die Geister, die verzweifelt versuchen, klarzukommen in der sich langsam auflösenden staatlichen und sprachlichen

Ordnung, sind nur ein Kollateralschaden radikaler Steuer-sparer, instabile Bewusstseine, aufgebaut aus einander wi-dersprechenden Aussagen, in der globalen Dissonanz von fundamentaler Skepsis und immer häufiger plötzlich um sich schlagenden Ersatzgewissheiten, aber das alles erklärt auch nicht, wer davon profitiert, dass alles immer komischer wird, und warum das passiert.

Und bei Miłosz lese ich über die Gefahr der schleichenden, un-bewussten Anpassung an das System, die viel größer sei als die konkreten Lager und die Gewalt, weil das Bewusstsein gar nicht merke, wie viel perfekter und effizienter es genau die Ar-beit der Lager mache und der Gewalt, und dann denke ich, dass es das ja auch hier gibt und jetzt, also keine Lager und deutlich weniger Gewalt, aber die schein-autonome Anpassung an ein genau so und so imaginiertes Publikum, und selbstverständ-lich ist Selbstzensur keine Zensur, aber trotzdem scheiße und, wie ich finde, schwer zu unterscheiden vom verzweifelten Ge-fallenwollen, Gesehen-, Erkannt-, Verstandenwerden endlich einmal, und zwar von der verdammten Mehrheit, dem Markt also, der ein wirklich gutes Produkt doch trotz allem erkennt.

Und dann habe ich plötzlich wieder einmal Angst beim Ge-danken, das, was ich hier mache, jemandem zu zeigen, und ich frage mich seit Langem wieder einmal, was ich hier eigent-lich mache und ob ich nicht klarer wissen müsste, worum es bei dieser Arbeit geht, und diesem Wissen folgen, irgendeine Vision haben, künstlerisch oder gesellschaftlich, eine Hand-lung, ein Akt über die mir immer wieder rein zufällig vorkom-mende Bewegung des Füllers auf dem Blatt hinaus, und ob-wohl ich schon lange und mehrfach entschieden habe, nicht mehr über sexuelle Fantasien zu schreiben, schon gar nicht mit Nachbarinnen, muss ich, das spüre ich, doch diesen einen Satz erwähnen, den ich heute hörte in mir, nachdem ich die neu zugezogene, hochgewachsene Holländerin, die ich gestern im Sandkasten kennenlernte, als unsere Kinder spielten, am Morgen prompt auf der Straße sah und zunächst wegschaute, merkte, dass sie mich anlächelte, dann wieder zurückblickte und selbst lächelte, als hätte ich sie jetzt erst erkannt, als hätte ich nicht gestern Nacht und heute Morgen als Letztes und Erstes vor und nach dem Schlafen in den Hof geblickt und an sie gedacht, und ich fragte sie nicht: Wie geht's?, und dann waren wir schon aneinander vorbei, und obwohl ich weiß, dass sie mir wahrscheinlich in einer Woche, nach ein, zwei weiteren Gesprächen angenehm egal sein wird, fragte ich mich dennoch, ob ich nicht früher hätte lächeln sollen, und dann hörte ich den Satz: *How could I have made her want me more?*

Und ich wünsche mir so, so sehr, dass meine Töchter nicht infiziert werden von meiner weinerlichen Selbstbestätigungsgeilheit, und ich denke, wir müssen unbedingt so was von die Geschlechterrollen aufbrechen, weil ich, obwohl ich es natürlich besser weiß, das Gefallenwollen im ersten Moment intuitiv für eine weibliche Rollenzuschreibung halte, immerhin realisiere ich schnell, dass das überhaupt nicht stimmt, ich identifiziere mich ja schließlich nicht als Frau, und dann frage ich mich, in einer seltsamen Denkfigur, von der unklar ist, ob sie mich entlasten soll oder den Feminismus diskreditieren, ob nicht alles, was Menschen tun, letztlich darauf abzielt, von anderen Menschen gemocht zu werden oder sogar begehrt, und ob es nicht vielmehr die Männer sind, die hier den abgefahreneren Scheiß veranstalten bei dem Versuch, Erwartungen überzuerfüllen, mit Muskeln, Geländewagen und Wasserstoffbomben, und dann fällt mir auf, dass ich ja gar nichts Abgefahrenes tue, im Gegenteil, und für einen kurzen Augenblick frage ich mich, ob ich nicht vielleicht eine Frau bin, und dann lese ich, dass J. K. Rowling einen Menschenrechtspreis, der ihr von einer gemeinnützigen Organisation verliehen worden war, zurückgegeben hat, weil sie gesagt hat, Männer, die sich als Frauen fühlen, sollen erst wie Frauen behandelt werden, wenn sie die entsprechenden hormonellen und chirurgischen Anpassungen vorgenommen haben, was sie mit ihren persönlichen Erfahrungen sexueller Gewalt begründete, woraufhin sich die Menschenrechtsorganisation enttäuscht äußerte dahingehend, dass Rowling mit solchen Aussagen den Hass auf Transmenschen befeuere, und im Übrigen habe die Wissenschaft zweifelsfrei festgestellt, Geschlecht sei keine binäre Kategorie, der Übergang graduell, und ich versuche, mir einen Penis und eine Vulva vorzustellen, die einander so ähnlich sind, dass es unmöglich ist, sie voneinander zu unterscheiden, und dann denke ich an ein Sandkorn und dann an noch eins, an noch eins und noch eins, an noch eins, an noch eins und dann an den Strand.

Und vielleicht ist die Utopie ein Moment, der Tag für Tag wiederkehrt und den man ganz leicht übersieht, weil man so beschäftigt ist, ihn als Dauerzustand zu imaginieren und herzustellen, und die alte Schizophrenie, die Miłosz beschreibt im Konflikt zwischen individuellem ästhetischem Anspruch und zentral bewilligter Methode, hat vielleicht dieselbe Wurzel wie der neue Hass, der sich in gut geheizten Räumen, auf Ledersofas, neben gefüllten Kühlschränken, Strom- und Wasseranschlüssen, vor Flachbildfernsehern und digitalen Endgeräten manifestiert, die Sehnsucht nach der Eindeutigkeit, Absolutheit, Klarheit, was nichts anderes heißt als das Anhalten der Zeit, was ja in gewisser Weise 1990 geschehen ist, als der Dualismus der gegensätzlichen Geschichten kollabierte, und weil der Widerspruch im Großen verschwunden ist, suchen wir ihn seither im Kleinen, irgendwo zwischen veganem Rassismus und der stetig steigenden Nachfrage nach SUVs mit Elektroantrieb, schnellere, größere, nachhaltigere Panzer zum Schutz des Egos und auch ein bisschen der Umwelt, maximale Abgrenzung bei minimaler Vernichtung.

Und vielleicht wäre das eine Erkenntnis, die, obwohl sie banal ist, einmal ausbuchstabiert werden müsste, dass Abgrenzung keineswegs Vernichtung bedeutet; die friedliche Koexistenz der Meinungen ist im Diskurs leider wieder verloren gegangen, zumindest kommt es mir heute so vor, dass es einmal anders war, dass es eine Zeit gab, in der man miteinander redete und Argumente sich eher wie Vorschläge anfühlten, Angebote, eine neue Sicht einzunehmen auf die Welt, und nicht wie Angriffe auf den Verstand oder die Menschlichkeit, und ich weiß nicht, ob meine Haut dünner geworden ist oder die Lust an der Häme und der Überlegenheit größer, aber ich würde mir wünschen, dass wir Wörter nicht mehr als Waffen begreifen, mit denen man unsere Wahrheiten in einen fremden Kopf einhämmern kann, sondern eher wie mutige, verwirrte, neugierige Kinder, die mit denen des Nachbarn spielen und gemeinsam Dinge entdecken, die wir uns nicht einmal vorstellen können.

Und vielleicht ist Glück der Zustand der Leere, der Stille und Reglosigkeit tief in mir drinnen nach dem Nachlassen der Schmerzen, die mich aus dem Bett treiben um Viertel nach fünf, nach dem Einsetzen der Wirkung einer halben Ibupro-

fen, nach dem erfolgreichen Abbruch einer in die Tiefe stür-
zenden Gedankenspirale über den Mangel an Schönheit und
Platz in meinem Blickfeld, wenn ich vorsichtig in die Küche
schleiche, und den damit verbundenen Mangel an Geld, Erfolg,
Intelligenz, allgemeiner Bewunderung für meinen Körper, und
dann denke ich, nein, hör auf, hör sofort auf, und muss fast
lachen, wie einfach das war, und dann ist da wieder nichts, nur
das Rauschen der Autos auf der Ausfallstraße, und vielleicht
ist diese Leere kein Mangel, sondern ein Vermögen, vielleicht
fehlt mir gar nichts in solchen Momenten.

Und auch wenn privat alles super ist gerade, macht mir dieses Projekt langsam durchaus Kopfschmerzen, da ich auch nach über 800 handgeschriebenen Notizbuchseiten immer noch nicht genau weiß, wer hier redet und worüber und mit wem und warum, und ich vermute, dass es einerseits darum geht, das, was ist, so wie es sich für mich darstellt, abzubilden, und andererseits darum, zu versuchen, möglichst wenig Sinn, Struktur, Ordnung beim Abbilden hineinzulesen, -zudenken oder -zuhoffen, mein Wunsch ist, ein Abbild genau der Unordnung und Unübersichtlichkeit und der Zusammenhanglosigkeit und Kleinheit und Angst und Lächerlichkeit zu schaffen, die, auch wenn ich es ganz gut anders nach außen darstellen kann, den Kern meiner Erfahrung ausmachen, nicht mit dem Ziel, das Leben schlechtzumachen oder mich selbst, im Gegenteil, ich will versuchen, mich trotzdem zu mögen, obwohl ich nur ein verwirrter, unentschlossener, wehleidiger Mann bin.

Und vielleicht sind die morgendlichen Bewegungen meiner Hand über das Papier vergleichbar mit dem Reizhusten des breitschultrigen Typen da drüben mit der tief sitzenden Hose und dem nach hinten gedrehten Baseballcap, der zwischen zwei Zigarettenzügen in Erschütterungen, die durch seinen ganzen Körper gehen, vom Gehsteig aus in den Gully hustet, anschließend etwas Schleim hochzieht, ausspuckt und das Gespräch mit seinem Freund fortsetzt, weniger als drei Meter entfernt von dem Tisch, an dem ich sitze vorm Café Bauer, an einem heißen Spätsommermorgen am Albisriederplatz, mit der Sonne im Rücken, und dann gehen sie weiter, und er zieht nochmal an seiner Zigarette und hustet, spuckt nochmal aus, während sich Wörter formen vor mir in meinem eigenen Schatten, Kräfte, Impulse, Spuren von Substanzen, die erst in den Körper hineingehen und dann auch wieder aus ihm herauskommen müssen, früher oder später, und obwohl ich mich wirklich nicht mehr so sehr für Sex zu interessieren beschlossen habe, denke ich bei *rein, raus* natürlich an Penetration, und dass das auch ohne Beteiligung der Geschlechtsorgane passieren kann, merke ich immer wieder, wenn mein Gegenüber einfach auf mich einredet, ohne darauf zu achten, was ich sage oder ob ich gerne auch etwas sagen möchte oder ob ich überhaupt zuhöre, es gibt Menschen, die ihre Sätze und Wörter einfach so in dich reinballern, egal, ob du tot bist oder noch lebst, und ich beneide sie manchmal ein bisschen, dass sie für ihre Äußerungen und damit ihre Selbstvergewisserungen, am Leben zu sein, nicht das Einverständnis eines Gegenübers brauchen und also so anders sind als ich, der, ehe er redet, wissen muss, dass das Gegenüber auch wirklich Lust hat, Zeit und idealerweise sogar ein positives Gefühl verspürt, Freude, Anerkennung, Bewunderung oder Liebe, und ich würde gerne die Parameter kennen, nach denen sich diese meine Verzagtheit informationstechnisch simulieren ließe, eine verstockte, sogenannte künstliche Intelligenz aus unterdrückten Impulsen, übertriebenem Stolz und falscher Bescheidenheit, dem erstaunlichen Glück angesichts der Vorgeschichte der Eltern mit Missbrauch und Bombenangriffen und einer sorglosen

Kindheit in einer Doppelhaushälfte mit Garten in einem Wohngebiet in München-Ost, in der besten Familie der Welt bis zur Scheidung.

Und vielleicht könnte ich mithilfe dieser Simulation dann herausfinden, in welchen Momenten mein Denken abbiegt und Wände zu bauen beginnt zwischen den anderen Menschen und mir, ob es eine kritische Phase des möglichen Einlenkens oder Einhakens gibt und wenn ja, warum sie so oft ungenutzt verstreicht, und ob es die mir regelmäßig zu spät einfallenden und darum unterdrückten Repliken sind, die einbluten in meine Aufmerksamkeit und Zuneigung, während mein Gegenüber spricht und spricht und spricht und ich plötzlich auch, wenn es mir doch irgendwann gelingt, wieder einzugreifen in den Gesprächsverlauf, bei einem Themenwechsel, einem Gang zur Toilette, der Bestellung einer neuen Runde Bier zum Beispiel, zum Beispiel im Des Gorges am oberen Ende der Taubenlochschlucht bei Biel, wo wir mit meiner Schwester und ihrem Mann unseren siebten Hochzeitstag feiern, wir laufen die Schlucht hinauf, setzen uns an einen Tisch, reden, trinken, essen, trinken und rauchen acht Stunden lang, schlafen, frühstücken und spazieren wieder nach unten, inzwischen schweigend, ab und zu eine Hand an die Felswand legend an einer der Stellen, wo die verschiedenen Schichten von steinernen Über- und Ablagerungen besonders gut sichtbar sind.

Und manchmal frage ich mich, ob ich, um mich so richtig zu mögen, aufhören müsste, immer von allen anderen verstanden werden zu wollen, immer überall dazugehören zu wollen, und vielleicht ist das alte Zitat von Johannes Jansen: *Es war die fragwürdige Sucht nach dem Fremdsein, auf einer trockenen*

Straße, auf der Suche nach einem Feind, das ich beinahe meinem ersten Roman vorangestellt hätte, jetzt besser geeignet, um mir selbst meine Arbeit aufzuschlüsseln, vielleicht brauche ich endlich Gegner statt Gegenüber, Konflikte, Streit, um in der Abwehr von etwas zu merken, was es eigentlich ist, das ich da verteidige.

Und dann packe ich meine Sachen und bezahle die Rechnung und stehe auf und beschließe, eine Liste möglicher Feinde zu erarbeiten, aber erst in den nächsten Tagen, eigentlich habe ich gar nicht so große Lust darauf, und ich schließe das Fahrradschloss auf und schnalle den Helm fest, und dann treffe ich ein kurdischstämmiges Mädchen, das manchmal mit B im Hof spielt, und ihre Mutter, die mir durch ihre Maske erklärt, dass das Kind Schnupfen habe und darum nicht in der Schule sei, und dann sagt sie, dass sie erfahren habe, dass eines meiner Bücher ins Türkische übersetzt wurde, und gibt mir 20 Franken gegen das Versprechen, ihr eins zu besorgen und einzuwerfen, was ich gerne gebe, und dann sagt sie noch: Ach, die Türkei, und wir schütteln den Kopf, und kurz bevor ich aufs Fahrrad steige, sagt sie, es sei schon ein komisches Gefühl, wenn sich zehn Kalaschnikows auf deinen Kopf richten, und dass sie mit neun Jahren ein Massaker in der Türkei überlebt habe und ihre Tante seitdem vermisst werde, weswegen ihre Tochter jetzt diesen Namen trage, und dann verabschieden wir uns, und ich danke Gott für die Langeweile in meinem Leben.

Und nur zwei Tage später, als ich am Fenster stehe und versuche, Z in den Mittagsschlaf zu wiegen, spüre ich plötzlich eine schnell aufsteigende Unzufriedenheit in mir, und erst mache ich den Blick auf die Ausfallstraße und die Bahngleise dafür ver-

antwortlich, die Platzverhältnisse in unserer Genossenschaftswohnung, den hellen Linoleumboden und den Schimmel, der
dunkel durchscheint im Bad neben der Toilette, und dann dich,
wieder einmal gebe ich dir die Schuld für mein Leben und für
meine finanzielle Abhängigkeit von dir, und Z schreit und windet sich hin und her, und ich denke über eine Mansarde in
Biel nach und über einen Job an der Bar im Coupole und One-
Night-Stands und darüber, dass ich mich dann sicher wieder so
einsam und nutzlos fühlen würde wie damals, als ich längere
Zeit in München allein war und zu viel trank und mit Frauen
schlief, die ich gar nicht kannte, und dann erinnere ich mich an
die Wohnung, die ich mit zwei Freunden bewohnte, die große
Altbauwohnung über einer Augustinerwirtschaft, und daran,
dass ich nie wieder so viel Platz hatte in meinem Leben und
damals dennoch zum ersten Mal Einsamkeit in Selbsthass und
Angst kippte, und dann beginnt sich sogar ein Gedanke zu formen à la: Jetzt bin ich wieder am selben Punkt wie vor 20 Jahren, nur mit weniger Geld, einer Frau und zwei Kindern, und
dann wird es dunkel, und du kommst nach Hause, und alles ist
wieder gut, wir beschließen, dass wir doch noch nicht aufgehört haben zu rauchen und öffnen eine Flasche Wein.

Und als Z in der Nacht aufwacht, mache ich ihr eine Milch und
bringe sie dir, und dann fragst du, ob ich dir vielleicht ein Mineralwasser machen könnte mit unserem SodaStream, und ich
sage ja, gehe zurück in die Küche, wasche die Flasche aus, fülle
sie mit kaltem Wasser und schieße dann CO_2 hinein, einmal,
zweimal, dreimal, viermal, fünf-, sechs- und siebenmal, lange
halte ich die Taste gedrückt, weil ich weiß, dass du dein Wasser gerne mit viel Sprudel trinkst, und ich denke, wenn Z jetzt
nicht mehr einschläft wegen des Lärms, ist das eben so, du

hast Durst, und wir sind zusammen, und dann bringe ich dir vorsichtig das volle Glas ins dunkle Schlafzimmer, das aufsteigende, knisternde Gas ist lauter als meine vorsichtigen Schritte auf dem Parkett, ich sehe deine Mundwinkel nach oben gehen in der Dunkelheit, und Z schläft tief und fest weiter.

Und obwohl ich weiß, dass es genau diese Momente sind, auf die ich mich konzentrieren möchte, im Leben und auch im Schreiben, obwohl mir bewusst ist, dass es natürlich das Glück ist, das überwiegt in meinem Dasein, dass ich wirkliches Leid, Unglück, Krankheit Gott sei Dank nie erleben musste, und obwohl ich dieses Schreibprojekt eigentlich in den nächsten Monaten zu einem versöhnlichen Abschluss bringen wollte, laufe ich zwei Tage später morgens um Viertel nach neun aus dem Haus und höre mich singen, in der Melodie von *Wer hat die schönsten Schäfchen*: Ich bin zu dumm zum Scheißen.

Und mir ist natürlich klar, dass auch diese Stimmung vergehen wird, dass dieser Versuch, die Wut auf mich selbst in Lächerlichkeit zu überführen, ausgelöst wurde von einer ganz banalen Kombination aus Lärm (Z war seit sechs Uhr wach und laut), Hunger (ich hatte noch nichts gegessen) und Zerstreutheit (ich hatte, nachdem ich eine Viertelstunde die Wohnung nach meinem Schlüssel abgesucht und mich dann daran erinnert hatte, dass er im Kinderwagen liegt, mit dem du und Z weg wart, die Wohnung wissentlich ohne Schlüssel verlassen, aber unwissentlich auch ohne Telefon, weswegen es jetzt sehr viel schwieriger werden würde, an meinen Schlüssel zu kommen und in meinen Arbeitsraum).

Und ich bin sicher nicht der einzige Mensch, dem so etwas immer wieder passiert, aber es wundert mich doch, dass es so schwierig zu sein scheint, dazuzulernen auf dem Gebiet der Sorgfalt und Selbstorganisation, und besonders irritiert mich diese Schwierigkeit, wenn ich merke, was mir meine Mitmenschen ab und zu zutrauen, intellektuell und emotional, obwohl ich, wenn ich jemandem von dem letzten Buch erzählen soll, das ich gelesen habe, oft nicht einmal mehr den Titel nennen kann oder die Autorin, so dass ich mich manchmal frage, ob es vielleicht einen Bereich gibt, in dem Lässigkeit kippt in Verblödung, und wo genau ich mich befinde auf diesem Kontinuum und ob ich, wenn ich es wirklich versuchen würde, lernen könnte, besser organisiert zu sein, zumindest im Hinblick auf Nahrungsaufnahme und Aufbewahrung meiner persönlichen Gegenstände, ob ich es schaffen kann, weniger dumm zu sein.

Und dazu würde auch gehören, die regelmäßige Bewegung meines Körpers zu organisieren, das Wissen zu verinnerlichen, dass ich, wenn ich eine Woche nur auf dem Sofa sitze, nicht mehr werde aufstehen können und dass einmal die Woche Yoga nicht reicht und der Weg mit dem Fahrrad zum Arbeitsraum ebenfalls nicht und dass es nicht hilfreich ist, das plötzliche Auftreten eines Ziehens im Bereich von Hüftgelenken und Gesäß zwei Tage nach der letzten Yogastunde und trotz Fahrradfahrten in meinen Arbeitsraum notwendigerweise psychosomatisch zu deuten, als Zeichen von Angst, Trauer oder unterdrückter Wut angesichts der bevorstehenden Reise nach München zur Taufe meines Neffen, auf die ich mich natürlich freue, die mir aber auch Angst macht, wie fast alles eigentlich, wozu ich ein Gefühl haben soll, eine Meinung, ein paar passende Worte, und zwar nicht nur zur Vervollständigung des von meinem Gegenüber bereits skizzierten oder erhofften Bildes, sondern vielleicht auch mal etwas Neues, Unangenehmes, Überraschendes, Wahres, Eigenes.

Und dann war die Reise ganz wunderbar und die Taufe auch, und ich kann mich an keinen Moment erinnern, in dem ich mich gefragt hätte, wie lange es wohl noch dauert und mit wem ich wohl noch reden sollte und mit wem eher nicht oder was ich überhaupt tue auf der Welt, stattdessen habe ich vom Aufstehen im kleinen Gästezimmer im Haus meiner Schwester um sieben bis zum Schlafengehen um zwölf praktisch gar nicht gedacht, ich habe Z gefüttert, B zum Zähneputzen aufgefordert, mit meiner Schwester beim Kaffee kurz festgestellt, dass es nichts bringt, wenn ich unserem Vater sage, dass ich in einigen Dingen ganz grundsätzlich anderer Meinung bin als er, und dann sagte meine Schwester, seit sie sich bewusst gemacht habe, dass unser Vater ein bisschen verrückt sei, gehe es ihr besser, und dann sagte ich, aus Gründen der Gerechtigkeit, dass unsere Mutter auch ein bisschen verrückt sei, und meine Schwester nickte, und ich war kurz davor zu sagen: Und wir ja auch, tat es dann aber nicht, und in der kurzen Stille spürte ich, wie die Entscheidung dagegen, mich nur aus Gründen der Harmonieliebe und einem seltsamen Empfinden von Ausgewogenheit und sprachlicher Gerechtigkeit mit meinen Eltern gemeinzumachen, meine Präsenz auf der Ebene der Elementarteilchen verstärkte, als würden die Atome, aus denen ich aufgebaut bin, einander mit einem Mal etwas stärker anziehen, und dieser Gedanke: Wie geil, ich habe zum ersten Mal nicht gewohnheitsmäßig alles, was ich sage, im nächsten Satz relativiert, war der einzige Metagedanke an diesem Tag, und dann sprachen meine Schwester und ich über etwas anderes, bis die Taufe losging, bis wir uns und die Kinder anziehen mussten, losspazierten, ich die Lesung aus dem Buch Lukas machte, während Z auf Bs Schoß in der ersten Kirchenbank saß, *wer das Reich Gottes nicht annimmt wie ein Kind, der wird nicht hineinkommen*, und später tranken alle Bier im Garten und Wein, und wir aßen Südtiroler Gebäck, polnische Wurstsuppe und bayrischen Leberkäs, und die Kinder tanzten in Lederhosen und Dirndln zu amerikanischer Musik um ein und auf einem Trampolin, und als es dunkel wurde, machten wir ein Feuer, und Z schlief im Kinderwagen ein, B las drinnen im Bett *Lucky Luke*, und ich drehte mir eine Zigarette und rauchte, und als einer der kinderlosen Männer sagte, dass er es sich nicht vorstellen könne, seine Freiheit aufzugeben für ein Kind, ging ich ins Bett, mit genau der richtigen Menge Alkohol und Nikotin im Blut, um sofort einzuschlafen und nach sieben Stunden ohne Kopfschmerzen, ausgeruht und erfüllt und dankbar aufzuwachen, als Z ihre Stirn langsam in meine Rippen schob und dabei Laute von sich gab, die klangen wie: Da, da, da, da.

Und dann gehe ich zum ersten Mal für zwei Stunden weg, lasse sie mit vier jungen Erzieherinnen und sechs Kindern allein, es ist der zweite Tag der zweiten Eingewöhnungswoche, und sie hat die bisherigen Trennungen – erst 15, dann 30, dann 60 Minuten – sehr gut gemacht, wie man mir sagte; gestern, als ich sie holte, schlief sie, und als ich fragte, ob sie schnell eingeschlafen sei, sagte die Leiterin der Räupli-Gruppe: Ja, total, es waren nur fünf Minuten.

Und ich weiß, dass es ganz allein meine Entscheidung ist, ob ich mich mit der Frage beschäftige, ob fünf Minuten kurz oder lang sind und unter welchen Umständen sie lang oder kurz wirken, wie eine Ewigkeit oder das Nichts, und ich bin geneigt, es als Fortschritt zu betrachten, dass ich mir diese Frage jetzt nicht stelle, was habe ich früher gelitten, wenn ich B zur Kita brachte, die da aber schon zwei Jahre alt war, Z ist genau elf Monate, und ich werde nie vergessen, wie B in ihren Schnuffelhund schluchzte, nachdem sie sich abgewendet hatte von der Glasscheibe, an der wir erst die Hände aneinandergedrückt hatten und dann sogar unsere Lippen, und das Glas war trüb an der Stelle von den vielen Handabdrücken und Kussmündern der vielen zweifelnden Eltern, die das Liebste, was sie hatten, dem ersten Abschiedsschmerz seines Lebens aussetzten, weil sie Geld verdienen mussten oder wollten oder einfach mal Zeit für sich brauchten oder es nicht mehr aushielten, mit ihren Kindern jeden Tag immer genau das Gleiche zu machen, Spielplatz, Wickeln, Brei, Windeln, Dinge vom Boden aufheben, und ich weiß, dass es kein Verbrechen ist an meiner Tochter, dass ich sie abgebe, damit ich das hier schreiben kann, auch wenn ich noch nicht weiß, ob es irgendwer anderes jemals lesen wird außer ich selbst.

Und dass Kapitalismus nur ein anderes Wort ist für Egoismus nach der Erfindung des Geldes, ist natürlich ebenso trivial wie die Erkenntnis, dass ein vollkommen altruistisches Existieren wahrscheinlich nicht möglich, sicherlich aber sehr ungesund ist, und noch trivialer ist natürlich die Vorstellung einer Balance, eines Zustands der Harmonie im sanften Oszillieren zwischen dem Blick nach innen und dann in die Welt, denke ich, als der stille ältere Herr, der unter uns wohnt, genau vor mir an dem Cafétisch vorbeiläuft, an dem ich sitze, und mir fällt ein, dass du mir gestern erzählt hast, dass seine Frau vorgestern gestorben ist, und ich hoffe erst, dass er mich nicht sieht, und frage mich dann, ob die Härte in seinem Gesicht neu ist oder ob ich sie erst jetzt sehe, nachdem ich entschieden habe, ihm nicht mein Mitgefühl auszusprechen, weil ich ganz dringend einen Gedanken zu Ende bringen muss, einen Satz aufs Papier.

Und dann sehe ich ihn etwas später nochmal, auf einer Bank unter einem Baum, als ich Z ins Auto setze, um mit ihr B von der Schule abzuholen und dann gleich weiterzufahren zum Städtischen Begegnungszentrum, wo sie einen Schnuppertag in der Tiergruppe verbringen wird und wo ich mich fragen werde, wie jemand allen Ernstes ein Staatswesen ablehnen kann, das es Kindern ermöglicht, kostenlos unter pädagogischer und tierpflegerischer Betreuung Esel, Alpakas und Ziegen zu füttern, und jetzt lächle ich ihn lange an, mit einer Mischung aus Heiterkeit und Mitgefühl, und als würde die eigenartige Stellung meiner Gesichtsmuskeln ganz bestimmte Erinnerungen hervorrufen, sehe ich mich plötzlich als kleinen Jungen die Treppe in unserem Wohnhaus in München hochgehen, vorbei an der offenen Tür meines ehemaligen Zimmers, in dem meine Großmutter liegt mit Leberkrebs im fortgeschrittenen Stadium, und ich weiß nicht mehr, wie man uns das gesagt hat, aber ich weiß noch, dass damals, als sie einzog, klar war, sie würde hier sterben, und weil ich mich nie in das Zimmer hineintraute, weil es so komisch roch und überhaupt, gewöhnte ich mir an, auf meinen täglichen Wegen in mein provisorisches Zimmer unterm Dach und wieder hinunter so liebevoll, zurückhaltend, einfühlsam, respektvoll und herzlich zu lächeln, wie ich nur konnte.

Und auch wenn ich mir mit zehn Jahren noch keine Gedanken machte über Aufrichtigkeit, merkte ich damals schon, dass etwas seltsam war an meinem Verhalten gegenüber meiner Großmutter, und auch jetzt, da mir die Distanz zwischen einem Akt und dem ihn begleitenden emotionalen Zustand bewusst ist und ich viel darüber nachgedacht habe, kenne ich immer noch keine Lösung für das Problem; nur noch zu tun, was ich wirklich fühle, kommt mir nicht nur moralisch, sondern auch politisch unverantwortlich vor, obwohl diese Haltung mittlerweile auf der ganzen Welt über eine starke Anhängerschaft verfügt und mächtige Repräsentanten in Parlamenten und auf Regierungsbänken gewonnen hat, und alle Gefühle, die meinen momentanen Aktivitäten zu widersprechen scheinen, zu unterdrücken oder abzustellen ist mir ebenso wenig möglich, wie einen Satz vorzeitig – obwohl: Wenn es etwas gibt, das ich gelernt habe in den letzten zehn Jahren, seit ich in New York den autodestruktiven Tendenzen in meinem Denken freien Lauf ließ, dann, dass ich auch die Macht habe, eine Stimmung wieder zu beenden, eine Gedankenschleife zu lösen, einen Absturz aufzufangen, Einbrüche umzuleiten.

Und am nächsten Morgen treffe ich den Nachbarn, dessen Frau gestorben ist, noch zweimal innerhalb einer Stunde, zuerst, als ich vom Supermarkt zurückkomme mit einer Packung Waschpulver im Arm, er sitzt diesmal auf einer Bank vor dem Wohnturm neben unserer Siedlung, und dann, als ich mit Rucksack und Schwimmzeug die Wohnung verlasse, nachdem ich eine Ladung mit Bettwäsche in die Maschine geworfen und das Programm gestartet habe, er kommt gerade nach Hause, und beide Male lächle ich ihn an genau wie meine sterbende Oma und wünsche ihm einen schönen Tag, und er lächelt genau wie sie dankbar zurück, so dass ich weder damals noch heute das Gefühl habe, ich müsste mehr tun oder es gäbe überhaupt irgendetwas, das man tun könnte, eine Umarmung, einen Händedruck, eine ernst gemeinte, offene Frage.

Und wie wenig ernst gemeint all diese Überlegungen sind, wird mir am nächsten Tag schlagartig klar, als du zum ersten Mal seit langer Zeit wieder über deine schlimmen Gedanken sprichst und in Tränen ausbrichst, und ich nehme dich in den Arm und weiß, dass das alles ist, was ich im Moment tun kann, und also halte ich dich fest, aber gleichzeitig staune ich, wie wenig Angst oder Verunsicherung ich spüre, dass ich deinen Schmerz offenbar nicht annähernd so existenziell auffasse gerade wie du, und das ist sicher besser als die Wut, die ich früher spürte angesichts deiner Stimmungen, als ich deine Trauer noch als Angriff auf meine Person empfand, als Kritik am Zusammenleben mit mir.

Und die Unentschiedenheit zwischen meinem eingebildeten Leiden unter deiner Trauer und meiner Abhängigkeit von dir zieht sich durch alle mir verfügbaren Beschreibungsebenen meiner Wirklichkeit, manchmal denke ich, das war der beste Sex meines Lebens, dann denke ich, wieso haben wir eigentlich nie welchen, dann denke ich, dass du mich kontrollierst, kommandierst, verhöhnst, dann denke ich, dass ich dankbar sein muss, dass du es aushältst an meiner Seite, meine Eitelkeit, meine Wutanfälle, meine überholte, toxische Männlichkeit, mein zunehmendes Alter, die Tatsache, dass ich aus Deutschland komme.

Und ich habe die Hoffnung, dass die Impulskontrolle, von der ich vorgestern Abend am Feuer gesprochen habe während der Diskussion mit befreundeten Schriftstellerinnen über Sexismus und die ich zivilisatorische Basisarbeit nannte, auch irgendwann einen Effekt haben wird auf meine Wahrnehmung und dass ich irgendwann nicht mehr die geschlechtsspezifischen Körpermerkmale der zierlichen Frau neben mir an der Supermarktkasse bemerken werde, während ich darüber nachdenke, dass man keinen Mann dazu zwingen kann, seine Wahrnehmung zu ändern, aber dass jeder natürlich verpflichtet ist, sein Verhalten zu kontrollieren, und wie viel von diesem Verhalten meine Gedanken sind und wie viele von denen ich dann aufschreibe und ob ich das dann veröffentlichen sollte, diese Fragen sind ebenso unheimlich wie schwer zu beantworten.

Und gleichzeitig ist auch etwas in mir, das der Welt von dem langweiligen, männlichen Kampf berichten will, nicht ständig mit allem schlafen zu wollen, was bestimmte optische Anforderungen erfüllt, und andererseits ist dieses Verlangen aber auch schon schwächer geworden, unter anderem seit ich ins Yoga gehe, und neulich sagte die Lehrerin, für einen Mann meiner Größe sei ich eigentlich recht gelenkig.

Und dann erreicht das Schreien, Heulen, Sichwinden und Umsich-Treten von Z in meinen Armen auf einmal eine neue Qualität, eine neue Lautstärke und Kraft, die dazu passt, dass Z größer wird, aber auch eine neue Panik, Angst vielleicht oder Verzweiflung, die dem zu widersprechen scheint, dass wir eigentlich alles im Griff haben, du und ich, unser Leben mögen und einander, zusammen arbeiten an der Herstellung möglichst vieler Momente von Glück und Zufriedenheit, es ist die dritte unruhige Nacht, die dritte auch, seit du und Z krank seid, du schläfst auf der Couch, wirst morgen auf SARS-CoV-2 getestet, und ich versuche, Z immer wieder den Schnuller in den Mund zu stecken, was sie so lange abwehrt, bis ich entnervt das Plastikding in die Ecke schleudern will, aber in der Dunkelheit leider ihr Gesicht treffe, weswegen Zs Lärm und mein Selbsthass augenblicklich explodieren, doch dann erinnere ich mich, dass es ihr nichts bringt, wenn ich davon fantasiere, wie ich mich töten könnte, Abschiedsbriefe an B formuliere, die sie vielleicht schon verstehen würde, also sage ich: Oje, meine liebe arme Z, es tut mir so leid, das war jetzt einfach Pech, aber meine Stimme und Streicheleinheiten scheinen sie nur noch mehr aus der Fassung zu bringen ebenso wie der Versuch, ihr etwas Milch zu geben, und dann merke ich, dass ihre Nase wieder einmal verstopft ist, sie also keine Luft bekommt mit dem Schnuller im Mund, also gehe ich mit ihr zum Wickeltisch, schalte das Licht ein, trenne eine der kleinen Plastikampullen mit Kochsalzlösung aus der Verpackung, öffne sie, und sowie ich mich mit der Ampulle nähere, beginnt Z, schnelle, heftige Bewegungen zu machen, so dass ich ihren Kopf schließlich einklemmen muss zwischen meinem Brustkorb und meinem linken Unterarm, und mit der rechten Hand schieße ich die Flüssigkeit in ihre so fixierten Nasenlöcher, und an ihrem Kreischen merke ich, dass ich treffe, und dann stehst du plötzlich neben dem Wickeltisch, und ich sehe vor meinem inneren Auge, was du jetzt sehen musst und dass das natürlich Gewalt ist, und dann gebe ich dir das Kind und sage: Ich glaube, sie hat Angst, und du trägst sie ins Wohnzimmer und hältst sie fest, bis sie sich beruhigt hat, und ich liege so lange im Bett und merke, dass es sehr viel schneller geht, Selbsthass und Zweifel mit Kälte und Gleichgültigkeit abzustellen als mit Vernunft und Pragmatismus, und dann irgendwann kommst du und legst Z neben mich und gehst wieder auf die Couch, und ich unterdrücke einen Anflug von unendlicher Dankbarkeit so erfolgreich, dass ich auch sechs Stunden später, als ich aufwache, vor allem Sorge habe, ob es gelingen wird, das Schlafzimmer zu verlassen, ehe Z wieder erwacht.

Seit einigen Wochen schon ist es mir nicht mehr möglich, zu lesen, ohne nach jedem halbwegs interessanten Satz kurz innezuhalten und mich zu fragen, ob er vielleicht zum Motto taugt für dieses Projekt, und natürlich ist auch wieder jenes Zitat von Inger Christensen dabei, das ich immer versuche in Zusammenhang mit meiner Arbeit zu bringen: *Happiness is the change that comes over me / when I describe the world*, vielleicht weil es bedeuten würde, dass dieses Ich, von dem ich die ganze Zeit rede, einerseits Teil der Welt ist, die gemeint wird mit meinen Beschreibungen, und sich andererseits verändern kann, und seit ich in einem Interview mit Enrique Vila-Matas den Satz gelesen habe: *The moment you organize the world into words, you modify its nature*, habe ich die Hoffnung, meine Deutung des Christensen-Satzes überzeugend begründen zu können, allerdings beschleicht mich ab und zu der Verdacht, in diesen beiden Sätzen wären zwei unterschiedliche, konträre, geschlechtsspezifische Weltzugänge am Werk, insofern als der eine von einem zwar überwältigten, aber klar umrissenen Ich und dessen Gefühlen handelt und der andere einem beliebig reproduzierbaren Du etwas erklärt, und möglicherweise erlaubt dieses Spannungsverhältnis, auch ein drittes oder sogar viertes Motto hinzuzuziehen, vielleicht Rachel Cusk: *A man tends to be the same thing all the way through*, oder Nabokov:

Fiction is fiction. To call a story a true story is an insult to both art and truth.

Und vielleicht ist das Leben als Nihilistin nicht nur viel glücklicher, sondern darüber hinaus auch viel menschlicher, viel großzügiger, viel weniger gefährlich für die Mitmenschen, weil man, indem man die Hoffnung ablehnt und den Sinn, auch die Enttäuschung verunmöglicht, und wahrscheinlich ist meine Vorstellung, ohne Bedeutung schliche sich das Böse automatisch ins leere Leben, völliger Unfug, weil das Einzige, was das Böse entstehen lässt, die Hemmungslosigkeit ist und damit die Wut, und die kommt wahrscheinlich nur von den eigenen, uneinlösbaren Hoffnungen, Vorstellungen und Erwartungen an die Welt, und auch wenn ich immer sage, dass ich den Nihilisten nicht glaube, dass sie an nichts glauben und nichts bezwecken wollen mit ihrem Tun, weil sie ja sonst nicht schreiben würden oder Musik machen oder Bilder posten, möchte ich eigentlich gerne so sein wie sie oder so, wie ich sie mir vorstelle, wach, freundlich und ruhig, konzentriert, interessiert, mit kühlem, klarem Blick auf das Schauern in ihrem Innern.

Und dann erzählst du mir von einer Szene in Dorothee Elmigers *Aus der Zuckerfabrik*, in der die Erzählerin den Leiter des Max-Frisch-Archivs vor einer Buchhandlung trifft und dabei ein Schinkenbrot in der Hand hält und ein kurzes, unbefriedigendes Gespräch über ihre Arbeit führt, und am Ende der Szene heißt es: *Du weißt ja, dass ich es nie für geraten gehalten habe, meine eigene Person unmittelbar im Text vorkommen zu lassen, das sagt mir auch jetzt nicht zu, aber da stehe ich dann ja doch mit dem Schinkenbrot*, und auf einmal merke ich, dass die Frage, ob irgendwer an irgendwas glaubt oder nicht, vollkommen an der Sache vorbeigeht, also am Schinkenbrot, denn in Wahrheit geht es nur darum; und dann denke ich, das mache ich jetzt genauso, und lösche alles, was mit Zweifeln und Selbstmitleid zu tun hat aus diesem Text heraus und damit hoffentlich auch aus meinem Leben, und zurückbleiben werden einfache, klare, wahre Sätze, Sätze, die alle verstehen und von denen sich alle gemeint fühlen, über die Merkwürdigkeit des Daseins und meine Liebe zu beidem, zum Dasein und zur Merkwürdigkeit, aber dann merke ich, dass ohne Zweifel und Selbstmitleid gar nicht so viel übrig bleiben würde von diesem Text oder von meiner Person, und dann denke ich: Egal, schließlich geht es mir auch um etwas ganz anderes, weder um Liebe noch ums Dasein, sondern einzig und allein um Ambivalenz, oder?

Und um Überreiztheit, Übertreibung, Überspanntheit, das, was man heute Drama nennt, mit amerikanischem R, und in meinem Kopf laufen zwei Sturzbäche parallel seit einigen Tagen, das aus dem Zapfhahn am Tank des Volvo vorbeischießende Benzin einerseits und der am Abend aus Zs Vulva spritzende Urin, als sie auf dem Wickeltisch vor mir lag einige Stunden später, andererseits, und während der erste Geruch mir Angst machte, ich könnte spontan in Flammen aufgehen wegen meiner getränkten Schuhe und den Spritzern auf der Hose, wirkte der zweite wie eine Überschreibung des ersten Vorfalls, die narzisstische Todesangst an der Tankstelle, die ich mit dem Benzingeruch an meinen Schuhen von der Pfütze an der Zapfsäule mit ins Auto nahm und auf die Autobahn, wurde gelöscht vom sanften, etwas süßlichen Geruch des Harns meiner Tochter, ein subtiles, wohlplatziertes und natürlich vollkommen zufälliges Nimm-dich-doch-nicht-so-wichtig sickerte warm durch den T-Shirt-Stoff auf meinem Bauch.

Und ich denke, dass die Wiederkehr der Horrorvisionen auf der Autobahn zusammenhängt mit dem Besuch einer Trauerfeier am Wochenende davor, auf der die Asche eines Freundes deiner Eltern privat auf einer Weide vergraben wurde, unter einer Eiche, und als du zur Grube gingst, um wie die meisten anderen Gäste eine Handvoll Erde hineinzuwerfen, blieb B alleine im Gras knien, also ging ich zu ihr, die in dem Moment zuckte, als würde sie schluchzen, und dann legte ich meinen Arm um sie, bereit für ein ernstes, aufmunterndes, geflüstertes Gespräch über die Angst vor dem Tod, aber sie sagte nur: Papa, mir ist so langweilig.

Und ich weiß auch, dass es ein Drittes gibt zwischen Gleichgültigkeit und Verzweiflung mit vagem Todeswunsch, wenn Z dann doch zum ersten Mal schreit und nach mir greift, als ich sie in der Kita abgebe, in ihrer zweiten regulären Woche und der ersten mit Maskenpflicht für Eltern beim Bringen und Erzieherinnen beim Entgegennehmen, und ich stehe kurz still auf dem Gehsteig vor dem Gebäude und schaue in die Sonne an den gähnenden Sexarbeiterinnen vorbei, die Kita ist im Rotlichtviertel, wir sind da, weil Freunde ihre Kinder auch da haben, und die Freunde finden das cool.

Und ich merke, wie die Unlust auf den Schmerz und die damit aufkommende Müdigkeit und Trauer und Antriebslosigkeit und ganz allgemeine, totale Ratlosigkeit etwas in mir verhärten, ich setze mich in Bewegung, gehe gemessenen, aber zielstrebigen Schrittes die Straße entlang, weg von meinem Mitleid mit meiner elf Monate alten Tochter, und genau das ist Vernunft, wird man mir sagen, wenn ich frage, das ist richtig, es schadet ihr nicht, du musst auch auf dich selbst achten, du brauchst Zeit für dich, und das alles stimmt, aber es stimmt auch, dass sie jetzt schreit und ihre kleinen Hände nach mir ausstreckt und keine Ahnung hat, was hier vor sich geht und wieso ich sie nicht in den Arm nehme, sondern gehe, und ich will eigentlich nichts so sehr in meinem Leben wie da sein für meine Kinder.

Und wenig später, nach einem Milchkaffee, einem Schoko-croissant, einem frisch gepressten Orangensaft im Volkshaus am Helvetiaplatz, an dessen Wand auf einer Tafel der Schweizer Opfer im spanischen Bürgerkrieg gedacht wird, auf sozialistischer Seite, nach einem kurzen, wütenden Eintrag in mein Notizbuch in der Kälte vor dem Café mit einer Decke um meine steifen, schmerzenden Hüften, nach dem Zahlen und dem Nach-Hause-Spazieren mit der Sonne im Rücken, runder und leichter und schmerzfreier mit jedem Schritt wegen der Bewegung und der Wärme des Fixsterns, nach einer Whats-App-Nachricht an einen Freund, einem kurzen Gedankenspiel über den Erwerb eines Grundstücks im Südhafen von Helgoland und einer ausgiebigen Darmentleerung beschließe ich, dass der Zwang, mich als jemand zu sehen, der seinen Kindern Böses tut, mit dieser alten Abtreibungsgeschichte zu tun hat und dass ich ab sofort damit aufhören werde, mich erst schlechtzumachen aus Angst, ich würde meine Kinder schlecht behandeln, und sie dann wirklich schlecht zu behandeln, die Kinder, aber auch dich und mich selbst und unsere kleine Welt, stattdessen werde ich ab sofort versuchen, alles, wirklich alles ein klein wenig besser zu machen, was nur heißen soll mit etwas Liebe, das Aufnehmen der Tasse, das Trinken, das Abstellen der Tasse, das Sehen der Sonne auf den Blättern der immer noch grünen Blutbuche im Hof, das Runterbringen des Mülls, das Aufräumen der Wohnung, das Eincremen meines Afters, die Zufuhr von Nahrung, die Selbstbefriedigung, der Verzicht darauf, jede Minute mit dir, B und Z, allein, alles, was es hier gibt, das Liegen auf der Couch und Ausruhen, ohne zu wissen, wovon, das Überlegen, was es als Nächstes zu tun gibt, das Anfertigen einer Einkaufsliste im Kopf für später, Windeln, Milch, Salzlösung, die unangenehme Absage schreiben für Bremen, mir vornehmen, die Wahrheit zu sagen, die Stornierung meines Bahntickets für die 1. Klasse, das ich mir gekauft hatte, um Abstand halten zu können zu all den fremden Menschen im Zug und auch um in Ruhe zu arbeiten, das Zu-Ende-Bringen einer unsystematischen Aufzählung, das lächelnde Verdrängen von Gedanken an die Realität von Krieg, Holocaust, Kindesmissbrauch.

Und am nächsten Morgen kann ich wieder einmal nur Enttäuschung zeigen und Vorwürfe äußern gegenüber Bs Langsamkeit, obwohl sie natürlich normal ist für ein Kind und noch viel normaler für meines.

Und dann habe ich eine der schönsten Lesungen überhaupt, wie ich finde, aus meinem letzten Roman, zum ersten Mal wähle ich nicht drei, vier längere Passagen aus, sondern viele kürzere, ich konzentriere mich zum ersten Mal darauf, die Figur des toten Bruders möglichst klar zu umreißen, ihn anhand einiger weniger Aspekte seines Charakters spürbar zu machen, sein Verliebtsein, sein Vaterwerden, sein Kind-und-Jugendlicher-gewesen-Sein, und obwohl danach in der Lounge des Sunstar Chalethotels Klosters von den 20 Gästen mit einem Durchschnittsalter von 70 Jahren nur sehr kurz geklatscht wird und nur zwei zu mir kommen, um etwas zu sagen, und nur ein Buch verkauft wird, weiß ich, dass das richtig gut war, was ich da gemacht habe, und später auf der Terrasse sehe ich rauf zum im Mondschein liegenden, verschneiten Gipfel des Bergs gegenüber und freue mich noch einmal über den Kommentar einer Dame, die sagte, der Text sei schwer, aber sehr kunstvoll gearbeitet, wie ein Berberteppich.

Und kurz bevor wir am Morgen zusammen das Haus verlassen, Z, du und ich, B ist schon in der Schule, wird meine Ratlosigkeit über deine Stille allmächtig, die Fantasie, glücklicher zu sein allein in einer Wohnung, in der ich meine Sachen rumliegen lassen kann, wo ich will, wird nur noch halbherzig weggeschoben, was gleichzeitig meine Angst befeuert, du könntest ähnliche Gedanken haben, und neue, jetzt wieder meine Gedanken über die Kinder und Geld, und als ich mit Z auf dem Arm aus der Küche gehen will, kommst du kurz vor mir herein und wirfst etwas in den Mülleimer, so dass ich abbremsen muss, und ich denke, in einem Haus in Schweden hätten wir viel mehr Platz oder in der Bretagne, wie E mir nahegelegt hat vor drei Tagen, als er die Grundregel für die Immobiliensuche erklärte (*das Objekt muss vor allem wunderschön sein*), und ich ziehe Z ihre Jacke an und denke, dass du vorgestern Abend als Erstes nach deiner Rückkehr von einem fünftägigen Tessin-Ausflug konstatiertest, dass ich eine Decke nicht ordentlich gefaltet hätte, ehe ich sie ins Regal geräumt habe, und dass dich das an die Zeit erinnere, als du die Hausarbeit noch alleine machtest und ich mehr mit B spielte, weswegen die mich jetzt angeblich lieber möge, sagst du dann noch, an jenem Abend, kurz vorm Zubettgehen, und dann versuche ich, darüber zu reden, dass ich es an der Zeit finde, dieses alte Ungleichgewicht aus unseren täglichen Begegnungen und Gesprächen langsam herauszuhalten, beginne aber unglücklicherweise mit meinem Vorhaben, mich weniger abhängig zu machen vom Zuspruch anderer, mit meiner Erkenntnis, dass ich meine Selbstliebe eben vor allem selbst herstellen müsse irgendwie, wozu du natürlich nicht viel sagst, also gehen wir schlafen.

Und später, als ich im Bett nochmal versuche, ein Gespräch anzufangen, sagst du: Du willst unbedingt über irgendwas Wichtiges reden, stimmt's?, und ich sage: Nein, nein, ist schon okay, gute Nacht, und küsse dich zum ersten Mal seit Jahren, glaube ich, nicht vor dem Einschlafen, was dir, glaube ich, gar nicht auffällt, du hast auch drei Fieberblasen am Mund von der in-

tensiven Zeit im Tessin mit der interdisziplinären Forschungs-
gruppe der ZHdK und willst deine Lippen also lieber nirgendwo
gegendrücken gerade, und am nächsten Morgen ist erst alles
okay, und dann fühle ich mich plötzlich doch wieder unver-
standen und ungehört und eingeengt und zurückgesetzt, also
gebe ich dir Z und sage: Geht schon mal vor, wir treffen uns
später im Park, ich will erst noch die Wohnung saugen, damit
du dich wohlfühlst und mir nichts mehr vorwerfen kannst, und
du sagst, du würdest mir überhaupt nichts vorwerfen, und ich
sage: Ja, ich muss da wohl irgendwie selbst rausfinden, und du
sagst: Ja, das glaube ich auch, und dann stelle ich den Staubsauger an.

Und mit jeder Richtungsänderung des Saugkopfes auf dem
Boden fühle ich mich freier und mehr im Recht und bin mir
sicherer, dass es richtig ist, all die Dinge auszusprechen, die
zwischen uns stehen, ich bin froh, dass ich mir diese 20 Minuten Freiraum und Alleinsein erkämpft habe, um mir klar zu
werden, was mich unglücklich macht, und es dir dann zu sagen.

Und als ich dich später unter hohen Eichen auf mich zukom-
men sehe, während ich ein Croissant kaue und die frische,
kühle Herbstluft tief einatme, weiß ich nicht mehr, was ich sagen soll, und wir spazieren zum Schwimmbad, mehr schweigend als redend, ab und zu eine auffällige Brille eines anderen
Menschen bemerkend, eine tief sitzende Hose, einen Streit zwischen Fahrradfahrer und Autofahrerin, und als ich die Stufen
ins Becken hinabsteige, ist es in mir so klar und durchsichtig
wie das Wasser, und wir schwimmen, die erste Bahn ich vorne,
du hinter mir, dann überholst du mich, und wir begegnen uns
nur noch ab und zu, und einmal in der Mitte der Bahn lächelst

du mich an und sagst: Na, du Wassertier, und ich will für immer hierbleiben mit dir, will dir sagen, wie sehr ich dich liebe und wie dankbar ich bin, wenn du mich einfach nur ansiehst und lächelst, und stattdessen sage ich: Schwimmen tut gut.

Und dann sind wir auch schon wieder aneinander vorbei, und ich erinnere mich an das Vier-Gänge-Menü vor der Lesung im Hotelrestaurant in Klosters und daran, wie ich ein Paar belauschte am Nebentisch, das 54. Hochzeitstag hatte, und die Frau sagte dreimal: Gell, das ist fein, bis der Mann endlich begeistert zustimmte, und mir wurde ganz warm, und ich lächelte, hielt mich aber zurück, ich wusste, ich könnte, wenn ich wollte, heulen vor Ergriffenheit von diesen alten Menschen neben mir, und dann las ich mit fester Stimme, laut und deutlich und rauchte danach eine Zigarette und ging nach oben, und kurz vor dem Einschlafen stieß ich in *New Dark Age* von James Bridle auf den Satz: *In the face of atomisation and alienation, the network continually asserts the impossibility of separation.*

Und davor: *The crisis of global warming is a crisis of the mind, a crisis of thought, a crisis in our ability to think another way to be. Soon, we shall not be able to think at all.*

Und dann fiel mir wieder ein, wie ich am Nachmittag meiner Ankunft im Hotel, als ich auf mit Käse überbackene Rösti und Spiegelei wartete, zum ersten Mal das Gefühl hatte, dass der Grund dafür, warum ich nicht einfach immer locker sein kann, entspannt und großzügig, glücklich, nicht die Weltlage ist, die Klimakrise oder du, sondern diese seltsame, vollkommen unprovozierte, immer wieder ins Leere laufende und dennoch immer wieder neu sich blitzschnell formierende Abwehrbereitschaft, ein vom Hirn über Herz und Glieder sich ausbreitendes Programm, das auf jeden möglichen Zustand der Welt genau eine Antwort bereithält, die Illusion klarer, eindeutiger Gegenüber oder Gegner, Feinde und Angriffe ebenso wie die Illusion eindeutiger Gegenmaßnahmen, und ich glaube, das beste Wort für diesen in Mikropartikeln ebenso wie in Bewegungsabläufen, Haltung, Wortwahl, Überzeugungen und intellektueller Zurechnungsfähigkeit gespeicherten, subkutanen Wahn ist Männlichkeit.

Und eine Woche später stehen wir in Süditalien am Strand und küssen uns, der Himmel ist voller tief hängender Wolken, der Wind pfeift, das Meer rauscht, die Wellen sind ungewöhnlich hoch für diese Gegend, Z sitzt im Sand und starrt uns an, B spielt mit dem alten Dackel deiner Eltern, und nach dem perfekten Morgen mit Kaffee und süßem Gebäck im Café Arcobaleno am Hafen waren wir doch in ein Loch gefallen, als erst ich müde wurde und dann du, und zum Glück konnten wir uns aufraffen und im leichten Regen durch den Sand spazieren mit den Kindern, und du sagst, dass es so ärgerlich sei und so seltsam, dass du manchmal, wenn du plötzlich so müde wirst, auch gar keine so große Lust mehr hast zu leben, und ich nicke und sage ja, das gehe mir genauso, aber ich weiß nicht, ob in diesem speziellen Fall Einfühlung und Verständnis hilfreich sind, beim Anmarsch des Nichts.

Und dann lächelst du, und gerade dachte ich noch, du würdest vielleicht gleich weinen, und du legst deinen Kopf an meine Brust und fragst, ob ich dir ab und zu zeigen könnte, dass ich dich mag, und ich sage: Ja, das werde ich ganz, ganz fest.

Und in dem Moment, als ich das aufschreibe, ist es sehr früh am nächsten Morgen, und plötzlich geht die Nachtbeleuchtung des Hotels aus, und der Strand ist voller Möwen, die schweigend im Sand sitzen im schwachen Morgenlicht, das sich langsam über die Berge hinter dem Haus erhebt.

Und gestern Abend, nach unserem Strandspaziergang, sagte ich noch, dass ich mich manchmal frage, ob es uns vielleicht guttun würde, wenn wir irgendwo in der Fremde leben würden, in einem Haus mit Platz und Garten, wo ich mich nicht immer anhaue, wenn ich den Staubsauger aus dem Putzschrank nehme, oder mich ständig bücken muss unter der tief hängenden Wäscheleine im Keller, wir hatten die Kinder im Hotel gelassen bei deinen Eltern und tranken schnell Wein, weil wir bald zurückmussten, und vielleicht sagtest du darum auch etwas plötzlich: Nur wir alleine, ich würde sterben.

Und dann werdet ihr alle gleichzeitig wach und stürmt ins Wohnzimmer, schreiend, und der Lärm macht mich plötzlich leichter und weniger wichtig, und meine Arbeit kommt mir mit einem Mal wieder ziemlich suspekt vor, unnötig im besten Fall, im schlechtesten sogar gefährlich, und ich weiß noch, dass ich, ehe ihr kamt und mein Leben weiterging, mein Glück als Bild ganz klar vor Augen hatte, als Abschluss der vorhin begonnenen Szene, ein Kuss, die Kinder im Sand, der Wind um uns, der Geschmack von Salz, Speichel, Eisen, wegen der aufgekratzten Kruste der mittlerweile abgeheilten Fieberblase auf deiner Lippe, aber dann seid ihr plötzlich da, alle, und das Bild ist weg, und ich kann nicht mehr schreiben, muss ich auch nicht, und dann verbringen wir noch vier Tage am Strand, essen Nutellakrapfen mit Zuckerguss oder Honigmelone, und dann fahren wir plötzlich nach Hause, weil die Region Italiens, in der wir uns aufhalten, zum Risikogebiet erklärt wird, und wir wollen nicht in Quarantäne, also brechen wir unseren Urlaub ab und fahren zurück in die Schweiz, von Acciaroli nach Chiasso, in 15 Stunden, ins erste Hotel hinter der Grenze, und verbrennen unterwegs 150 Liter Superbenzin.

Und zwei Tage später sitze ich im Innenhof unserer Siedlung, als wäre nichts gewesen, Z schläft im Kinderwagen, der Vater der zwei Jungs von gegenüber schüttet Sicherheitsbrennpaste in ein kleines Feuer in einem kleinen Grill, und ich lese: *Technology does not emerge from a vacuum. Rather, it is the reification of a particular set of beliefs and desires: the congruent, if unconscious dispositions of its creators. In any moment it is assembled from a toolkit of ideas and fantasies developed over generations, through evolution and culture, pedagogy and debate, endlessly entangled and enfolded.*

Und ab und zu höre ich ein mechanisches Bellen von rechts unten und schaue vom Buch auf und vergewissere mich, dass da tatsächlich ein kleiner Roboterhund steht, der immer dann, wenn ich den Blick auf ihn richte, den Kopf etwas kippt, vielleicht tut er das auch sowieso, nach dem Bellen, auch wenn ich nicht schauen würde, das weiß ich nicht, ich schaue ja, und seine Augen sehen so aus, als könnten sie eine Funktion haben, ich denke, er gehört den Jungs am Feuer, das jetzt doch etwas größer wird, aber sie beachten ihn nicht, und irgendwann gehe ich rein, und als ich am nächsten Tag wieder in den Hof komme, ist der Hund weg und das Feuer und der Vater und seine Jungs, nur eine leere Packung Nackensteaks liegt noch auf den Steinplatten neben dem Sandkasten, sie zittert im Wind, und ich denke, der Herbst ist da.

Und dann hat B Geburtstag, dann du, dann Z, und als ich sie an ihrem Geburtstag zum ersten Mal seit zwei Wochen wieder in die Kita bringe, sagt mir die Betreuerin, dass zwei Eltern eines von ihnen betreuten Kindes Corona hätten, vom Kind wisse man es noch nicht, sie seien in Quarantäne und wir würden es sofort erfahren, wenn es Symptome gäbe oder Tests oder Testergebnisse, und ich nicke und überreiche ihr meine Tochter und gehe, erleichtert, dass sie zu weinen aufhört, ehe ich den Eingangsbereich verlassen habe, und die befürchteten Selbstvorwürfe bleiben aus, das Kind in die Kita bringen an seinem Geburtstag, als ich durch die noch leeren Straßen des Rotlichtviertels laufe, an einer einzigen, riesigen schwarzen Sexarbeiterin vorbei, und vielleicht hat bei mir ja doch geklappt, was dieses Plakat mit dem jungen, bärtigen, muskulösen, tätowierten Alphamann an der Autobahn neulich, über das ich mich lustig gemacht habe, forderte: *Vernunft rauf, Gas runter*, obwohl meine zunehmende Flatulenz natürlich gegen Letzteres zu sprechen scheint, gestern hatten wir wieder einmal eine Pizza Piccante und eins Komma fünf Liter Cola Classic, *pour toute la famille*, stand auf der Flasche, die nur du und ich uns teilten, auf dem Sofa, vor dem Computer, und die Kinder schliefen friedlich, während wir uns fragten, ob der inhaftierte Mörder und Frauenhasser in der Krimi-Serie, die wir sahen, seine Amnesie vielleicht nur simulierte.

Und heute Morgen um fünf gelang es mir, den Kaffee so leise zu machen, dass ich noch eine Weile allein blieb, ich las Bridles *New Dark Age* zu Ende, ehe draußen die Sonne aufging, und ich konnte die Grenzen und Übereinstimmungen der Analogie zwischen Öl und Daten gut nachvollziehen, die zwischen Atombomben und Informationsüberschuss nur bedingt, aber das muss ich auch nicht, die Pointe des Buchs scheint der Irrtum zu sein, vom zunehmenden Wissen auf besseres Handeln zu schließen, sowie die strukturelle Determiniertheit und Verknüpfung von digitalem Denken und Reden und Informationsprodukten und -sammlung und CO_2-Ausstoß und Kapitalismus und Erderwärmung und dass die Lösung keineswegs die Absage sein kann an die Technologie, sondern nur friedliche Koexistenz, das bewusste, bejahende, bunte, fröhliche Sein in der grauen Zone.

Und am nächsten Tag ist der Himmel am Morgen nebelverhangen und nachmittags strahlend blau, und die Bank und der Boden unter der großen Eiche am Spielplatz im Hof des Lochergut-Hochhauses sind übersät mit Eicheln, ich versuche, wach zu bleiben, während ich Z folge, die in Richtung Wiese krabbelt, und E zuzuhören, der mir erklärt, wie schwierig es sei, während einer Pandemie eine Tischlerwerkstatt zu eröffnen, und ich nehme Z eine Eichel aus dem Mund und sage, dass er das ja auch jetzt nicht müsse, dass es mehr als verständlich sei, wenn im Moment für nicht viel anderes Zeit bleibe als Kind und Geld, und dann lacht er erleichtert und geht zu B auf das große Piratenschiff-Klettergerüst, und sie spielen, dass sie ablegen, hinausfahren aufs Meer, und ich habe B seit ihrem Geburtstag nicht mehr so glücklich gesehen, und Es Ärger über die nicht bestandene Führerscheinprüfung heute Mittag scheint sich gelegt zu haben, wir haben Kaffee getrunken, er hat geraucht, und W schläft tief und fest, erschöpft von der Stunde, die ich mit beiden Babys alleine war, in der er nur dann nicht schrie, wenn er auf meinem Arm war, und wenn er da war, schrie Z.

Und dann ruft mich der freundliche Mann an, der meine Lesung am Freitag hätte moderieren sollen, und sagt, dass der Abend ausfällt, die Infektionszahlen seien einfach zu hoch, also machen wir das im Frühling, und ich bin ganz froh, weil ich eh grad so gemütlich drauf bin und Lust habe, zu Hause zu sein am Wochenende, und dann sagt er, dass ich mein Honorar trotzdem bekomme, und ich sage: Wie schön, und: Wir sehen uns im Frühjahr, und wir legen auf, und ich hole mir einen Schokoladenkuchen und esse ihn.

Und dann verdoppelt sich die Anzahl neu infizierter Menschen in der Schweiz innerhalb von nur 24 Stunden, hochgerechnet auf die Bevölkerung sind jetzt zweimal so viele infiziert wie in Österreich und viermal so viele wie in Deutschland.

Und als ich mit Maske meinen Arbeitsraum verlasse, um ein Sandwich zu kaufen, höre ich ein unangenehmes Surren und schaue nach oben und sehe eine große Drohne hoch über der Kreuzung, mit vier oder fünf Rotoren und einem hellen Scheinwerfer, obwohl es Tag ist, und ich weiß, dass die Überzeugung, beobachtet zu werden, das erste Anzeichen einer paranoiden Psychose ist, aber ich weiß auch, dass alle immer beobachtet werden.

Und im Supermarkt stehen mir wieder zu viele Leute zu dicht beieinander, unentschlossen vor den belegten Broten im Kühlregal, ich nehme eins mit Nüssen und Gruyère, sehe dann, dass auch Eier drauf sind, lege es, ohne zu zögern, zurück, meine

Hände sind frisch desinfiziert, und dann stelle ich auch das Vitamin Water Reload mit Zink und Melone zurück und verlasse den Laden, gehe an UBS-Verwaltungsgebäuden und der ehemaligen Vespa-Werkstatt des Nachbarn deiner Eltern vorbei, über zugewachsene Bahngleise unter der erst wieder lauter und dann wieder leiser werdenden Drohne, beschließe, dass ich keinen Bock habe, mich einzulassen auf diese ganze dystopische Scheiße, und gehe zu dem kleinen Eckladen des Amerikaners am Koch-Areal, der Burritos verkauft, und denke dabei an den Slogan eines mexikanischen Restaurants in Iowa: *No Love, no Burrito*, und bestelle erst vegetarisch und dann, weil er keine Bohnen mehr hat, mit Fleisch, und er gibt mir das Essen und sagt: Have a great day, und ich sage: You, too.

Und wenn die graue Zone der Ort ist, wo Menschen Menschen sind und Wahrheit wahr ist, wo ein Ich der Welt gegenübertreten kann und sie so sehen und nehmen, wie sie ist, um dann von ihr so gesehen und genommen zu werden, wie es ist und was, nämlich ein Teil von ihr, dann ist alles das gut, was dazu führt, dass Leben stattfindet als Da-Sein und So-Sehen des Ganzen, und vielleicht ist Schönheit der Moment, in dem die Zeit dazukommt und uns zwingt, die Dinge in einer bestimmten Reihenfolge zu sehen, als Mengen, Gruppen, Paare, Gemeinschaften von Ähnlichem und Verschiedenem, die in ihrem Nebeneinander eine Ahnung spüren von der Kraft, die die Elektronen in der Nähe der Kerne der Atome hält, die die Moleküle bilden, aus denen dein Herz besteht oder mein Hirn.

Und natürlich ist das wieder nur irgendeine abstrakte Scheiße, so weit weg vom Geräusch der sanft auf den verspiegelt nassen Idaplatz fallenden feinen Tropfen wie das Graffiti *Ayuda Hindi*

Diktatura an der Wand des Kiosks gegenüber von Indien, und dann ist das leise Rauschen des Regens plötzlich nicht mehr zu hören, stattdessen ein Plätschern, die Regenrinne am Eckhaus ist verstopft, das Wasser fällt fünf Stockwerke tief auf den Asphalt, und ich erinnere mich an heute Morgen, als der Kaffee gerade fertig war und das Notizbuch aufgeschlagen vor mir lag, und ich war mir sicher, ich würde einen Weg finden, die Reste von Hoffnung und Mut in mir aufzuspüren und zu vergrößern, zu Freude, Zuversicht, Glück, eine Form finden, so schön, dass nicht nur ich selbst für immer überzeugt sein würde von der Notwendigkeit, nein, von der Lust, weiterzuleben, ohne die ständige Angst vor Verlust und Vernichtung, und irgendwas hatte es zu tun mit dem Braun des Schokoladenkuchens für Bs Klasse, der auf dem Tisch stand, und dem Grün der Flasche Desinfektionsmittel daneben, und dann kam B und setzte sich auf meinen Schoß, und ich hielt sie, und sie schmiegte sich an mich, und ich konnte spüren, wie sie langsam wacher und wacher wurde und ich ruhiger und klarer, und das Gefühl, das ich zu Text hatte machen wollen, löste sich auf in der Wärme ihres Rückens und dem Geruch ihrer Arme, und ich konnte spüren, wie etwas in mir diesen Vorgang bejahte und mich schwerer und fester und solider und stärker verwurzelte im Hier und Jetzt, und dann nahm B meinen Füller, schraubte den Deckel ab und zeichnete Mister Kartoffel in mein Notizbuch und das Gemüsekarussell von Peppa Wutz.

Und am nächsten Tag spielen wir ein Superfrauen-Quartett und merken, dass Louise Bourgeois beinahe 99 Jahre alt geworden und erst 2010 gestorben ist, und staunend schlägst du ein Buch mit Bildern von ihren Arbeiten auf und denen eines gewissen Picasso, und noch mehr staunen wir, als wir feststellen, dass die Skulptur *Together*, zwei Stoffköpfe mit gesenkten Lidern, die sich mit den Zungen berühren, von 2005 ist, Louise sie also mit 93 oder 94 gefertigt hat, und wie sehr das Filigrane und Verletzliche und Unwahrscheinliche der Idee der Nähe darin enthalten ist, das 15 Jahre später angesichts steigender Infektionszahlen so offensichtlich ist, dass wir es alle erfolgreich verdrängen.

Und dann spielen wir noch zwei Runden UNO, und dann gehst du mit den Kindern aus dem Haus, um deine Eltern im Freien zu treffen, und ich esse Nudeln in Knoblauch und Öl, führe ein Videotelefonat mit meiner Schwester, klicke mich durch ein paar Immobilienanzeigen in Skandinavien und der Schweiz, stelle fest, dass es zwar möglich ist, klar zu sagen, da will ich jetzt sofort hin, mit allem, was ich bin und liebe, aber dass ich keine Ahnung habe, wie dort im Wald am See im Norden ein Tag aussieht oder was wir tun werden, wenn wir den Ofen angeheizt haben, wenn das Essen gekocht ist, der Hund gebürstet, der Strandspaziergang gemacht, worüber wir sprechen werden, wenn der Wind am Dach reißt und die Tropfen gegen die Scheiben schlagen, oder ob, wenn wir nicht sprechen werden, wie ich es mir manchmal vorstelle, das Schweigen ein Frieden sein wird oder ein Tod.

Aber wenn ich versuche, klar zu denken, dann ist es plötzlich nicht mehr so schwer, ein Haus, Platz, Ausblick, Menschen, ein Zimmer für mich alleine, eine Schule für B, eine Spielgruppe für Z, so wenig Fixkosten, dass ich sie entweder mit meiner Literatur decken kann oder mit einem Job an der nächsten Tankstelle.

Und ich denke, es ist die Erinnerung an die Beschreibung der Lage einer ehemaligen Glarner Vogtei, die für zwei Millionen zu haben ist und von der es in der Annonce, die ich am nächsten Morgen um fünf zum Wachwerden ansehe, heißt, sie wäre friedlich und ruhig, *weit abgelegen von Autobahnen, Atomkraftwerken und plündernden Horden*, die mich beim Anblick der Krähe auf einem der Ahornbäume im Bullingerhof an die Pest denken lässt, an Tod und versalzene Äcker und Andreas Gryphius, genau in dem Moment, als ich zu staunen beschlossen hatte über das Wunder eines von Genossenschaftswohnungen umgebenen Parks in der teuersten Stadt der Welt und mich freuen wollte über die Nähe und Vertrautheit der Orte und Wege und Restaurants und Supermärkte und Fußgängerampeln und das Pain au Chocolat vom Café du Bonheur und die Ruhe, wenn Z einschläft, und darüber, wie sich das Fahrverhalten des Kinderwagens verändert in dem Moment.

Und auch ich fühle mich sofort leichter, auch wenn eine Bettlerin, während ich diese Worte schreibe, an meinen Tisch im Café Bauer tritt und ein paar Franken will, woraufhin ich wahrheitsgemäß antworte, dass ich kein Bargeld habe, sondern nur eine Karte, allerdings klinge ich für mein Empfinden etwas zu hart und genervt dabei, obwohl ich natürlich genervt bin, aber hart eigentlich nicht, hätte ich Münzen gehabt oder sie ein Kartenlesegerät, hätte ich ihr was gegeben, alle, die mich kennen, wissen, dass das stimmt, aber sie kennt mich ja nicht, und während elektrisch betriebene Busse über den nassen Teer rauschen und das Husten am Nebentisch lauter und lauter wird, merke ich, dass ich eigentlich überhaupt kein schlechtes Gewissen habe angesichts der Art und Weise, wie ich auf diese Frau reagierte.

Ich weiß nicht, ob es damit zu tun hat, dass ich, kurz bevor ich mich entschied, etwas zu notieren, über die Enthauptung eines Lehrers in Frankreich las, oder ob ich beginne, aus Angst, so etwas wie eine narrative oder perspektivische Kohärenz könnte sich einfach nicht einstellen in diesem Projekt, unbewusst neue poetologische Rechtfertigungen suche für dieses Chaos aus Ängsten, Beobachtungen, Erinnerungsfetzen und Selbstmitleid, das wir beide sind, dieser Text und ich.

Und dass es sich bei solchen Gedanken, die meistens ohne jegliche Konsequenzen bleiben für meine Beziehungen zu lieben und wichtigen Menschen, nur um so etwas Ähnliches handelt wie Wahrheit, oder wenn, dann nur um einen kleinen Teil davon, weil ich bestimmte Dinge, selbst wenn ich sie denken sollte, niemals zugeben würde, weil mir völlig unklar ist, inwieweit Wahrheit alleine schon einen Wert darstellen soll oder ob es nicht doch darauf ankommt, was man damit tut und warum, ist nur ein weiterer Gedanke, bevor ich nach der Rechnung frage, zahle und in meinen Arbeitsraum gehe, meine Beine werden allmählich kalt und mein Kopf, dabei habe ich mir doch extra vorhin nach dem Duschen die Haare geföhnt.

Jetzt ist mir warm, die Sonne scheint mir genau ins Gesicht, Z ist gerade im Wagen eingeschlafen, unter den riesigen Ahornbäumen im Bullingerhof, und ich sitze auf einer mit Steuergeldern bezahlten und aufgestellten bequemen Holzbank zwischen Katzenkot und vergessenen Atemschutzmasken, vor mir 50 Meter akkurat geschnittener, hellgrüner, dichter Rasen, dahinter der Spielplatz, die große Rutsche, die Schlucht mit den Schwingseilen, das Kletternetz, die Schreie der Kinder, die an nichts denken und denen in diesem Moment nichts weh tut oder fehlt, links machen drei Erwachsene langsame Tai-Chi-Bewegungen, von rechts klingt in regelmäßigen Abständen die Kreissäge einer Baustelle herüber, obwohl, jetzt hört sie auf, stattdessen ruft eine Krähe, der Wind rauscht in den Blättern, ein Kleinflugzeug fliegt vorbei, die Schritte einer Joggerin auf dem Kies kommen näher und entfernen sich wieder.

Und vielleicht ist Liebe nur die Kraft und Geduld, sich etwas ganz genau anzusehen, der Wille, verstehen zu wollen, was etwas ist und wie, einfach nur, weil es da ist.

Vielleicht aber auch nicht, denke ich, und die Kreissäge fängt wieder an, die Schritte der Joggerin kommen näher und entfernen sich wieder, die Tai-Chi-Gruppe steht mit zwei Metern Abstand regungslos im Gespräch, der Wind rauscht immer noch in den Blättern, eine Amsel ruft, auf der Baustelle beginnt jemand, mit einem harten Gegenstand rhythmisch auf einen anderen harten Gegenstand zu schlagen, ein Fensterladen wird vom Wind gegen die Hauswand geweht, die Spinnweben über der Buchenhecke genau vor mir zittern im Wind.

Und als ich am Nachmittag Blues höre, fällt mir S ein, dessen Frau ihn verlassen will wegen seiner Affäre und seit einiger Zeit offenbar auch noch Selbstmordgedanken hat, und ich rufe ihn an, um zu fragen, wie es ihm geht und wie seine Töchter umgehen mit der Situation, er sagt: Gut, und er klingt klar, strukturiert und hoffnungsvoll, als er mir erzählt, wie er die behutsame Auflösung der emotionalen, rechtlichen und finanziellen Verflechtungen vorantreibt und dass er jetzt endlich begriffen habe, dass er für seine Frau das absolut Böse sei, die Ausgeburt der Hölle, und dann sagt er, seit er sich das vor jeder Interaktion mit ihr einschärfe, ergäben ihre Antworten endlich wieder ein wenig Sinn, und währenddessen ruft Z: Ga, und: Da, und dann: Aua, und sie will auf den Arm genommen und wieder abgesetzt werden, sie zieht mir den Telefonkopfhörer aus dem Ohr und beißt mir in die Wade, bis ich endlich herausbekomme, was sie eigentlich will, Gehen üben, also nehme ich sie an den Händen und laufe mit ihr, über sie gebeugt, langsam durch das mit Spielzeug übersäte Wohnzimmer, während S mir von dem einzigen Moment in den letzten Wochen berichtet, in dem es ihm nicht so gut ging, nämlich als er auf der Rückfahrt von einem Termin bei der Anwältin im Radio hörte, eine alleinerziehende Mutter habe ihre vier Kinder ermordet und danach sich selbst.

Und am nächsten Tag reiße ich wütend an Bs Regenhose, weil sie sich weigert, mit dem Umziehen zu warten, bis wir die Geburtstagsfeier deiner Schwester in der herbstlichen, von bunten Blättern, Hunden, hustenden Menschen und Matsch überfüllten Allmend erreichen, ein Feuer im Nieselregen neben der Sihl, und natürlich verstehe ich, dass B sich lieber im Auto umzieht als hinter einem nassen Busch, und außerdem habe ich es ihr versprochen, dass sie sich im Auto umziehen darf, als ich sie, Z und dich abholte vom Spielplatz neben der Kollerwiese, wo ihr eine Freundin von dir und ihre zwei Kinder traft, um den Geburtstag der Freundin ein klein wenig nachzufeiern, und jetzt sind wir aber viel zu spät, weil ich noch aufräumen musste, ehe ich arbeiten konnte, und schlafen und Kaffee kochen, und dann hatte ich keine Zeit mehr zum Arbeiten, und jetzt willst du, dass wir endlich zu deiner Schwester gehen, also sage ich genervt: B, zieh dich doch dort um.

Und dass diese ganze Szene hätte vermieden werden können, wenn ich ihr nicht eine zweite Regenhose eingepackt hätte, weil ihr die, die sie zuerst trug, zu eng war, fällt mir erst jetzt ein, am Tag danach, und weil B dann gestern zu weinen beginnt, sage ich plötzlich: Dann zieh sie halt aus, und reiße an ihrer Hose und kneife sie dabei versehentlich in den Oberschenkel, und sie schreit auf, und ich sage: Du machst ein Riesentheater, obwohl du genau das bekommst, was du willst, und sie sagt: Du tust mir weh, und ich sage: Das tut überhaupt nicht weh, hör auf zu heulen, und zieh die Scheißhose aus, und komm raus, und dann schlage ich die Autotür zu und sehe nur noch das Schwarz der verdunkelten Scheibe.

Und als wir dann an der Sihl stehen und zusehen, wie sich der Dackel deiner Eltern in eine Böschung gräbt, sage ich B, dass es mir leidtut, und sie sagt: Komm, Papa, spielen wir Pferd.

Und dann beißt ein fremder Hund den Dackel deiner Eltern ins Hinterbein, und dein Vater hebt einen großen Stein auf, und das Herrchen kommt angestürmt und sagt: Der Hund kann doch nichts dafür, und gibt deiner Mutter seine Telefonnummer, während sie den zitternden Dackel in ihren Armen hält, und währenddessen brennen die Kerzen auf der Geburtstagstorte herunter, blaues Wachs fließt über die Schokolade und den Puderzucker, und ich mache einen Schritt zurück, weil der junge Mann, dem der Hund gehört, der den Dackel deiner Eltern gebissen hat, nun auch das Bein des Dackels betrachten will und sich dazu in die Mitte unseres epidemiologisch halbwegs verantwortbaren Familienkreises im Freien drängt, bis auf zehn Zentimeter an das Gesicht deiner Mutter heran, ohne Maske, und ich stelle mir zwei sich überlagernde Aerosolwolken vor, und dann fällt mein Blick auf den großen Stein neben deinem Vater im Gras.

Und ich denke, dass man zu jeder Zeit verschiedenste Dinge tun kann, schlecht erzogene Hunde erschlagen im Regen oder einen distanzlosen Menschen in einer Pandemie oder die Kerzen auspusten und den Kuchen anschneiden, Nummern austauschen, das Beste hoffen oder zuschauen und gar nichts tun, warten, bis der Ekel sich legt oder die Wut verraucht ist in einer Mischung aus Staunen und Phlegma und Angst, und später sagen, man sei sich selbst treu geblieben und dieses Selbst wäre eben friedfertig und tolerant.

Und als ich am nächsten Morgen mit Z zur Kita laufe, denke ich, dass eine Toleranz, die bei der Auswahl ihrer Objekte zu tolerant ist, vielleicht einfach gar nichts ist, Leere, die sich als Liebe tarnt, zum Leben, zur Spezies, zur Welt, und dabei bewusst übersieht, wie viele Arschlöcher es gibt, wie viel Scheiße geschieht.

Andererseits habe ich überhaupt keine Lust, gewalttätig zu werden, Faschist oder Vollidiot; ein Idiot bin ich vielleicht schon ein bisschen, ab und zu, ich glaube, eigentlich ist das jeder, und deswegen sind wir alle ja auch so liebenswert und irgendwie total süß.

Und am Abend weint B bitterlich, weil sie die Holzente, an der sie in der Schule im Fach Textiles und Technisches Gestalten seit Wochen gearbeitet hat, heute mit einem Mal hässlich findet, und jetzt mag sie sich selbst nicht mehr, weil sie so eine hässliche Ente gebaut hat, dabei haben alle anderen in ihrer Klasse so schöne Enten gebaut, und dabei hat sie sich doch so viel Mühe gegeben und immer die Anweisungen der Lehrerin befolgt und dabei vollkommen vergessen, zu sagen, wie sie ihre Ente eigentlich haben will, was sie in Wahrheit schön findet und was nicht, und ich halte mein schluchzendes Kind und denke, dass ihre Ente mich gerade ein bisschen an mein Leben erinnert, eine Abfolge von momentan wichtigen und richtig scheinenden Arbeitsschritten, aber ohne Zeit, Gelegenheit oder Konzentration oder Mut oder den Willen, mich selbst zu fragen, was ich eigentlich wirklich schön finde.

Und jetzt bin ich in dieser kleinen, engen Wohnung in Zürich, mit geliebten Menschen zwar und einem nicht uninteressanten Beruf, aber mit Linoleumboden, unter dem sich Asbest verbirgt, und im Bad Schimmel, und die Dunstabzugshaube versperrt mir den Blick auf die sündhaft teuren lokalen Bio-Karotten, die ich weich koche für B, die mir am Bein zerrt und schreit, und als ich das Klebeband von der offenen Doppelpackung Ovomal-

tine-Müsli ziehen will, reiße ich sie viel zu weit auf, so dass An-
richte, Herd, Spüle und Boden plötzlich voller Müsli sind, und
ich suche hastig den Boden ab, damit Z sich nicht am harten
Müsli verschluckt, und die Scheiben beschlagen vom Dampf
der überkochenden Möhren, und ich öffne die Balkontür und
denke an die Feinstaubbelastung durch den Autobahnzubrin-
ger vor unserer Haustür und daran, dass Bs Husten trotzdem
weggegangen ist, von ganz allein.

Und dann frage ich mich mal wieder, wie wir hier rauskom-
men, wir sind mittlerweile mit ungefähr zehn verschiedenen
Leuten vage verabredet, ein Haus zu kaufen und aufs Land zu
ziehen, von Bauernhäusern im Jura, Werkstätten in Biel, Hotels im Tessin, Ferienwohnungen im Engadin bis zu Resthöfen
an der Nordsee ist fast alles denkbar, aber es ist bisher noch
nicht gelungen, die Schnittmenge all dieser Wünsche klar zu
umreißen, außer hier weg, irgendwo anders hin, und wenn ich
mich selber ganz ehrlich frage, was es ist, das ich mir wünsche, dann vor allem einen Raum, den ich abschließen und so
gestalten kann, wie ich will, und eigentlich soll er in meinem
Zuhause sein, der städtische Arbeitsraum ist es jedenfalls nicht,
und ich will das Meer in der Nähe und Kiefern, du willst all
deine Freundinnen und Freunde und dann wieder nicht, B will
ein Pferd, einen Hund, Kälber, Katzen, Esel, und Z hat noch
nicht angefangen, sich an diesem Gespräch zu beteiligen.

Und dann merke ich, dass ich darum so gern darüber schreibe,
wie ich lebe, weil ich Frieden finde in der Anordnung der Zeichen, mit denen ich versuche, nachzubilden, in welchem Verhältnis mein Erleben sich befindet zu dem, was draußen passiert, und weil ich hoffe, mich hier daran zu erinnern, was ich

schön finde, weil ich so tun kann, als hätte ich alles unter Kontrolle, als wäre ich der, der ich immer sein wollte, und dieses Leben genau so, wie ich will.

Und weil es das Skandinavischste ist, was ich im Moment tun kann, hole ich die norwegische Fußcreme aus dem Waschtischunterschrank im Bad und reibe meine trockenen Fersen ein und meine Ballen, während wir eine Serie sehen über eine italienische Staatsanwältin, deren Mann beim Museum arbeitet und einen neuen Job in New York antritt, mit Wohnung in Tribeca, und sie entscheidet im letzten Moment, ihn doch nicht zu begleiten, weil sich herausstellt, dass das Mordopfer in dem Fall, in dem sie gerade ermittelt, ihre eigene, vor 17 Jahren zur Adoption freigegebene Tochter ist.

Und irgendwann machen wir aus und gehen ins Bett, und meine Füße sind so cremig und glitschig, dass ich ganz langsam gehen muss über Laminat und Linoleum im Wohnzimmer und Gang, und ich frage mich, ob die Tatsache, dass sogar Fox News gestern nach vier Tagen Joe Biden zum Gewinner der US-Wahl erklärt hat, möglicherweise der Beginn einer neuen Leichtigkeit sein kann, ob sich ein Nebel vielleicht langsam zu lichten beginnt oder ob nur ein Vorwand wegfällt, sich zu beklagen und nach Belieben zu leiden an und über die Welt oder woran man gerade will oder nicht will, man will ja eigentlich nie, tut es dann aber eben doch, warum auch immer.

Und dann denke ich, dass dick mit norwegischer Fußcreme eingecremte Füße vielleicht der Schlüssel zum Glück sind, weil ich plötzlich so vorsichtig gehe, so behutsam meine Last verteile auf der Erdoberfläche, Schritt für Schritt, und der Gleichgewichtssinn ist schon eine sehr sympathische Körperfunktion, und während ich so ganz langsam in Richtung Badezimmer gehe, um meine Zähne zu putzen, habe ich Zeit und Ruhe, um zu sehen, dass das, was mich umgibt, keine feindliche Umwelt ist, sondern ein kleiner, enger, sicherer Lebensraum für vier einander vertraute Menschen, deren unterschiedliche Spuren eine einzigartige Harmonie ergeben, Spiel, Liebe, Launen, Kontrolle, Sauberkeit, Nahrung und Staub.

Und während ich das hier schreibe, am kleinen Tisch in der Küche, Montagmorgen um 5:47 Uhr, beginnt ein Vogel zu singen im Hof, und ich stelle fest, dass ich sogar die Pizzaschachteln neben meinem Notizbuch gerade nicht als Eindringlinge empfinde oder Bedrohung, den Teller mit Käseresten, Rand und Oliven, die riesige Obstschale und die mit vier Wäscheklammern verschlossene, durchsichtige Plastiktüte Salat auf den Orangen, Limonen und Äpfeln, den Deckel von Zs Fläschchen, die hölzerne Rassel, den Korken, der noch auf dem Korkenzieher steckt, die Fetzen der Stanniolkapsel der Weinflasche, die Tatsache, dass mein Kaffee leer ist, all das sind keine Hindernisse für mich im Moment auf dem Weg zu einem angeblichen Zustand von Klarheit und Harmonie, sondern Berührungspunkte, Haltegriffe der Wirklichkeit, an denen ich mich entlanghangeln werde in meinen Tag, in die Welt, Dinge, die man berühren kann und deren Oberflächenstruktur der Haut meiner Handflächen ebenso vertraut ist wie meine trockene Ferse, die warmen weichen Stirnen meiner schlafenden Töchter, dein Haar.

Und als ich später mit B auf der Bullingerwiese stehe und schweigend die anderen Eltern mit ihren Kindern und Hunden beobachte, gelingt es mir, den Wunsch, nach Hause zu gehen, verstreichen zu lassen und stattdessen noch einmal einzusteigen in unser Spiel, also sage ich: Finn, bei Fuß, und dann: Achtung, und dann werfe ich den nassen Stock, so weit ich kann, auf die Wiese hinaus, und B jagt los, unserem durchsichtigen Australian Shepherd hinterher, in der Hand eine durchsichtige Leine, begeisterte, aufmunternde und lobende Rufe ausstoßend, während ich mich auf die Rückkehr der beiden vorbereite und in meiner Jackentasche nach durchsichtigen Leckerlis suche, und ich bin mir ganz sicher, das, was wir tun, ist nicht traurig, sondern wunderschön.

Und dann lese ich bei Dorothee Elmiger: *Ich lag am Fenster und sah zu, wie der Schnee, vom Wind beschleunigt, in hohem Tempo auf mich zustürzte, als bestürmten mich die Flocken lautlos, als wären sie alle Trägerinnen ein und derselben Nachricht, die sie so lange inständig wiederholten, bis ich sie schließlich entschlüsselt haben würde*, und ich denke, dass bei allem posthumanistischen, monistischen, panprotopsychistischen, konkret-digital-hybriden Blabla am Ende leider (oder vielleicht zum Glück) eben doch ich es bin, der entscheidet, worin diese Nachricht besteht, beziehungsweise eben genau nicht entscheidet, sondern aufgrund seiner (meiner) persönlichen Geschichte eine bestimmte Disposition und Kompetenz zum Zuhören, Verstehen, Entschlüsseln von Botschaften und den ihnen entsprechenden Handlungen hat, und wenn mir die Welt sagt, dass sie zum Beispiel untergeht, muss ich, um mit dieser Botschaft etwas anfangen zu können, erst einen Begriff von Welt haben und mich fragen wollen und können, ob Schneeflocken eher im Dezember stattfinden sollen oder im August, und es ist genau dieses Oder, das ich damals, als mich mein Vater fragte, woran ich arbeite, mit dem Wort Ambivalenz bezeichnete, das mich ausmacht, nicht stehen bleiben zu wollen bei dem, was ich weiß, aber auch nicht mehr wissen zu wollen, um weitergehen zu können, und genau deswegen ist das Ich, das mir mit jeder einzelnen Schneeflocke ins Gesicht schlägt, kein autonomes, sich für diese oder jene Deutung der Welt entscheidendes, sondern nur ein Traum vom aus eigener Kraft gemeisterten Ausbruch aus der selbst verschuldeten Unmündigkeit, ein flüchtiger, angenehmer Gedanke, ein Tischgespräch unter guten Freunden, mit Alkohol, kurz vor dem Heimgehen, eine letzte, herausfordernd liebevoll hingeworfene These, einfach mal so.

Und seit einigen Tagen bin ich so zufrieden wie nie zuvor.

Ich verbringe gern Zeit mit den Kindern, du und ich reden und lachen viel, ich fühle mich nicht angegriffen, kann Kritik äußern, annehmen, bin geduldiger mit Bs Langsamkeit und mit Zs Lärm.

Und dann lese ich eines Morgens um vier im dunklen Wohnzimmer in der *New York Times* einen Text mit dem Titel *Happiness won't save you*, das Porträt des Sozialpsychologen Brickman, der sich in den achtziger Jahren das Leben genommen hat und der mit einer Studie berühmt geworden ist, in der er das Glücksgefühl von Lottogewinnern mit dem von schwerverletzt überlebenden Unfallopfern vergleicht.

Und nachdem ich das Porträt Brickmans abgeschlossen habe, versuche ich, einen Auszug aus *Night Falls Fast* zu lesen, einem in dem Porträt erwähnten, angeblich wegweisenden Buch über Suizid, und ich merke, wie sich etwas zusammenzieht in meinem Magen, also suche ich eine thematisch möglichst gut passende Ablenkung und lese nach kurzer Suche ein wenig im Wikipedia-Artikel über Jim Jones und den *Peoples Temple* herum, und meine Übelkeit löst sich auf im Staunen und Befremden und der Frage, wie es sein kann, dass die guyanischen Soldaten erst 400 Leichen zählten, die amerikanischen dann aber unter jeder Leiche noch mindestens einen weiteren Körper entdeckten, womit sich die Todeszahl auf über 900 erhöhte, und dann frage ich mich kurz, wer wohl unter und wer auf wen gekrochen ist im letzten Moment und ob es tröstender ist, sich zu verstecken oder zu glauben, jemandem Schutz bieten zu können, während das Zyankali wirkt, und dann ruft Z, und ich bin froh, dass ich aufstehen muss, Milch warm machen.

Und am Abend stehe ich neben B, die gerade an deinem Schreibtisch ein Bild malt, ich schaue ihr über die Schulter, und neben Bs Bild sehe ich dein aufgeschlagenes Notizbuch liegen, in dem mit schwarzem Filzstift auf der rechten Hälfte der offenen Doppelseite die Sätze stehen: *Wir sind keine Maschinen. Es ist möglich, dass wir uns gegen das Leben entscheiden.*

Ich versuche, mich auf die Farben in Bs Bild zu konzentrieren, ich streiche ihr über das Haar, fasse sie an den Schultern, und dann reicht sie mir einen Stift und sagt, ich soll die rechte obere Ecke des Bildes orange machen, und das mache ich dann, ich fahre mit dem Filzstift hin und her, ganz langsam, wenn die Bewegungen zu hastig werden, deckt der Stift nicht mehr richtig, das weiß ich noch, das war immer ärgerlich, wenn man schnell fertig werden wollte mit einem Bild, und die Umrisse waren schon gut und genau, und dann ging es an dieses langweilige Ausmalen, und man beeilte sich, drückte den Stift zu fest auf, achtete nur noch darauf, die selbst gezogenen Grenzen nicht zu überwinden, und die einzelnen Striche wuchsen einfach nicht richtig zusammen, und zwischen ihnen schimmerte das Nichts.

Also bewege ich den Stift ganz langsam, vor und zurück, vor und zurück, vor und zurück, B tut das ebenfalls, und nach einiger Zeit findet das Geräusch unserer Filzstifte auf dem Papier einen gemeinsamen Rhythmus.

Z schnalzt mit der Zunge.

Du summst.

Und dann sitzt Z plötzlich auf dem kleinen Schemel, sie sitzt dort öfter in letzter Zeit, sie scheint gern dort zu sitzen und mit den Beinen zu wackeln.

Und als B sich in ungefähr einem Meter Abstand vor ihr auf den Boden setzt und die Arme öffnet, erhebt sich Z und läuft los.

Und wir jubeln.

Als sie sicher in Bs Schoß angekommen ist, klatschen wir alle wie wild in die Hände, auch Z, sie lacht laut vor Stolz.

Und seit zwei Wochen rauscht jetzt ein Bautrockner im Bad, zieht Wasser aus dem aufgerissenen Boden und der geöffneten Wand.

Es ist angenehm warm in der Wohnung, die Atemwege trocknen nicht so schnell aus, wie ich befürchtet hatte, und den Schimmel haben die Männer mit den lauten Maschinen entfernt.

Keine Angst, sagten sie, als wir fragten, ob diese ganze Aktion nicht vielleicht gesundheitsschädlich sei, nein, nein, alles gut.

Und als ich das Sofa mit hellem Stoff beziehe, tritt Z von hinten an mich heran und klopft mir mit der flachen Hand dreimal auf die Schulter, und ich drehe mich zu ihr, und sie fällt langsam nach vorne, ihre Stirn gegen meine Brust, meine Arme schließen sich um sie wie von allein.

Und draußen leuchtet der Schnee, der in den letzten Tagen gefallen ist, so viel wie seit 20 Jahren nicht mehr, und der öffentliche Nahverkehr wird eingestellt, und es schneit weiter, und
überall brechen große Äste von Bäumen, und es schneit weiter, und die Straßen sind voller Menschen, die lächelnd durchs
Weiß waten, die Augen zusammengekniffen, die Münder halb
offen, staunend, dass alles so hell ist, so leise und weich.

DANK

Ich danke meinen Eltern, meinen Kindern, meinen Geschwistern. Ich danke all den nahen und fernen Menschen in Berlin, Biel, Hamburg, München, Zürich, die es mir erlaubt haben, ein paar meiner Erinnerungen herauszulösen aus dem dichten, unübersichtlichen Geflecht, das unsere Vergangenheit ist, und sie hier nachzubilden, in einem erfundenen Jetzt. Ich danke Julia.

Die Arbeit an diesem Roman wurde unterstützt durch die Literaturkommission der Stadt Zürich, die Schweizer Kulturstiftung Pro Helvetia und die Fachstelle Kultur des Kantons Zürich.

QUELLEN

S. 13: *There were times* ... Hanya Yanagihara: A Little Life, New York: Doubleday 2015, S. 41.

S. 54: *Denn ihrer Natur nach* ... Longinus: Vom Erhabenen, nach: Sebastian Kleinschmidt: Pathosallergie und Ironiekonjunktur, in: Ders.: Gegenüberglück. Essays, Berlin: Matthes & Seitz Berlin 2008, S. 164.

S. 84: *Das Ausmaß und das Gegeneinander* ... Nationale Akademie der Wissenschaften Leopoldina (Hg.): Dritte Ad-hoc-Stellungnahme. Coronavirus-Pandemie – Die Krise nachhaltig überwinden (13. April 2020), auf: https://www.leopoldina.org/uploads/tx_leopublication/2020_04_13_Coronavirus-Pandemie-Die_Krise_nachhaltig_%C3%BCberwinden_final.pdf (Stand: März 2022).

S. 101: *on that singular edge* ... Ellen Hinsey: I. Historiae. On the Singular Instant of Now, in: Dies.: Update on the Descent, Highgreen & Tarset: Bloodaxe Books 2009, S. 3.

S. 102: *Gewalt hat ein Geschlecht* Rebecca Solnit: Wenn Männer mir die Welt erklären, Hamburg: Hoffmann und Campe 2017, S. 35.

S. 102: *Ich kann nicht gleichzeitig* ... Maggie Nelson: Die Argonauten, Berlin: Hanser Berlin 2017, S. 49.

S. 110: *Herr, brich mir das Genick* ... Heiner Müller: Die Hamletmaschine, in: Ders.: Werke 4. Die Stücke 2, Frankfurt am Main: Suhrkamp Verlag 2001, S. 546.

S. 110: *Meine Lehrer ham gesagt* ... K.I.Z: Geld essen (Ausgestopfte Rapper), Album: Hahnenkampf, Vertigo Berlin (Universal Music) 2008.

S. 116: *Identität der Identität und der Nichtidentität* Georg Wilhelm Friedrich Hegel: Differenz des Fichte'schen und Schelling'schen Systems der Philosophie, in: Ders.: Werke 2. Jenaer Schriften 1801-1807, Frankfurt am Main: Suhrkamp Verlag 1970, S. 96.

S. 117: *classic fascist politics* … Jason Stanley: How Fascism Works. The Politics of Us and Them, New York: Random House 2018, S. 89.

S. 123: *waiting for the end* Jason Stanley: How Fascism Works. The Politics of Us and Them, S. 189.

S. 126: *Die lebt noch* … Levin Westermann: bezüglich der schatten, © 2019 MSB Matthes & Seitz Berlin Verlagsgesellschaft mbH, S. 29.

S. 147: *Material mischt sich* … Wikipedia: Schützengraben (Otto Dix), auf: https://de.wikipedia.org/wiki/Sch%C3%BCtzengraben_(Otto_Dix) (Stand: März 2022), nach: Alfred Salmony: Die neue Galerie des 17. bis 20. Jahrhunderts im Museum Wallraf-Richartz in Köln, in: Jacob Burckhardt (Hg.): Der Cicerone. Halbmonatsschrift für Künstler, Kunstfreunde und Sammler. Nr. 16 vom Januar 1924, Leipzig & Berlin 1924, S. 8.

S. 151—152: *Es geht um die Suche* … Leslie Jamison: Die Empathie-Tests. Über Einfühlung und das Leiden anderer (Aus dem Englischen von Kirsten Riesselmann), © 2015 Hanser Berlin in der Carl Hanser Verlag GmbH & Co. KG, München, S. 325.

S. 152: *Es war nicht mein Körper* … Anne Carson: The Glass Essay, nach: Leslie Jamison: Die Empathie-Tests. Über Einfühlung und das Leiden anderer, S. 322.

S. 152: *Ich wollte eine Geschichte schreiben* … Leslie Jamison: Die Empathie-Tests. Über Einfühlung und das Leiden anderer, S. 308.

S. 152: *Blute weiter* … Leslie Jamison: Die Empathie-Tests. Über Einfühlung und das Leiden anderer, S. 306.

S. 153: *Who will die first?* Don DeLillo: White Noise, New York: Viking Penguin 1985, S. 15.

S. 170: *An der Schwelle des dritten Jahrtausends* … Johannes Paul II.: Brief von Papst Johannes Paul II. an die Künstler, Vatikan 1999, auf: https://www.vatican.va/content/john-paul-ii/de/letters/1999/documents/hf_jp-ii_let_23041999_artists.html (Stand: März 2022).

S. 174—175: *on a grandi dans la jungle* … 4Keus feat. Niska: MD, Album: Vie d'artiste, Wati B 2020.

S. 209: *Our fucking is intimate* ... Sarah Manguso: Perfection, in: The Paris Review. Issue 233, New York 2020, S. 18-19.

S. 211: *Mein Leben ist der permanente Versuch* ... Daniel Ryser: In Unterhosen nach Stalingrad. Der Weg von Roger Köppel, Basel: Echtzeit Verlag 2018, S. 128.

S. 214: *I like to get to know myself* ... Sarah Manguso: Perfection, S. 17.

S. 229—230: *Es war die fragwürdige Sucht* ... Johannes Jansen: Verfeinerung der Einzelheiten, Frankfurt am Main: Suhrkamp Verlag 2001, S. 15.

S. 244: *Happiness is the change* ... Inger Christensen: it, New York: New Directions 2006, S. 58.

S. 244: *The moment you organize* ... Enrique Vila-Matas: The Art of Fiction No. 247, in: The Paris Review. Issue 234, New York 2020, S. 93.

S. 244: *A man tends to be the same* ... Rachel Cusk: The Art of Fiction No. 246, in: The Paris Review. Issue 232, New York 2020, S. 58.

S. 245: *Fiction is fiction* ... Vladimir Nabokov: Good Readers and Good Writers, in: Ders.: Lectures on literature, New York: Harcourt Brace Jovanovich 1980, S. 5.

S. 245: *Du weißt ja* ... Dorothee Elmiger: Aus der Zuckerfabrik, © 2020 Carl Hanser Verlag GmbH & Co. KG, München, S. 96.

S. 253: *In the face of atomisation* ... James Bridle: New Dark Age. Technology and the End of the Future, London & New York: Verso 2018, S. 76.

S. 253: *The crisis of global warming* ... James Bridle: New Dark Age. Technology and the End of the Future, S. 75.

S. 257: *Technology does not emerge from a vacuum* ... James Bridle: New Dark Age. Technology and the End of the Future, S. 142.

S. 276: *Ich lag am Fenster* ... Dorothee Elmiger: Aus der Zuckerfabrik, S. 80.